信息科技
在幼儿园教学与管理中的应用

曹浪华 / 主编

中国出版集团　现代出版社

图书在版编目（ＣＩＰ）数据

信息科技在幼儿园教学与管理中的应用 / 曹浪华主
编. — 北京：现代出版社，2023.12
ISBN 978-7-5231-0630-3

Ⅰ. ①信… Ⅱ. ①曹… Ⅲ. ①信息技术－应用－幼儿
园－教学管理 Ⅳ. ①G612-39

中国国家版本馆CIP数据核字（2023）第213409号

作　　者　　曹浪华
责任编辑　　姚冬霞

出 版 人　　乔先彪
出版发行　　现代出版社
地　　址　　北京市安定门外安华里504号
邮政编码　　100011
电　　话　　(010) 64267325
传　　真　　(010) 64245264
网　　址　　www.1980xd.com
印　　刷　　北京政采印刷服务有限公司
开　　本　　710mm×1000mm　1/16
印　　张　　16.75
字　　数　　288千字
版　　次　　2023年12月第1版　2023年12月第1次印刷
书　　号　　ISBN 978-7-5231-0630-3
定　　价　　58.00元

编 委 会

序言

　　随着信息科技的迅速发展和普及，它在各个领域尤其在教育领域发挥着越来越大的作用，也对学前教育发展带来积极的影响。曹浪华园长主编的《信息科技在幼儿园教学与管理中的应用》，恰好在学前教育迈入高质量发展的新时期出版，这将对幼儿园运用信息技术辅助教学与管理，提升办园质量带来许多启迪和帮助。

　　该书的编委都是来自一线优秀的省市名师、名园长和骨干教师，他们敬业爱岗、好学上进，富有爱心、耐心，虽然幼师待遇不高，却主动选择和坚守幼教事业，甘于清贫，潜心钻研，对新事物、新技术勇于尝试探索和创新，因此在借助信息技术恰当地辅助应用于教学与管理方面进行了许多有益的实践探索，并积累了丰富的实践经验。

　　该书较全面地介绍了信息技术在教育中的应用发展，既有高瞻远瞩的信息技术应用于教育的理论梳理阐述，也有非常接地气的一线实践案例分享，以及学习感悟等。内容涉及幼儿园管理、教研教学、家园沟通等方方面面，尽可能地为读者呈现了融合信息技术，赋能幼儿园管理与教学相关的实践案例，具有丰富性和典型性，其间有许多创新尝试和真知灼见。为广大幼儿园应用信息技术辅助管理、教研和教学提供了很多好思路、好经验、好做法。

　　我们坚信，在信息技术的支持赋能下，幼儿园的管理会越来越高效，教学会越来越丰富多彩，家园沟通会更紧密、更顺畅，孩子们的学习兴趣也会越来越浓，从而助力学前教育高质量发展，实现"幼有优育"。

东莞市教育局教研室学前教育教研员　邹丽琼
2023年9月1日

前言

2019年教育部发布《关于实施全国中小学教师信息技术应用能力提升工程2.0的意见》（教师〔2019〕1号）［以下简称《2.0意见（2019）》］，明确了信息技术应用能力是新时代高素质教师的核心素养。深入贯彻习近平新时代中国特色社会主义思想和党的十九大精神，全面贯彻落实全国教育大会精神，按照《中共中央 国务院关于全面深化新时代教师队伍建设改革的意见》决策部署，根据《教育信息化2.0行动计划》［简称《2.0计划（2019）》］和《教师教育振兴行动计划（2018—2022年）》总体部署，服务国家"互联网+"、大数据、人工智能等重大战略，推动教师主动适应信息化、人工智能等新技术变革，积极有效地开展教育教学，教育部决定实施全国中小学教师（含幼儿园、普通中小学、中等职业学校）信息技术应用能力提升工程2.0（简称"能力提升工程"）。2020年，广东省教育厅印发《广东省中小学教师信息技术应用能力提升工程2.0实施方案》（粤教继函〔2020〕1号）的通知，进一步推动广东省教师主动适应信息化、人工智能等新技术变革，要求全省中小学教师（含幼儿园、普通中小学、中等职业学校）结合实际，认真贯彻落实，加快推进中小学教师信息技术应用能力提升工程2.0的实施，确保目标任务圆满完成。幼儿教师作为幼儿园教学活动、家园共育的直接实施者要用好这些技术设备，使之与幼儿的一日生活、游戏活动、教学活动以一种适宜的方式相整合，这就要求幼儿教师具备较高的信息技术素养水平。如何利用网络平台和各类资源，引导和帮助一线教师学习与研修，切实提高幼儿园教育质量，是大家面临的现实问题，也是本教材编写的目的。

东莞市作为首批参与实施广东省中小学教师信息技术应用能力提升工程2.0的试点县市，在试点过程中，加大了自主创新力度，研究信息技术支持下的教师专业发展。东莞市凤岗镇中心幼儿园建园以来，深入贯彻国家教育方针，根据省文件指示要求，在东莞市凤岗镇政府的关注下，加大了教学硬件设施的投入，这为广大教师在课堂上运用信息技术提供了必要的可行条件。我们有许多教师在平常的教学过程中不断更新自己的教学理念，积极地将信息技术引入幼儿游戏课堂教学，且并不是仅仅停留在初级运用的基础上，而是从有效改进幼儿课堂教学方法、提高课堂教学效率等目标去审视自己的教学行为。在课堂上使用信息技术有明确的目的性，使信息技术不单纯只作为一种展示功能呈现，还将"信息技术与幼儿课堂教学有效地整合"，利用信息技术促进幼儿课堂教学。在幼儿园的一日生活当中，幼儿们对各种事物都有强烈的好奇心，教师通过各种不同的多媒体技术让幼儿对这个多彩的世界有更加深刻的认识。幼儿们愿意从生动、直观、形象、富有创造力的教育教学活动中获得知识，所以说，现代信息技术的应用在幼儿园的一日生活中是必不可少的。随着科学技术的发展和科技应用的普及，现代化信息技术逐步渗透到了社会生活的方方面面以及幼儿园的各项活动中，幼儿教育逐步进入了信息化时代。高科技给我们带来的不仅仅是方便，也更加有利于幼儿的身心发展，利用现代信息技术开展教育教学活动是今后幼儿活动的发展趋势。

本书立足于《3—6岁儿童学习与发展指南》与《幼儿园教育指导纲要（试行）》的精神要求，阐述了我园（东莞市凤岗镇中心幼儿园）教育信息技术应用在幼儿园管理层面、教育活动层面以及家园共育等诸方面应用的价值与意义，通过案例引导的方式，从活动操作的角度展示如何运用信息技术在幼儿园开展多种活动，以提高教师的指导能力和专业素养。第一章阐述幼儿园教育信息技术应用的概念及其重要性。第二章介绍幼儿园信息技术应用资源与工具。第三章从幼儿园信息技术应用管理方面阐述信息技术的应用，并结合相关案例进行分析。第四章从幼儿园教育活动方面阐述信息技术的应用。第五章从家园互动方面阐述信息技术的应用。第六章阐述信息技术环境下幼儿教师的研修，及主要展示成果。

《幼儿园教育指导纲要（试行）》自颁布以来，幼儿园教育改革从理想走向现实，随着信息技术的高速发展，很多教育教学观念也转变为行动，很多外部要求也内化为幼儿园所需。科技时代下，我们和全国的广大幼教工作者一样，不断探索，不断学习，在实践中摸索前行。本书编写的过程，是研究的过程，更是学习的过程。编写过程中，编者阅读了大量的书籍和报刊，案例均选自国家、省、市、区级以上的获奖案例及广东省曹浪华名师工作室成员作品，其中还包括东莞市凤岗镇中心幼儿教师个案。在此，特别感谢这些优秀幼儿教师的获奖案例，谨向有关作者、出版社和杂志社表示诚挚的感谢！

目 录

第四章
信息技术应用与幼儿园教育活动的融合

第五章

信息技术应用下的家园互动

第六章

幼儿园信息技术应用下的教师研修

第一章

幼儿园教育信息技术应用概述

第一节　幼儿园教育信息技术应用的重要性

随着时代的变化，各种高科技产品不断涌入平常百姓家庭，人们的生活越发丰富多彩起来。现代信息技术改变的不仅是人类的生活状态，其丰富的表现力也赢得了幼儿教师的青睐。现在，信息技术的运用已经非常普遍，多媒体教学也运用到了幼儿园的一日生活中，给幼儿园的各项活动带来不少的方便，同时也增加了幼儿园教学活动的效率。

《幼儿园教育指导纲要》中指出："幼儿园应与家庭、社区密切合作，与小学相互衔接，综合利用各种教育资源，共同为幼儿的发展创造良好的条件。"现代化信息技术恰巧为幼儿园的教育教学提供了一个广阔的空间，通过网络一体化，各种教育信息在网络中可以随时查到。发达的信息技术也给教师的工作带来了方便，教师可以结合信息技术把要传授给幼儿的知识经验以及教育教学内容进行进一步的理解、转化，从而更好地实现教育教学，让幼儿更加清楚、快速地学到知识与经验。在教学过程中引进信息技术，已经成为一种新型的教学模式，利用现代信息技术可以更快捷、更方便地实现教师与家长的沟通，让家园共育实施得更彻底、更透彻。所以说，现代信息技术在幼儿园的一日生活中必不可少。例如，我们可以建立幼儿园官方网站，可以向他人介绍幼儿园，展示办园理念、办园特色，把幼儿园的特色展现在家长面前。这样还能提升幼儿园的知名度，让家长更放心更安心地把自己的孩子交给幼儿园。还可以创设家长留言板，让家长把想说的话或者想给幼儿园提出的意见留言到留言板里，这样更能促进幼儿园的发展建设。随着人们工作节奏的加快、生活方式的变化，许多幼儿都是与保姆或者爷爷奶奶、姥姥姥爷一起生活的，因为孩子的父母平时工作比较忙，接送孩子的重任基本上都由长辈或者保姆承担，孩子的父母与教师面对面交流的时间和机会也特别少。有了现代化信息技术的帮助，孩子的父母可以利用班级微信、QQ群与教师进行有效的沟通，让幼儿在园内的一日生活很好地展现在家长面前。另外，有了信息技术的监督，教师的整体素质也会全面提高。

现代化的信息技术与教学手段在幼儿园的教育教学中已经非常普遍，在运用信息技术的过程中，不仅对幼儿来说是一种新奇的体验，对老师来说也是一种新的挑战。同时也能让教师在这个过程中得到锻炼，学到不同的知识，体验到不同的感受。现代化信息技术在幼儿教学中的运用已经起到了不可低估的作用，这种教育教学新技术，具有许多潜在的优越性，能让幼儿有着更深入的学习体验。

作为一名新时代的幼儿教师，要积极学习信息技术，重视信息技术，因为现代化信息技术已经普及社会的每一个方面，只要我们多学一点，孩子就能多掌握一点，不仅我们的业务能力能得到提升，孩子的学习也能更上一层楼！

2011年12月12日，教育部制定《幼儿教师专业标准（试行）》，要求幼儿教师具有一定的现代信息技术知识（专业知识维度中的通识性知识）。2013年11月，教育部实施了全国中小学教师信息技术应用能力提升工程，建立教师信息技术应用能力标准体系，完成了全国1000多万所中小学（含幼儿园）教师新一轮提升培训，提升教师信息技术应用能力、学科教学能力和专业自主发展能力，推动每个教师在课堂教学和日常工作中有效地应用信息技术。教师的信息技术应用能力也作为教师资格认定、职务（职称）评聘的必备条件。在这次全国中小学教师信息技术应用能力提升工程中，幼儿教师被正式纳入其中。这与《幼儿教师专业标准（试行）》中规定幼儿教师应具备一定的现代信息技术知识是相呼应的，是对它的进一步深化和实施。信息技术素养是当今每个教师应具备的专业素养之一，当技术成为现代教育教学过程的组成部分，不管其定位是辅助、支持的角色还是引领的地位，教师自身都应该具备必要的信息技术素养，以进一步提升教学效果和教学质量，培养学生的信息素养以及对信息化社会的适应能力。

一、信息技术应用对幼儿发展的重要性

（一）信息技术能促进幼儿的认知与学习

1. 可以促进幼儿的语言认知

幼儿好奇、好动、好胜、好模仿，他们一般按照自己的方式进行学习，并在学习中尝试创新。多媒体网络环境能充分调动幼儿自主学习、主动尝试、主动探索、主动体验的兴趣，使幼儿的聪明才智和各种潜能得到开发，使幼儿的创新精神得到培养、实践能力得到训练。它有利于激发幼儿的语言学习动机，有助于教师语言教学活动的开展，有助于对幼儿进行语言与思维的整合教育，便于开展寓教于乐的语言学习活动（刘济远，2003）。在幼儿阅读教学中，深入研究和恰当地设计、开发、运用多媒体课件，将幼儿阅读教学与多媒体课件有机结合，使教学更直观、生动、形象，有助于幼儿理解和感受教学内容，从而优化课堂教学，极大地提高教学活动效率。

将多媒体技术引入幼儿课堂能有效地集中幼儿的课堂注意力，激发幼儿的学习兴趣，进而引发幼儿与老师的共鸣。将多媒体技术引入幼儿语言课堂教学能通俗易懂、形象直观地呈现教学内容，极大地调动幼儿的思维活动并提升幼儿回答问题的积极性，从而促进幼儿对学习内容的理解与记忆。多媒体教学有利于提升幼儿回答问题的效果，有利于幼儿理解并掌握学习内容，而且与传统教学手段相比，多媒体教学能非常明显地缩小同班同学之间的学习差距，从而降低两极分化现象的可能性（何磊等，2009）。

2. 有利于增进幼儿的数学认知能力

研究认为，在探索操作计算机的过程中，幼儿的数学能力（数学和几何图形等方面）得到了发展。3岁儿童从计算机那儿学习分类与从具体玩具那儿学习分类一样容易。使用计算机辅助学习的幼儿，在认识数概念方面的得分上要高于那些由老师教的幼儿。某些图画程序为绘画和探索几何概念提供了有利的新方法。计算机可以被用于锻炼儿童的数学思维和发展其概念思维。操作适宜的教育软件能让幼儿自己构建和修正概念。比如一些软件中提供的左右、方位、大小、分类、数字等游戏，如果这些游戏与真实情境相联系，幼儿便能通过游戏的形式很快获得相关的概念，而且他们能从这种操作中体会到成功的快乐，而不至于厌倦。同时，当儿童运用计算机中的图形、形状进行绘图创作时，其运用对称、模式以及空间顺序等概念进行工作的知识和能力都有所发展和提高。

3. 能增强幼儿的参与性

信息技术使幼儿积极参与教育活动过程。这种参与不仅指一般的感觉参与，而且包括情感的参与、思维的参与、行为的参与等。教师运用录像、投影手段进行示范时，放大或突出了幼儿需要看清的东西，便于幼儿观察和顺利掌握活动的方法与技能，如搭建、拼插、制作活动等。教师在幼儿遇到困难或障碍时，应运用信息化教育手段释疑解难，使幼儿尽快地恢复和继续参与活动。活动前，教师组织幼儿看一些丰富的生活内容的录像节目；活动时，配上适宜活动氛围的音乐；活动后，再把幼儿活动时的录像实况、录音实况放给幼儿看或听。教师可把幼儿活动的作品，如纸工作品、泥工作品、拼插作品、制作作品等放在投影仪上展示，或拍成录像片欣赏。这样既放大了幼儿的作品，又反馈了幼儿的情况，还可以使幼儿体验到成功的快乐，促进了幼儿在教育活动过程中的积极参与。

传统的图片教学往往只能单向地向儿童传播信息，而通过精心设计的教学软件既能向儿童传达信息，又能接收儿童的信息，并能做出相应的反馈，及时调整儿童的学习行为。同时它能满足儿童发展的需要，强调各种感官的参与，要求儿童用眼看、用耳听、用脑想、用口说、动手操作，最大限度地调动儿童参与学习的主动性，发挥出培养兴趣和发展智能的双重作用。

（二）信息技术有利于幼儿的社会性发展

计算机能增进幼儿的社会交往。许多研究发现，在计算机教育活动中，同伴教学（熟练的、稍高水平的孩子帮助低水平的同伴）的现象非常明显，这种互动显然对幼儿的社会性发展极为有利，《幼小儿童与计算机》一书中指出：对活动室的幼儿来讲，计算机和适宜的软件对其社会性发展有着积极的影响，其中包括合作性活动的增加。美国幼教协会的报告也表明了这样一种观点：如果使用得当，计算机技术能提高儿童的认知和社会性发展水平。

研究中录下一些4岁儿童使用计算机的情况，分析后发现，55%的时间儿童是与同伴一起活动的，25%的时间儿童与教师一起活动，只有20%的时间单独活动。在很多计算机软件创设的具体情境中，如问题解决情境、创造假想物体情境中，我们可以看到儿童共同活动与交往的例子：经常是两个或更多的孩子一起讨论准备做什么，怎样做；他们常常会向同伴寻求帮助；一起探索某个软件的玩法；把自己的画拿给朋友看；比较他们各自设计的建筑物样式等。另外，计算机甚至能促进那些害羞的或不能在集体中找到恰当位置的儿童的社会交往。通过计算机，幼儿可以进入新的经验领域。计算机网络提供了一种联系儿童与社会中所有不同信仰的人的交流工具，儿童可以与全世界的同伴交流，遇到来自全世界的老师，知道他们的绘画和科学活动。

网络还为儿童提供了获取同伴关系的新方式，扩充了儿童与同伴的交流模式。手机的技术特征使儿童在同伴关系中"永远在线"，扩大了儿童的私人空间。

（三）信息技术有利于幼儿学习方式的扩展

1. 有利于幼儿主动和个别化的学习

研究者认为，如果儿童能控制自己的学习过程就会学得更好。计算机使一种更为个性化的学习成为可能。发展性软件使儿童能以自己的速度进步和学习，教师作为促进者和指导者，可以根据每个儿童的需要来提供必要的帮助。以幼儿为中心，与教学活动紧密结合，是计算机技术被应用在美国幼儿园教学活动中所体现出的突出特色。

2. 可以成为幼儿学习的补充方式

针对反对者提出的幼儿学习需要经历、体验更多的实际物体的经验，其学习活动和材料都必须是具体的、真实的观点，支持者则指出，计算机确实创造了一些符号，操作计算机涉及对这些符号的间接使用，但计算机本身也是一个实际的物体，儿童可以在计算机上进行按键、拖动鼠标、开机、关机等操作，然后观察计算机对自己行为的反应，因此，计算机只是另一种可见的具体的材料，而且这种材料也具有形象和可操作的特征。针对计算机的使用会减少儿童与真实环境的互动这一点，有研究表明，计算机的使用并没有改变班级当中活动的类型。如果以计算机代替其他活动，那么计算机也许会有不好的影响，但是若把计算机作为其他活动的补充或是另一种活动形式，那么计算机就不会对幼儿造成危害。

（四）信息技术能吸引幼儿注意力，激发幼儿学习兴趣

多媒体技术带来鲜明生动的图像、动静结合的画面以及与画面匹配的声音，它使教学内容以不同方式出现，多媒体为学前儿童各种感官提供了多重刺激，使其产生兴奋，快速进入学习的意境和较佳的学习状态。这就适应了儿童注意力不集中、兴趣容易转移的特点，并由此唤起其高涨的学习情绪。这种学习情绪带来的有意注意的稳定性能促使儿童较多地获得学习上的成功，学习的成功又反过来强化学前儿童的学习兴趣。在这种良性循环的娱乐化的学习中，儿童的认知能力将得到发展和提高。

（五）信息技术能帮助幼儿建立积极的自我概念

一些研究者发现，儿童在使用计算机的过程中自我概念有一定的发展。如果选择合适的软件，那么每一个儿童都会控制计算机的使用过程。儿童会变成一个独立的、有力量的个体的观点认为，在学前年龄阶段，使用计算机有利于儿童发现、认识新的行为，并且能看到自己所取得的成就，而这些成就可以对个体的能力意识产生长期的影响。实验研究用以评估儿童在使用计算机之前和使用计算机之后自我概念的发展，很多观察研究都发现儿童非常充满乐趣地独自（不用教师过多指导）探索使用计算机。在使用计算机（分为使用适宜的软件和不适宜的练习性软件两种情况）和没有使用计算机的3个4岁组班级之间进行了对比研究，结果发现所有使用计算机的儿童在自尊发展上都取得了巨大进步。

二、信息技术对幼儿教师的影响与作用

（一）信息技术支持幼儿教师专业发展

技术与教师专业发展之间的关系体现在两个方面：第一，技术是教师专业发展的内容之一，它构成了通过发展意欲提升的教师技能中的一部分或一大类。技术作为教师专业发展的内容，通常是指在教师专业发展中对教师的信息素养、教师信息技术能力以及教师运用技术变革教学和促进自身专业发展方面的知识、技能和态度。第二，技术构成了教师专业发展的环境、手段、途径、方式和方法。技术作为教师专业发展的环境、手段、途径方式和方法，是指借助技术，促进教师的专业知识、技能与态度的发展。但是这里教师的知识、技能和态度并不局限于教师的信息素养、教师信息技术能力以及信息技术教育应

用方面的知识、技能和态度。

信息技术支持的教师专业发展是以信息技术为环境、手段、途径、方式和方法，促使作为专业人员的教师在专业知识、教学技能、职业态度等方面不断完善的一个系统的、动态的复杂过程。其目标在于帮助教师适应信息化教学，促进教师发展，进而提升教育教学质量。信息技术对教师专业发展的支持主要体现在，它可以为教师交流学习、教学反思、个人知识管理三个方面提供有力的平台支持。

（二）信息技术对幼儿教师的作用

幼儿教师的专业发展水平与质量是学前教育发展的核心和重点内容，幼儿教师的信息素养和信息化教学能力既是保证学前教育信息化顺利实施的关键，也是信息社会对幼儿教师的必然要求。学前教育领域引入信息技术必然对幼儿教师产生重要的影响和作用，而这种影响和作用主要体现在其专业发展上。近年来，有关技术支持下的幼儿教师专业发展研究在国内外持续升温，如吉兆麟（2013）的《基于技术整合的幼儿教师专业发展路径研究》介绍了国外的做法，认为技术的融入能对教学和学习的改善起关键性作用，也将有效地推动幼儿教师专业发展。

那么信息化环境下，信息技术在幼儿教师专业发展的过程中能提供哪些支持？结合上述内容，我们对幼儿教师专业标准及其专业发展的主要内容进行分析，并认为信息技术对幼儿教师的作用具体体现在以下两个方面。

1. 可以促进幼儿教师专业知识的更新与有效管理

专业知识的不断更新和有效管理对幼儿教师的专业发展具有重要作用。专业知识的积累与更新需要教师不断学习，而信息技术的普及和使用的便捷性为教师获取学习内容、拓展学习方式以及加强与同行的交流提供了更多可能。例如，已有研究者通过建设教师专业发展的网络基础平台，提供教师专业发展所需的信息工具，包括教学计划、教学素材、课程的发展、学习专业知识、发表自己的作品、分享教学经验等，提供教师发展、管理、应用、分享与交流自我的专业知识，尤其注重以虚拟的信息系统辅助实体的教师专业成长团体的形成，以学习社区的方式组织各种不同的专业成长社群促进教学创新的传播速度。目前，这种形式和理念的培训在我国的中小学信息技术应用能力提升工程实施中得以应用。

幼儿教师的专业知识主要涉及幼儿发展知识、幼儿保育教育知识和通识性知识三个领域。幼儿教师要树立终身学习的理念，主动学习新知识；加强与同伴的交流与合作；通过在实践中反思等途径来进行专业知识的获取和内化。信息技术的引入可拓宽幼儿教师专业知识获取的途径，促进其专业知识的更新。目前，幼儿教师进行专业知识积累与管理的信息技术平台有QQ、博客、E-mail、各级公共教学资源服务平台、云盘、微信等。

2. 可提升幼儿教师的信息素养和信息化教学能力

教师要适应信息化时代，就要具备全新的教学观念和技术素养。信息化时代的教学更加强调做中学、寓教于乐，并为此提供了多样的选择。这也为学前教育环境和支持幼儿教师教学与自身发展提供了更多的可能性，在信息化时代，教师的信息素养、信息化教学能力和教师的专业发展相互依存、相互促进。信息技术的引入一方面促进了幼儿教师专业的发展，使其在专业理念、专业知识、专业能力等方面得到不断的更新和升级；另一方面，在信息技术促进幼儿教师专业发展的过程中，信息技术的不断应用有效地提高了其信息素养和信息化教学能力。当然这并不是全部，完整的信息素养和信息化教学能力还需要专业的技术培训来完成。

幼儿教师具备一定的信息素养和信息化教学能力对学前教育信息化具有重要意义。幼儿教师应该正确认识技术价值、发展历程及其对人类的巨大贡献，对幼儿进行一定的信息技术启蒙教育，使其更好地认识技术，并能在日常生活中理性地使用技术和减少危害。

三、信息技术对家园共育的影响与作用

《幼儿园教育指导纲要（试行）》明确指出，幼儿园应与家庭、社区密切合作，共同为幼儿发展创造良好的条件。家园共育能有效地改变以往幼儿教育以幼儿园为主、家庭为辅的局面。家园共育既是全面提高幼儿素质的重要途径，又是学前教育发展的必然趋势。过去开展幼儿园与家长协同教育，一方面家长太忙，这是客观事实；另一方面家园共育的方式比较单一，程序和模式相对固定，比如每周/月采取家长会、电话等形式沟通。双向信息传输不太流畅，

缺乏互动性，很大程度上影响了家园共育的作用。信息技术促进家园共育的常见形式包括以下三种。

（一）创建幼儿园班级QQ群、微信群

QQ、微信均具有同步、异步传输信息的特点，能为幼儿教师与家长的双向沟通交流与探讨提供同步或异步的信息接收选择，这大大加强了家庭与幼儿园的联系，为家园共育提供了切实可行的交流平台。通过QQ、微信社交软件的群功能，家长可以便捷地与幼儿园老师、其他家长进行实时沟通，即便对方不是好友，也同样可以通过临时会话进行交流。通过"群空间"，幼儿教师和家长可以在群里发表自己的观点，展示个性化的幼儿风采等各种有价值的幼儿成长信息。幼儿教师也可以方便地向家长群发送幼儿的实时现状及一些疾病预防、营养饮食方面的材料等。

（二）整合校园网广播站、演播室等实践平台

通过信息平台，幼儿园既可以方便地向家长和幼儿教师群发短信告知学校的动态和临时通知等，也可以随时随地就孩子在幼儿园的点滴表现与家长进行沟通，让家长在百忙之中可以轻松及时地掌握孩子的基本动态。家长也可以通过手机短信平台向学校和教师发表自己的看法和建议。信息平台能帮助教师和家长一起解决孩子出现的问题，为学校与家庭架起了一座信息化桥梁。校园公共短信平台的使用能弥补校园网和群等沟通渠道依赖网络和缺乏实时性的缺陷，使不习惯使用电脑与微信、QQ的家长也能便利地参与到学校的协同教育中。

传统的家长会等家园交流方式大多是教师说家长听，缺乏实质意义上的互动，难以实现期望的共育效果。将校园广播站、校园演播室等实践平台引入家园共育中，可以弥补这一不足，如可以在校园广播站、校园演播室开设家园共育栏目或开展系列亲子活动吸引家长参与孩子的互动，通过共同参与节目的策划及录制等活动扩展交流的空间，进而实现家园共育。

（三）家园互动共育支持平台

针对上述幼儿园与家长交流的常用技术，还有学者构筑了家园互动共育支持平台的架构，非常值得幼儿园借鉴。家园互动共育支持平台的功能结构主要包括三部分：交流模块、信息和资源管理模块以及个性化管理模块（见表1-1-1）。

表1-1-1

交流模块	课程交流：教师在该模块中可以发布其课程资料、讲义等内容，并与幼儿进行线上交流和讨论。	
	家长沟通：家长和教师可以相互发送消息，家长可以及时获知幼儿的学习情况并与教师讨论班级事宜。	
	幼儿交流：幼儿之间可以进行线上交流和讨论，分享学习经验和处理个人问题之类。	
信息和资源管理模块	教师管理平台：教师可以上传课程、教案、讲义等资源到平台，并进行分类和归档。	
	幼儿资源中心：幼儿可以在该模块下获取教师上传的资源，并且可以进行评价和讨论。	
	课程表管理：教师可以在该平台上录入课程表和课程安排等信息，并向幼儿和家长公示。	
个性化管理模块	幼儿档案：平台会记录幼儿的学习历程和行为数据，帮助教师、家长和幼儿自我了解、分析和改进。	
	幼儿评价：教师和家长可以对幼儿进行评价和反馈，帮助幼儿发现自身的优点和不足。	
	个性化教育计划：平台会根据幼儿的个体差异和学习情况，提供个性化教育方案，帮助幼儿达到更好的学习效果。	

家园互动支持平台主要通过交流模块、信息和资源管理模块以及个性化管理模块让幼儿教师与家长在该环境中获得多种服务。交流模块主要支持教师与家长、家长与家长之间的群体交流，教师与家长的一对一交流等，这些交流是多向的。信息和资源管理模块兼具学校信息、教学信息、教学资源等的发布并提供家长培训服务的功能。个性化管理模块主要针对家长群体具有个性差异大的特点，为家长提供栏目定制服务和信息推荐服务，根据家长模型和幼儿模型，推送适合家长及幼儿的信息。

四、信息技术对学前教育管理的影响与作用

（一）信息技术在幼儿园管理中的应用现状

教育部非常重视学前教育信息化的管理与应用工作，2011年已着手组织开发针对全国幼儿基本信息管理的"全国学前教育管理信息系统"，2012—2013年的一期工程早已完成，并投入使用。学前信息化管理主要是利用计算机的数

据处理功能辅助幼儿园管理，帮助幼儿园管理部门了解、掌握各幼儿园的工作，监测、调控、评价幼儿园的管理过程，为幼儿园领导提供决策的重要信息，优化教育管理的效果并提高其效率。

我国现有的幼儿园教育信息化管理应用水平远不及其他学段的信息化管理，与之相应的成果也比较少。国内学前教育信息化管理的研究探讨了科学管理系统的标准、幼儿安全监测、幼儿饮食调控等问题。很多一线幼儿教师通过总结自己的经验，提出了学前教育信息化管理系统的重要结论。信息化管理在幼儿园饮食、安全等方面也有广阔的应用前景。医学研究者还通过长久的数据跟踪证实了计算机管理组儿童在生长发育和健康状况方面优于人工管理组的事实，探究了信息技术在儿童成长生理数据管理中的作用。在学前幼儿科学饮食监控方面，计算软件能制作科学的幼儿食谱，对食物的种类、数量、功能比例进行调整，使幼儿饮食更符合其生长发育需要，进而提高幼儿的生长发育水平。我们分析这些成果不难发现，它们大多是信息技术在幼儿日常管理中的应用，幼儿园信息化管理的核心应是对教与学资源及活动的管理。从国内学前教育信息化的文献数量与研究主题来看，我国学前信息化管理还处在对幼儿、幼儿教师的基本信息的管理和安全饮食的初级管理应用阶段。

（二）构建基于信息技术的幼儿园科学管理体系

幼儿园信息化管理系统主要包括安全管理信息化、总务后勤管理信息化、幼儿成长管理信息化、办公管理信息化、教务管理功能信息化等。其功能与技术支持环境如表1-1-2所示。

表1-1-2

实现功能	基本的技术支持环境
行政管理	互联网+校园网+基础信息数据库（服务器）+信息上传与发布工具
幼儿管理	校园网+幼儿日志管理系统+摄像机+照相机+信息上传与发布工具
后勤管理	校园网+交互性软件+考勤软件（门检刷卡机）+互联网（可选）
教务管理	校园网+计算机+排课及教室管理系统+互联网（可选）
财务管理	校园网+高性能计算机+财务管理软件+互联网（可选）
财产管理	校园网+软硬件管理系统+互联网（可选）
安全管理	校园网+监控系统（摄像设备、布线、总控、存储设备等）+互联网（可选）

幼儿园实际建设可以根据前期分析、具体情况作出适宜的选择。需要说明的有两点：一是幼儿园监控管理系统。它是当前幼儿园常用的幼儿信息化管理应用，较为普遍。幼儿园一般在幼儿活动的几乎所有区域安装监控设施，确保幼儿安全及家园共育。该系统建设主要依据幼儿园的布局选择适当的监控点，而后布设监控设备及监控中心（一般设在园内幼儿活动区域，由网络中心或园长管理，或园长分控）。系统要求能具备实时监控、录像存储、回放等功能。二是幼儿成长信息管理系统。它是幼儿园信息化管理的薄弱环节，但在未来具有广阔的应用前景，是幼儿管理中非常值得提倡的管理方式。信息技术支持的幼儿园成长记录，首先要求各项记录尽可能细致，例如，幼儿每日完成的教育活动属于哪个领域，发展了哪些能力和哪方面的认知，等等，这需要老师具备很高的专业理论知识水平和较强的观察力；其次是对孩子平时活动的记录，教师要积极记录一些照片、录像等电子信息。

第二节　幼儿园教育信息技术应用
概述与运用情况

一、幼儿园教育信息技术应用的内涵

尽管"教育信息技术应用"这一概念在我国已被广泛使用，但在目前国内学者提出的众多定义中，对教育信息技术应用的定义却是众说纷纭，难以统一。例如：

华南师范大学教育技术研究所所长李克东教授认为："教育信息技术应用是指在教育与教学领域的各个方面，在先进的教育思想指导下，积极应用信息技术，深入开发、广泛利用信息资源，培养适应信息社会要求的创新人才，加速实现教育现代化的系统工程。"

华东师范大学终身教授祝智庭主任提出："教育信息技术应用是指在教育领域全面深入地运用现代化信息技术来促进教育改革和教育发展的过程，其结果必然是形成一种全新的教育形态——信息技术应用教育。"

中国电化教育理论与实践的教育家南国农教授认为："所谓教育信息技术应用，是指在教育中普遍运用现代信息技术，开发教育资源，优化教育过程，以培养和提高学生的信息素养，促进教育现代化的过程。"

上述定义中，有的强调了教育信息技术应用是一个动态的、不断发展的过程；有的界定了教育信息技术应用的领域及范围，突出了教育信息技术应用的原始动力和直接目的——现代信息技术的教育应用；有的体现了信息资源在教育信息技术应用过程中的核心地位；等等。其中或多或少都从不同角度涉及了教育信息技术应用概念的主要内容。

结合上述对教育信息技术应用概念与内涵的解读，幼儿园教育信息技术应用是指在幼儿园教育中恰当地运用信息技术，开发适合幼儿学习的优质数字化教育资源，优化幼儿园教育活动，培养幼儿的信息素养，促进幼儿的学习和健康发展。其中，恰当地运用信息技术是幼儿园教育信息技术应用的本质特征，开发适合幼儿学习的优质数字化资源是幼儿园教育信息技术应用的基础，优化幼儿园教育活动、培养幼儿的信息素养、促进幼儿的学习和健康发展是其根本目的。

二、幼儿园教育信息技术应用的作用

（一）提高幼儿园教育发展质量

学前教育信息技术应用的核心是信息技术在幼儿教育中的应用，但其在现实中的问题突出。首先是使用率不高的问题。或许是对新技术、新媒体的抵触，或许是个人现代信息技术水平有限，也或许是教师觉得制作课件比较麻烦或难以获得与教学相契合的资源等，以致信息技术应用设备购买后无人问津而成为摆设的现象在幼儿园中屡见不鲜。其次是低层次、简单化、随意化应用的问题，比如教育活动中放一首歌、插播一段动画等，技术与教育目标"两张皮"，难以把技术手段自然地融入教育活动以优化教育效果。笔者听过一些幼儿园的信息技术应用示范课，幼儿教师在活动即将结束的时候，突然用交互式电子白板放了一首歌。一堂完整的教学活动因为一次媒体运用而让人觉得有点画蛇添足。相反，有些幼儿教师在课堂教学中过分依赖信息技术，他们将教材内容简单地电子化，配以花哨、华丽的画面及美妙的音乐。结果是无关信息分散了幼儿的注意力，内容流于形式，幼儿教师未能真正领会信息技术应用的要诀。信息技术要用于呈现那些传统课堂难以表现的画面或场景，把唾手可得的实物翻拍成照片的做法是不明智的。

幼儿教师这个特殊群体比较复杂，有高学历的，有低学历的，也有没受过中等教育的，有年轻的，也有年长的。他们对计算机、多媒体、网络的接受能力和教学应用能力差别很大。幼儿教师的现代信息技术能力特点整体可概括为：多数幼儿教师能认识到信息技术的重要性，但对信息技术（或现代教育技术）的内涵并不太了解；幼儿教师的信息技术能力大多仅强调计算机基本操作、网络信息获取和多媒体素材的加工整合等能力薄弱；多数幼儿教师能开展一些简单的多媒体教学活动，但缺乏融合理论的指导，信息技术应用于教学的能力不强。

（二）支持幼儿教师专业发展与终身学习

我国于2001年颁布的《幼儿园教育指导纲要（试行）》中对教师角色和主要任务进行了直接的阐述：教师应作为幼儿学习活动的支持者、合作者、引导者；以关怀、接纳、尊重的态度与幼儿交往；善于发现幼儿感兴趣的事物、游戏和偶发事件中隐含的教育价值，把握时机，积极引导；尊重幼儿在发展水平、能力、经验、学习方式等方面的个体差异，关注幼儿的特殊需要。教师要适应信息技术应用时代，就要有全新的教学观念和技术素养。信息技术应用时代的教学更加强调了做中学、寓教于乐。这也为优化学前教育环境和支持幼儿教师教学与自身发展提供了更多的可能性。在信息技术应用时代，幼儿教师的角色也面临着转型。

信息技术和信息技术应用环境为幼儿教师创设自主学习环境提供了选择，幼儿教师应该从知识的传递者转向成为幼儿认识世界的引导者和支持者，用多种方式和形式来激发幼儿的好奇心和探索周围世界的欲望，让幼儿通过做中学、自主探究及协同合作的形式进行学习。信息技术应用时代为幼儿教师与家长的沟通和交流提供了多样化的平台和有利条件，幼儿教师应充分利用多种方式吸引和鼓励家长参与幼儿园的教育，用多种形式（即时通信平台、博客、微信等）与家长交流，向家长宣传正确的、先进的教育理念，并积极帮助家长改善教育行为、改进教育方法、转变教育观念，为家长解答有关幼儿教育的问题，建立信任，不断优化家园合作的效果。信息技术应用时代为学习环境、课程内容、实施手段和教学模式带来新的形式，幼儿教师可以充分利用现代信息技术和网络平台、网络教研共同体来进行教育研究和教学反思。如利用录像进行观察和研究，利用博客圈、QQ群、微信群、E-mail、在线学习平台等与同行进行交流，撰写反思笔记，向专家请教等，这些都是支持幼儿教师成为新型研究者和反思者的重要手段。现代信息技术的发展和应用对社会的各个领域都产生了巨大影响，对教育更是如此。幼儿教师应具备必要的信息技术素养，有意愿和能力在幼儿园教育教学中使用合适的技术手段来提升教学效果。

同时幼儿教师也应正确认识技术的价值、发展历程及其对人类的巨大贡献，对幼儿进行一定的启蒙教育，使之更好地认识信息技术，并能在日常生活中理性地使用信息技术，减少危害。终身学习理念是当今每个人都应具备的，幼儿教师在信息技术应用时代更是如此，仅达到一个合格的教师标准是不够的，只有不断学习新知识和新理念，与时俱进，才能引导幼儿更好地适应未来的社会。

三、幼儿园教育信息技术应用的影响

幼儿园教育对幼儿身心健康、习惯养成、智力发育等具有重要意义。随着科技的发展，现代信息技术在教育领域的地位与作用日益凸显，幼儿园教育信息技术应用成了必然的发展趋势。信息技术支持下的幼儿园教育，已经在教育、管理、家园共育等方面发生了深刻的变化。

（一）推动幼儿园教育管理的变革与发展

幼儿园可以通过建立网络信息系统，有效地实现信息技术应用管理。例如，通过建立具有数据检测存储、实时互动共享、信息在线发布等功能的网络平台和官网，幼儿园可实现对保教工作与幼儿情况、教师工作的扁平化综合管理，提高决策的准确性与管理的有效性。以安全管理为例，幼儿园可以通过信息技术应用监管系统，对幼儿的接送情况进行实时记录和检测，还可以通过网络与派出所联网，以便幼儿园在遇到问题时能第一时间得到帮助。信息技术应用的幼儿档案管理则可帮助教师和家长及时了解、科学分析幼儿的成长状况，信息技术应用教师档案的建立可帮助园所管理者、上级管理单位及时了解园所的师资建设与教师发展情况，促使保教管理高效运转。

实例分享：

信息技术下的数字化幼儿园管理（节选）

数字化校园不仅为园所创设了一个高速、高效、资源共享的信息技术应用环境，而且它本身还是一种影响教育观念、手段及管理思想、管理体制和管理方法的文化。幼儿园的数字化管理主要从以下四个方面着手。

园所管理：利用微信公众平台向幼儿家长手机发送调查问卷，改变传统的纸质问卷形式，达到事半功倍的效果；利用微信发送即时消息，通知教师和家长。电子宣传栏播放教师风采、幼儿园新闻、幼儿保健、公示公告等；监控系统全方位覆盖，时时记录幼儿园各个角落的影像，保障幼儿的安全；建立固定资产、幼儿学籍和财务处理等数字化管理系统。

办公管理：科室、班级之间通过QQ、邮箱、网站、FTP等信息平台进行文件浏览、传输，为教师提供便捷的支持，降低了教师的工作量，实现了低碳、环保、有效的网络化办公。

教科研管理：利用QQ群开展教研活动，包括体感游戏群、早期阅读群、数学群等，教师根据参加的教研组加入所在的QQ教研群，方便教师收集资料、讨论教研活动等。

班级管理：电子班牌动态播放教学计划、育儿经验、幼儿活动照片和视频等，让家长对幼儿园的教育有更直观的了解；电子成长档案取代纸质的成长记录本，可有效减少教师的工作量。

（二）推动园本课程的变革与发展

在前信息技术时代，教师主要凭借文本、实物、语言等传统方式组织教育活动，手段比较单一。信息技术的迅速发展引发了教育手段的深刻变革，教师可充分运用信息技术整合各项资源。例如，在教学活动的组织中借助网络或多媒体技术，将图片、音频、视频等内容加以组合，直观形象地呈现在幼儿面前。

（三）推动家园共育的变革与发展

陈鹤琴先生曾说："幼稚教育是一件很复杂的事情，不是家庭单方面可以胜任的，也不是幼稚园单方面可以胜任的，必须是两方面共同合作才能达到充分的功效。"家园共育是幼儿得到全面、健康发展的根本保障。利用信息技术手段架起家庭与幼儿园之间的沟通桥梁，是家园共育的基础工作。例如，幼儿家长可以通过家园互动平台、QQ、微信等通信工具与教师沟通；教师也可将幼儿在幼儿园的精彩瞬间以文字、图片、视频等方式与家长分享，邀请家长以同样的方式分享幼儿在家庭生活中的点滴成长，共同建立富媒体化的幼儿成长档案。

实例分享：

信息技术让家园互动更高效（节选）

为了让家长了解班级的新主题活动"环保小火车"，并且能和幼儿一起收集各种废旧材料制作一个小火车，教师就采用群发短信的形式告知家长，但是文字信息没有完全表达出教师想表达的意思，许多家长不能很好地理解活动内容，导致家长与幼儿带来的都是用画笔画出来的小火车，而不是教师所想的那样用纽扣、吸管、绳子等材料制作的小火车。

微信是一款跨平台的软件，通过手机网络可以发送语音、图片、视频和文字等信息，能实现家长与教师在网络上进行多种方式的沟通交流。教师在微信上申请开设"班级公众号"，让家长可以随时随地了解到班级中的大小事，同时，教师也会每周定时进行班级活动内容的推送：

周一：本周教学计划表，让家长了解具体的教学活动计划。

周二：教育直通车，向家长介绍科学的育儿知识和教育经验。

周三：亲子小游戏，发布适合家长与幼儿一起开展的小游戏，增加亲子之间的亲密度。

周四：保育小常识，保育员向家长介绍幼儿保健方面的知识。

周五：心情记录，分享本周幼儿与教师之间的小故事。

在微信公众号这个小小的平台上架起一座家长与教师的联系之桥，教师还可以利用碎片时间针对幼儿在园的情况与个别家长进行私信联络，在保证隐私的情况下给予教育建议；家长有问题时也可以主动咨询教师，以解除心中的疑虑。对热门问题，教师会与家长们共同探讨。这种不拘泥于时间、空间，可以多角色、全方位互动的交流模式，打破了以往有事只能找幼儿爷爷奶奶解决，爸爸妈妈对幼儿园的事情一无所知的尴尬局面，让家长更加了解和支持幼儿教师的工作。

四、幼儿园教育信息技术应用的情况

东莞市凤岗镇中心幼儿园自2014年搬入新园以来，在凤岗镇政府的关注下，加大了幼儿园教学信息技术应用硬件设施的投入。许多老师在平常的教学过程中也在不断更新自己的教学理念，将信息技术应用引入幼儿游戏课堂教学，有效改进幼儿课堂教学方法，提高课堂教学效率。"利用信息技术，促进幼儿课堂教学的研究"成为东莞市凤岗镇中心幼儿教师的重点研究课题。以下通过《凤岗镇中心幼儿教师信息技术应用能力调查分析报告》，了解凤岗镇中心幼儿园教育信息技术应用的现状。

（一）凤岗镇中心幼儿教师教育信息技术应用基本情况

1. 研究样本的选取

利用问卷星小程序，形成电子问卷，采用把问卷链接发放到中心幼儿教师群，让所有在职教师填写的方式收集信息，旨在了解现阶段幼儿教师的实际信息技术应用能力和水平，调查对象为东莞市凤岗镇中心幼儿园所有在职的行政领导及教师，样本选取尽量覆盖不同性别、年龄、教龄、教育程度和全国计算机等级五大类别。本次研究调查时间是2022年9月26—30日，对本研究所有的问卷数据进行了一一筛选，筛选的标准主要有三个：填写时间少于100秒的问卷；问题项的答案明显不一致或者矛盾的问卷；多个问题项答案完全相同的问卷。通过筛选，最终得到了72份有效问卷，对数据进行汇总并加以整理，将整理好的数据输入SPSS当中，利用SPSS软件对调查结果进行数据分析。

2. 幼儿教师基本情况分析

凤岗镇中心幼儿教师个人的基本情况统计表，如表1-2-1所示。

表1-2-1

	特征类别	人数（人）	百分比（%）
性别	男	4	5.6
	女	68	94.4
年龄	18—25岁	11	15.3
	26—33岁	32	44.4
	34—40岁	11	15.3
	41岁及以上	18	25
学历	中专或高中	14	19.4
	大专	21	29.2
	本科及以上	37	51.4

	特征类别	人数（人）	百分比（%）
教龄	2年及以下	3	4.2
	3—6年	11	15.3
	7—10年	21	29.2
	11年及以上	37	51.3
全国计算机等级	未评级	69	95.8
	一级	3	4.2
	二级	0	0
	三级及以上	0	0

凤岗镇中心幼儿教师个人的基本情况统计表主要是以其自身基本特征进行描述性统计，从表中可以看到女性教师有68人，占比94.4%，男性教师有4人，占比5.6%。凤岗镇中心幼儿园依旧以女性教师为主。

凤岗镇中心幼儿教师年龄18—25岁的人数占比15.3%，年龄26—33岁的人数占比44.4%，显现出年轻化的特点，这符合幼儿教师以年轻教师为主的特点。

在教师受教育程度这一类别中，凤岗镇中心幼儿教师中专或高中学历占比19.4%，大专学历占比29.2%，本科及以上学历占比51.4%。可见凤岗镇中心幼儿教师受教育程度是比较高的，教学素质与教学能力水平比较高，相应的学习能力应该不差。

关于教师教龄情况，经过统计可以了解到凤岗镇中心幼儿教师中2年及以下教龄的教师占比4.2%，3—6年教龄的教师占比15.3%，7—10年教龄的教师占比为29.2%，11年及以上教龄的教师占比为51.3%。可见有经验的教师居多，教师流动性小，对凤岗镇中心幼儿园园本文化、教学理念、教学管理、教学模式等非常了解和熟悉。

幼儿教师的全国计算机等级考试（NCRE）的等级获取情况：凤岗镇中心幼儿教师中未定级别的教师占比高达95.8%，等级为一级的教师占比只有4.2%，等级为二级和三级及以上的教师占比均为0。从数据来看，凤岗镇中心幼儿教师计算机操作能力非常薄弱。

凤岗镇中心幼儿教师对信息技术应用在幼儿园课程中的哪些领域最适合的具体看法如图1-2-1所示。

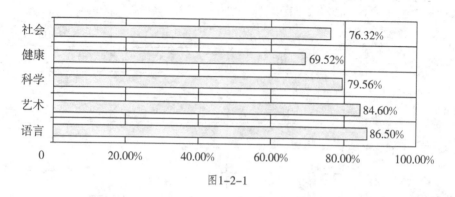

图1-2-1

由图1-2-1可知，在"凤岗镇中心幼儿教师对信息技术应用在幼儿园课程中的哪些领域最适合"这个问题的看法中，其中86.50%（62人）的教师认同在语言领域使用信息技术教学，84.60%（61人）的教师认同在艺术领域使用信息技术，79.56%（57人）的教师认同在科学领域适合运用信息技术，76.32%（55人）的教师认同在社会领域中使用信息技术，而健康领域占比最少，只有69.52%（50人）的教师赞同在健康领域使用信息技术。

综合上述数据，可以得出在信息技术2.0背景下，凤岗镇中心幼儿教师队伍是由年轻的女教师"挑大梁"，呈现年轻化趋势，且教龄主要集中于5—10年，以熟手型教师为主；近乎所有的教师未获得全国计算机等级。通过调查可以肯定的是，凤岗镇中心幼儿教师认同在幼儿园课程的五大领域中使用信息技术，其中位居前三的科学、艺术、语言，以及位居第四的社会领域占比均在70%以上。

3. 凤岗镇中心幼儿园信息技术应用能力环境现状描述性分析

幼儿园信息技术应用环境主要分为硬件环境和软件环境，硬件环境主要是指幼儿园的信息技术基础设施配备，基本情况如图1-2-2所示。

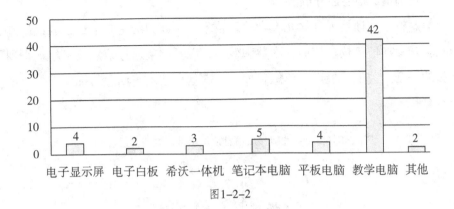
图1-2-2

从图1-2-2中可以看出，凤岗镇中心幼儿园已经配备平板电脑、电子显示屏等信息技术基础设施，还配备少部分电子白板和其他信息技术基础设施。根据数据可以得出，凤岗镇中心幼儿园信息硬件环境基本齐全。

幼儿园信息技术软件环境是指幼儿园信息技术教育资源配备情况，经过调查，具体情况如图1-2-3所示。

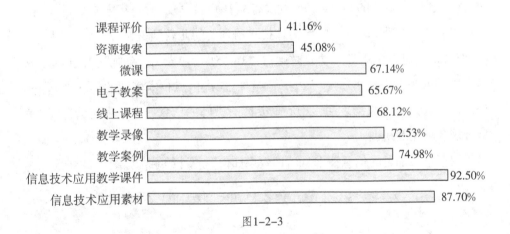
图1-2-3

从图1-2-3中可以看出，凤岗镇中心幼儿园的信息技术应用教学课件资源配备占比达92.50%，其次是信息技术应用素材、教学案例、教学录像、线上课程、微课、电子教案、资源搜索和课程评价等信息技术教育资源。幼儿园信息技术调查的教育资源样本覆盖面较广，比较全面。

4. 培训情况描述性分析

信息技术培训是提升幼儿教师信息技术应用能力的主要渠道，因此调查了幼儿教师参加信息技术培训的次数和效果，以及期望通过信息技术培训得到哪方面的提升。关于"最近一年您参加过几次信息技术培训"的统计结果，如图1-2-4所示。

凤岗镇中心幼儿教师参加信息技术培训次数情况统计图

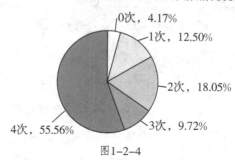

图1-2-4

通过图1-2-4我们可以了解到，凤岗镇中心幼儿园的教师中最近一年参加过0次信息技术培训的占到4.17%，仅有3名幼儿教师最近一年未参加过任何有关信息技术的培训，参加过1次信息技术培训的幼儿教师占比12.50%（9人），参加过2次信息技术培训的幼儿教师占比18.05%（13人），参加过3次信息技术培训的幼儿教师占比9.72%（7人），参加过4次信息技术培训的幼儿教师占比55.56%（40人）。数据表明，中心幼儿园对教师的信息技术能力较为重视，积极开展各项相关培训。

关于"参加过的信息技术，培训效果如何"统计结果，如图1-2-5所示。

凤岗镇中心幼儿教师信息技术应用培训效果情况统计图

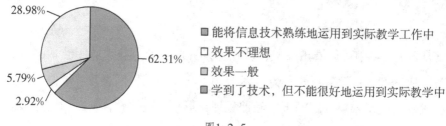

图1-2-5

调查数据显示：62.31%（43人）的幼儿教师认为自己有能力将信息技术熟练地运用到实际教学工作中，效果不理想和效果一般的共有8.71%（6人），还有28.98%（20人）认为学到了技术，但是不能很好地运用到实际教学中。从数据上可见，参加过信息技术培训的教师对培训效果评价较高，大部分教师反馈培训效果良好，但还有小部分教师仅仅掌握了信息技术，这表明信息技术如何融合到日常教学活动中还是一个不小的挑战。

关于"如果有机会参加信息技术培训，您最希望得到哪方面的提升"，这是一道多选题，统计情况如图1-2-6所示。

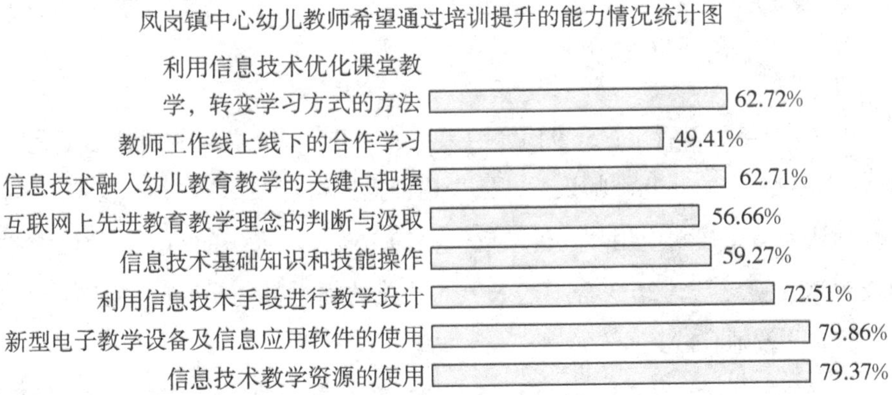

凤岗镇中心幼儿教师希望通过培训提升的能力情况统计图

能力项目	比例
利用信息技术优化课堂教学，转变学习方式的方法	62.72%
教师工作线上线下的合作学习	49.41%
信息技术融入幼儿教育教学的关键点把握	62.71%
互联网上先进教育教学理念的判断与汲取	56.66%
信息技术基础知识和技能操作	59.27%
利用信息技术手段进行教学设计	72.51%
新型电子教学设备及信息应用软件的使用	79.86%
信息技术教学资源的使用	79.37%

图1-2-6

如图1-2-6所示，62.72%的幼儿教师选择"利用信息技术优化课堂教学，转变学习方式的方法"，49.41%的幼儿教师选择"教师工作线上线下的合作学习"，62.71%的幼儿教师选择"信息技术融入幼儿教育教学的关键点把握"，56.66%的幼儿教师选择"互联网上先进教育教学理念的判断与汲取"，59.27%的幼儿教师选择"信息技术基础知识和技能操作"，72.51%的幼儿教师选择"利用信息技术手段进行教学设计"，79.86%的幼儿教师选择"新型电子教学设备及信息应用软件的使用"，79.37%的幼儿教师选择"信息技术教学资源的使用"。

通过统计发现每项指标被选择的比例都超过50%，由此可见，凤岗镇中心幼儿教师想要学习的愿望非常强烈，教师们想通过信息技术培训提升的能力有很多，幼儿教师有较强的意愿学习信息技术，并希望将信息技术更好地运用到教学中。

5. 影响因素描述性分析

关于"影响您信息技术应用能力提升的因素有哪些"统计情况，如图1-2-7所示。

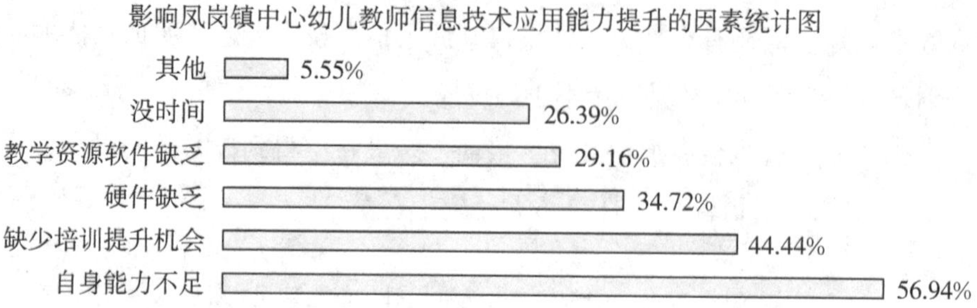

影响凤岗镇中心幼儿教师信息技术应用能力提升的因素统计图

其他 ▭ 5.55%

没时间 ▭ 26.39%

教学资源软件缺乏 ▭ 29.16%

硬件缺乏 ▭ 34.72%

缺少培训提升机会 ▭ 44.44%

自身能力不足 ▭ 56.94%

图1-2-7

由图1-2-7可以看出：56.94%（41人）的幼儿教师认为"自身能力不足"，44.44%（32人）的幼儿教师认为"缺少培训提升机会"，34.72%（25人）的幼儿教师认为信息技术应用"硬件缺乏"，29.16%（21人）的幼儿教师认为"教学资源软件缺乏"，26.39%（19人）的幼儿教师觉得"没时间"，5.55%（4人）的幼儿教师有"其他"原因。

根据数据显示，影响教师信息技术能力提升最大的主观因素为教师信息技术教学效能感不足，认为自己很难胜任；影响教师信息技术能力提升的客观因素较多，主要为培训提升机会不够，信息技术应用硬件条件缺乏。

凤岗镇中心幼儿教师对自己信息技术应用能力的综合评价图

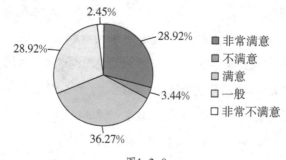

图1-2-8

通过图1-2-8可以看出：凤岗镇中心幼儿园36.27%的教师对自己的信息技术应用能力满意，28.92%的教师对自己的信息技术应用能力非常满意，28.92%的教师认为自己的信息技术应用能力一般，5.89%的教师对自己的信息技术应用能力不满意。

上述数据表明，大部分教师对自己的信息技术应用能力比较认可，少部分教师的应用能力需要进一步提升。

（二）幼儿教师信息技术应用能力现状

依据《教育信息化2.0行动计划》《关于实施全国中小学教师信息技术应用能力提升工程2.0的意见》和《广东信息技术2.0的意见》等文件标准，结合学前教育特点确定了技术素养、设计与融合、实施与管理、评估与诊断、学习与发展五个问卷调查指标维度。由于目前为止尚无学者和相关政策文件提出关于幼儿教师信息技术应用能力五个维度所占比重方面的标准，因此研究者默认幼儿教师信息技术应用能力的五个维度同等重要。

在《教育技术2.0背景下幼儿教师信息技术应用能力》这一问卷的得分中，研究者按不同问题得到的均值，计算幼儿教师信息技术应用能力。其中，每个问题五个选项的平均分为3分，满分为5分，大于或等于4.5分为优秀，小于4.5分且大于或等于4分为良好，小于4分且大于或等于3分为合格，小于3分为不合格。通过调查198个城乡幼儿教师信息技术应用能力的均值来反映当前应用能力的总水平以及各维度之间的情况。

1. 技术素养维度分析

技术素养问题在幼儿教师信息技术应用能力中起奠基和引领作用，技术素养问题共有14个，由于13题"您在什么情况下使用多媒体教学"是多选题，无法赋值，因此没有纳入表中。技术素养问题调查情况如表1-2-2所示。

表1-2-2

问题序号	平均值	标准差
1	4.19	0.64
2	4.47	0.57
3	4.49	0.58
4	4.51	0.55
5	4.58	0.64
6	4.42	0.64

问题序号	平均值	标准差
7	4.30	0.59
8	4.36	0.64
9	4.13	1.13
10	4.13	1.10
11	4.07	0.87
12	4.33	0.73
14	3.74	0.59
	4.29	0.71

通过表1-2-2可以了解到，幼儿教师技术素养的平均值是4.29，处于良好的水平，非常接近优秀水平。调查统计的13个问题中，平均值最高的是问题5："您会注意保护幼儿和家长的信息安全，不随意在网上泄露"，说明幼儿教师的信息技术安全意识都比较强，达到优秀的水平；其中问题2："您认为信息技术的应用能提升幼儿教学活动的效果"；问题3："您认为信息技术的应用能优化和提升家园共育的效果"；问题4："您使用信息技术时以幼儿的健康和安全为根本"；问题6："您总会有意识地向幼儿讲授如何正确使用平板等设备，养成良好的使用习惯"；问题8："您能熟练地操作Word、Excel、PowerPoint等办公软件"；问题12："您能熟练地下载软件（IDM下载器、迅雷等）"这6个问题的得分都很理想，由此得出，在信息技术2.0背景下，幼儿教师的信息技术安全意识、信息技术应用意识均为良好水准。但在信息技术应用能力中除了基本办公软件和下载资源的能力比较理想，对音频、图片和视频的操作能力低于平均水平，有待于进一步提高。

通过调查，我们可以得出幼儿教师技术素养基本达到良好以上，仅个别项处于合格水平，说明幼儿教师的信息技术素养有一定基础，但并没有达到专家水平。

2. 设计与融合维度分析

设计与融合是信息技术2.0时代幼儿教师开展信息技术应用教学的必经环节，幼儿教师需进行信息技术应用教学设计并规划如何将技术融合于教学。设计与融合维度由4个问题组成，调查统计情况如表1-2-3所示。

表1-2-3

问题序号	平均值	标准差
1	4.55	0.65
2	4.45	0.66
3	4.36	0.72
4	4.34	0.74
	4.425	0.6925

幼儿教师设计与融合问题的平均值为4.425，处于优秀水平。相比技术素养问题，设计与融合问题的水平更加稳定，1、2两个问题得分达到优秀水平，其余2个问题得分均处于良好水平，平均值最高的是问题1："您可以根据幼儿身心特点，选择适合幼儿活动的软件或资源"，说明幼儿教师教学资源甄别、选择的能力较好，能根据实际教学情况和幼儿身心发展特征为幼儿选择适用的教学资源；问题3："您经常通过数字图书馆查阅浏览学前教育专业知识"；问题4："您能熟练地设计并制作出需要的微课"，说明幼儿教师关于信息技术的学习以及在信息技术支撑的智慧学习环境下设计微课资源能力有待于进一步提高。

3. 实施与管理问题分析

实施与管理是幼儿教师信息技术应用教学活动设计得到落实的关键步骤，幼儿教师的实施与管理能力直接影响到教学活动的目标能否实现。实施与管理共有6个问题，调查统计分析如表1-2-4所示。

表1-2-4

问题序号	平均值	标准差
1	4.48	0.64
2	4.49	0.67
3	4.56	0.64
4	4.48	0.68
5	4.53	0.64

问题序号	平均值	标准差
6	4.40	0.68
	4.49	0.66

由表1-2-4可以看到，幼儿教师实施与管理问题得分平均值为4.49，处于良好水平，接近优秀。分析每个问题，其中问题4："您经常利用信息技术记录幼儿活动过程及作品，并进行展示和评价"；问题6："您经常通过信息技术给家长提供家庭教育指导"稍微低于平均值。

4. 评估与诊断问题分析

评估与诊断是评价幼儿教师教学效果和幼儿学习效果的重要途径，并能侧面反映幼儿教师运用信息技术开展教学的能力。评估与诊断包含5个问题，具体分析如表1-2-5所示。

表1-2-5

问题序号	平均值	标准差
1	4.47	0.67
2	4.47	0.67
3	4.69	0.62
4	4.43	0.69
5	4.33	0.80
	4.418	0.69

由表1-2-5可以了解到，幼儿教师评估与诊断问题得分的平均值是4.418，其中问题3："您会使用不同的评价工具（如视频、学习管理平台、量规等）对幼儿的发展进行形成性评价"平均值最高，说明教师对幼儿的评价较为多元。学前阶段，由于幼儿教师要经常和家长交流幼儿的学习、生活情况，因此大部分幼儿教师需要用信息技术手段记录幼儿的日常学习、生活情况、材料或作品，并通过微信、QQ等社交平台分享给家长，向幼儿家长展现幼儿发展情况，所以问题2："您能利用技术手段记录幼儿的发展情况、材料或作品"得分较高。相比较，评估与诊断维度中平均值最低的问题5："您会为幼儿建立电子档案，为幼儿的全面发展提供评价和支持"低于平均值，说明幼儿教师利用信息

技术建立幼儿成长档案以促进幼儿全面发展的能力仍需提升。

5. 学习与发展问题分析

不断学习以追求自身发展是幼儿教师终身专业发展的需要，也是幼儿教师信息技术应用能力的衡量指标。学习与发展由4个问题组成，具体如表1-2-6所示。

表1-2-6

问题序号	平均值	标准差
1	4.58	0.66
2	4.52	0.69
3	4.60	0.63
4	4.54	0.66
	4.56	0.66

由表1-2-6可以了解到，学习与发展问题得分的平均值是4.56。其中平均值最高的是问题3："您很乐意充分利用信息技术，以提升自身专业发展"，且该指标标准差较其他指标稳定，表明幼儿教师愿意借助信息技术提升专业知识技能，获取持续性发展。学习与发展问题中得分最低的是问题2："您总浏览幼儿教育专业网站、关注发展前沿"，说明幼儿教师对教育前沿知识的关注度有待提高。

（三）幼儿教师信息技术应用能力建议

1. 技术素养方面比较优秀，软硬件操作能力得分较低

大部分幼儿教师的技术认同意识很强，幼儿教师意识到信息技术在教育教学活动中应用的重要性，认同并愿意将信息技术应用于教学，做到以幼儿为本，注重养成良好的技术使用习惯。幼儿教师对Word、Excel和PPT等常用办公软件，资源获取掌握较好，而图片、音频和视频编辑等多媒体操作能力较低。主要是因为在信息技术应用时代，信息技术的使用已经渗透进人们的生活和工作，因此幼儿教师对基本的软硬件掌握熟练，但对进阶型的设备和软件只具有基本的操作能力，达不到专业的水准。对信息技术2.0背景下的新型教学模式，如VR、AR、人工智能等了解较少。

2. 实施与管理方面良好，应对故障能力有待提高

通过问卷发现，幼儿教师在教育教学中对信息技术的实际应用能力较好，能利用多媒体等技术手段实施课堂教学，并激发幼儿的学习兴趣，能通过信息技术吸引幼儿，丰富一日教学活动内容，这也是幼儿教师乐于将信息技术应用于教学的原因。但对突发技术故障的处理能力不足，这也验证了幼儿教师的设计与融合能力不足，没有足够的能力应对信息技术应用教学的各种情境。

3. 评估与诊断方面也良好，建立电子档案有待落实

相比较中小学教师，幼儿教师需要更频繁地与幼儿家长进行沟通交流，"云支持"家园共育。幼儿教师需要用信息技术记录幼儿的活动过程和生活点滴分享给家长，给予家长全面衡量、评价幼儿发展的参考依据。但是为幼儿建立电子档案能力较差，考虑到建立电子档案的技术和数据留存的复杂性，幼儿教师亟须提高这方面的能力。

4. 学习与发展方面良好，利用信息技术促进专业化发展有待增强

幼儿教师作为"青年化"的职业群体，发展意识强，乐意利用信息技术去提升自己，擅长利用各种社交平台与专家或同行进行交流，促进自己的专业发展。在关注专业网站和发展前沿方面得分稍低，需要拓宽信息技术支持自身专业化的途径。

第二章

幼儿园信息技术应用资源与工具

第一节　幼儿园信息技术资源的建设与管理

建设好幼儿园课程资源库，运用现代信息技术进行教学，能更好地调动幼儿学习的积极性、主动性、创造性，是时代发展的必然需要，也是学前教育改革的重要内容，代表了当前学前教育发展的趋势和方向。近几年，我国有些一线城市已经开始有意识地建立幼儿园课程信息技术资源库，并取得了很大的成果。幼儿园课程信息技术资源库是指恰当地运用信息技术，收集并管理幼儿园课程资源，将其转化为信息技术的课程资源库，为教师提供丰富的课程素材、实用的教学工具、多样的资源呈现类型和不同的媒体应用方式。其具有互动性、共享性、个性化、社会网络性等特点，能为教师提供多样化的课程资源，为教师设计和实施课程提供最大的自由度，并能支持教师对教学活动的经常性反思，方便教师与同行及时沟通。幼儿园课程信息技术资源库的建设，必将为教师的教育教学工作和专业发展带来巨大的帮助。

一、获取幼儿园信息技术应用资源

（一）幼儿园教育网络化学习资源

1. 幼儿园教育网络化学习的含义

E-Learning的英文全称为Electronic Learning，中文译作"数字化学习""电子化学习"或"网络化学习"等。随着多媒体技术、通信技术、网络技术的发展及教育应用，E-Learning已成为一种重要且便捷的学习方式。例如，幼儿园各班级可以建立班级QQ群、微信群以及班级公众号，以便及时发布幼儿的学习信息以及分享教学、生活中的照片、视频；教师、家长在手机客户端上也可以进行E-Learning。在使用E-Learning的过程中要注意以下两点：一是家长适度引导，避免幼儿长时间对着电子产品，从而伤害眼睛。二是E-Learning对教师的素质要求较高，教师要不断地培训、学习，及时更新教学理念，正确引导幼儿，注重学习过程和每位幼儿的个性发展，培养幼儿的创新思维。

2. 幼儿园教育资源存储及文件管理

这里介绍几款教师日常使用率较高的资源存储的云端及问答平台。资源存储的云端主要有百度云盘、微云、360网盘等，其功能基本相同，主要是储存文档、图片、视频等资料，还可以下载好友分享的文件资源，或给好友分享资源。

（1）幼教网问答栏目主要提供早教、幼教、智力开发、幼儿园等学前教育问题的回答，帮助教师和家长启发幼儿智力，提高素质。新浪爱问有许多问题库，范围包括生活、文化、体育、游戏、教育、科技等多个方面。"知乎"网络问答社区也深受用户信赖，可以帮助教师解答工作、学习、生活中的一些问题。

（2）知识管理工具。Endnote/NoteExpress都是知识管理的必备工具，是写作的好助手。Endnote是一款著名的参考文献管理软件，用来创建个人参考文献库，并且可以加入文本、图像、表格和方程式等内容及链接。它有着简易、便捷的操作界面和强大的文献搜索功能，支持中文搜索，是科研工作者的得力助手，无论是文献的检索和管理、文献全文的自动获取，还是论文写作过程中的文献引用、插入和套用SCI期刊模板等，均可为用户提供强大的帮助。

（3）NoteExpress是北京爱琴海软件公司开发的一款专业文献检索与管理系统，具备文献信息检索与下载功能，可以用来管理参考文献的题录，以附件的方式管理参考文献全文或者任何格式的文件。数据挖掘的功能可以帮助用户快速了解某项研究的最新进展以及各方观点等。除了管理以上显性的知识外，类似笔记本、科研心得、论文草稿等瞬间产生的隐性知识也可以通过NoteExpress的笔记功能进行记录，并且可以与参考文献的题录联系起来。此外，NoteExpress还可以按照各种期刊的要求自动调整参考文献引用的格式。

（二）幼儿园教育数字化学习平台

幼儿园教育数字化学习平台除了常用的微信、微博、QQ，还有其他学前教育专业相关的手机软件（App）、线上开放课程学习平台、网站以及基于H5的微型资源。

1. 学前教育专业相关App

（1）教师随时学：这是一款有关教师从业资格考试的学习软件，可以用来备考教师资格证和入编考试等，有试题，也有直播。

（2）师乐汇：这是中国幼儿教师网在2015年推出的一款专门为幼儿教师量身打造的教学资源分享社交平台。幼儿教师可以通过该平台发现、收藏、分享大量的教育资源，包括幼教素材、幼教图库、活动教案以及计划、总结等，以学习别人的经验、分享自己的优势。此外，该平台内还设有问答区，有疑问的教师还可以在问答区进行交流学习，是一个资源丰富、使用率较高的学习、工作平台。

（3）幼师口袋：这是一款简单实用的幼儿教师分享应用，包括舞蹈、环境创设、区域角、教案、主题墙、主题活动、手工等素材，是学前教育专业教师们的好助手。

（4）幼师宝典：这是一款为幼儿园以及幼儿教师服务的平台，包括幼师讲堂、环境创设、一日活动、师幼互动、家园共育、文案撰写、微课等栏目，内容丰富，为学前教育专业的学生、教师提供一个交流学习的平台。

App的设计基于资源共享、个性化服务的理念，每个App平台都有推送功能，只要开启之后系统就会记录用户每次的使用偏好，根据偏好推送给用户一些可能需要的资源。用户可对喜欢的内容进行收藏，以便下次快速浏览。每位幼教人士都可以建立自己的知识网络结构，提升自我。

2. 幼儿教育线上开放课程学习平台

国内的课程学习平台包括腾讯课堂、康轩网校等各种线上开放课程学习平台。

（1）腾讯课堂：该学习平台有两种应用方式，一种是用户直接注册账号，在搜索栏中输入要学习的视频名称，然后点击进入学习即可；另一种是网络课堂搭建，技术要求相对高一些，用户可以分享课程到腾讯云平台，主要流程包括教师申请账号、发布视频课程，学生学习、讨论与评价等。腾讯课堂会对申请开课的教师进行实名认证，认证成功后才能正式发布课程。发布课程需要对课程信息进行完善，即教师要根据课程的学习目标，首先进行视频课程设计，其次辅以教案文本、案例素材等教学资源，最后通过上传的方式进行课程发布。

（2）康轩网校：康轩网校是康轩文教为园长及幼师提供的一站式学习平台，为广大园长及教师推出了丰富的学习内容，包括康轩40多套课程内容以及各种类型的课程培训。

3. 有关学前教育专业的学习网站

（1）中国幼儿网：该网站内容覆盖全面，包括幼教课件、教案和环境设计、育儿知识（疾病防治方法、幼儿智力游戏）等幼教资源。

（2）中国学前教育研究会：该网站的栏目主要有研究会工作（各种学前教育相关会议的通知）、幼教资讯（幼教热点聚焦、各地要闻）以及课题研究等。该网站是一个国际化的网站，对教师具有很好的引领作用。通过该网站，教师能学习到课题的申报流程、方法等，及时获取学前教育课题研究、热点资讯等信息。

（3）幼儿教师网：该网站是专门针对幼儿教师教学用的，栏目主要包括教师文案（工作总结、计划等）、素材资源（歌谣、舞蹈音乐、手指游戏、公开课视频等）、幼儿园课件、幼教理论、家园共育等。

4. 基于H5的幼儿教育微型资源

H5技术是高级的网页技术，是HTML5的简称，HTML全称为Hyper Text Markup Language，中文译作"超文本标记语言"，是创建网页的一种方式。常见的移动端的动态邀请函、动态名片、小游戏等都是H5网页。H5的优势在于跨平台，可兼容IOS、安卓系统，适应手机、平板等多种终端设备。同时H5可以通过QQ、微信等社交平台进行传播，并且无须安装，扫描二维码进入即可。

对幼儿教师而言，H5互动微课是将传统的多媒体教学内容，即图、文、视频、动画等表现方式运用H5技术通过互联网进行传播，实现移动学习，帮助幼儿在任何时间、任何地点实现碎片化学习；线上线下的师生互动，便于收集幼儿学习过程中的数据，使教师的教学更有针对性，更好地帮助幼儿理解知识，引发其思考和探究，从而提高幼儿的创新和实践能力。

二、幼儿教师教育资源的下载

（一）视频下载

视频下载最大的难点在于格式不统一，每个视频播放器对视频格式的要求不一样，通常支持的视频格式有mp4、avi、mov等。

这里介绍两种快速下载视频的方法：①利用傲游浏览器（Maxthon），最新版的浏览器本身具有在线下载视频的功能。②利用迅雷、快车等下载软件。打开视频播放页面，在浏览器地址栏中打开在线视频网站，并正常播放，借助Maxthon提供的在线视频嗅探工具"网页嗅探器"即可嗅探当前页面的地址。具体操作是点击"工具"下的"网页嗅探器"，在打开的窗口中可以看到嗅探到的地址，点击右键复制，将复制的地址粘贴到专门的下载工具，或者可以使用Maxthon进行下载。支持的格式包括flv、rm、avi、awf、mp3、wma等。

（二）文件、图片下载

文件、图片除了可以在网页上搜索下载外，还可以在学前教育专业相关的App中搜索下载。例如，幼师口袋App，该App有推送功能，用户开启该功能后，App会根据用户下载的图片自动推送类似的图片资源，可节省搜索时间，提高工作效率。

三、幼教数字期刊（杂志）资源

（一）幼教行业国外期刊

国外幼儿教育期刊主要有美国的《早期儿童研究季刊》、澳大利亚的《澳大利亚早期儿童》、英国的《欧洲早期儿童教育研究》等。这三种期刊是国际学前教育研究成果交流的重要载体，无论是发文数量还是发文质量，均在国际学前教育研究领域影响较大。它们研究的主题与问题聚焦于以下五个方面。

（1）早期教育选题。随着经济的发展和物质生活的丰富，学前教育越来越受到重视，人们在关注3—6岁幼儿发展的同时也越来越关注0—3岁幼儿的发展及教育问题。

（2）家庭教育选题。家庭教育也是比较受重视的选题，该选题主要探讨家庭的社会经济文化背景以及具体的家庭学习环境对幼儿发展的影响。

（3）幼儿发展选题。幼儿发展的研究主要涉及幼儿的能力、行为调节、观念以及心理发展、道德情感发展等发展现状。

（4）专业人员选题。专业人员是幼儿教育政策的落实者、幼儿课程的实施者，是保障幼儿教育质量的关键人物，因此专业人员选题一直受到研究者的重视。

（5）教育政策选题。在全球化背景下，政策借鉴已经成为教育研究的重要工作，教育政策是教育研究的核心选题之一。

（二）幼教行业国内期刊

国内有关学前教育专业比较权威的期刊有以下五种。

（1）《学前教育研究》。《学前教育研究》由中国学前教育研究会和湖南省长沙师范学院联合主办，创办于1987年（双月刊），从2003年开始改为月刊，每月1日出版，是全国中文核心期刊、CSSCI南大核心期刊收录期刊、中国期刊全文数据库（CJFD）收录期刊、中国核心期刊遴选数据库收录期刊。该刊以及时反映国内外幼教研究成果为特色，以有效指导我国幼教实践为宗旨，是我国最高级别的学前教育专业期刊，也是全国唯一一本幼教理论刊物。其读者和作者群主要是我国的幼教理论研究工作者、幼教管理工作者、各高等院校学前教育专业师生、幼儿园园长以及广大的幼儿教师。

（2）《学前教育》。《学前教育》（半月刊），1956年创刊，面向幼儿教育工作者和在园幼儿（2—6岁）的家长，在学前教育理论与实践领域赢得了较高的社会声誉。其主要栏目有研究报告、文献综述、简报、专题研究等。

（3）《幼儿教育》。《幼儿教育》（旬刊），1982年创刊，主办单位为浙江教育报刊总社和浙江师范大学杭州幼儿师范学院，是幼教普及性刊物。该刊反映教育研究的前沿动态，讨论幼儿教育领域的重点、难点和热点问题，介绍幼儿教育改革和实践的最新成果以及国内外幼儿教育发展的最新信息。其主要栏目包括理论前沿、课程与教学、教师发展、儿童发展、研究综述、家庭与社区教育等。

（4）《父母必读》。《父母必读》，1980年创刊，是一本以孕产、围产保健及0—6岁婴幼儿喂养、营养、护理、疾病预防、教育心理为主要内容的母婴科普杂志。其主要栏目包括家庭时间、教育心理、孕产之家、营养与美食、宝贝健康、专家视角、特别策划、家庭计划等。

（5）《早期教育》。《早期教育》（月刊），1983年创刊，由江苏教育报刊总社主办，主要板块栏目包括信息速递、江苏幼教、理论与实践、广闻博览、家园链接、教研平台、智慧管理、教育资源、教育经验等。

（三）文献获取技巧

获取期刊文献的途径主要包括两种：①纸质媒体路径，如订阅上述的期刊、到书店阅读、去图书馆借阅等。②电子媒体途径，如上网搜索查阅图书馆电子资源、大学网站、百度文库、豆丁网，关注专家的微信公众号和博客等。处理文献的方法主要有阅读做笔记、复制、复印、扫描、抄写、分类、归档等。

第二节　幼儿园信息技术常用工具软件

在幼儿教育中，信息技术主要应用于幼儿园管理工作和幼儿教学。从信息技术在幼儿园管理工作中的应用方面来看，幼儿园最早使用的信息技术主要是发挥计算机的辅助管理功能。即便是当前，大部分幼儿园所购置的计算机，也是为了让幼儿园管理工作更加方便。计算机在幼儿园管理工作中的作用主要是让幼儿园的财物管理工作、教学管理工作以及保育教育等工作更加方便，这些作用的发挥需要依赖具有针对性的工具软件和常规软件，如电子表格、文字处理、财物管理、教学管理、营养分析等软件，所以幼儿园管理工作中对计算机的应用是信息技术在幼儿教育中应用的首个阶段。随着信息技术的不断发展，幼儿教师要根据教学需要和个人能力不断地认识和了解多种软件和工具，适时适量地将它们运用在幼儿园管理、教育和家园联系中，使工作变得更加便捷、更有效率。

一、二维码

随着科技的不断发展，二维码在人们的生活中逐渐产生了不可忽视的作用。在日常生活和工作中，随处可见二维码的身影，在幼儿园也不例外。二维码，又称二维条码，起源于日本，是包含信息的、按照一定规律在平面上进行分布的黑白相间的图形，主要用来进行数据符号信息的记录。因二维码具有储存的数据多、保密性和追踪性较强、成本较低等特点，被广泛运用于移动终端，服务于我们的日常生活和工作。

二、交互式电子白板

交互式电子白板是一种集计算机、投影仪、屏幕于一体的硬件电子感应白板和软件操作系统。它由电子感应白板、感应笔、计算机和投影仪组成。电子白板相当于计算机的显示屏和传统的黑板结合。感应笔的作用：一是用来在电子白板上书写，二是用于取代计算机鼠标。教学活动中，教师可以用感应笔在白板上写字或调用各种软件，通过电磁感应反馈到计算机中并由投影仪投射到电子白板上。在教育教学活动中使用交互式电子白板具有以下四个方面的意义和价值：①可以提升教与学过程中双方的交互能力，凸显了教学过程中学习者学习的主体地位，有利于提升学习者的探究能力和科学素养。②借助计算机技术，白板成为互联网的一个操作平台，信息与资源分享变得更加简洁、随意和丰富，提升了教学活动调用教学资源的效率。③对传统教学形式和教学设施的大革新，教师可以完全脱离黑板和传统讲台而进行教学，实现了智能化课堂。④改变教师固有的教学观念，促进了教师现代教育信息技术水平的提高，促使教学活动变得更为简洁、方便、自由，提高了教学的效率。

三、课件

PowerPoint是微软（Microsoft）公司Office系列办公组件中的幻灯片制作软件，该软件因其容易使用、界面简洁而在企业商务、文化宣传中得到广泛应用。PowerPoint也以其强大的优势得到教师的青睐。PowerPoint主要优势有以下两点：一是PowerPoint制作的多媒体课件可以用幻灯片的形式进行演示，非常适用于学术交流、演讲、工作汇报、辅助教学和产品展示等需要多媒体演示的场合。因此，PowerPoint又常被称为"演示文稿"或"电子简报"。二是PowerPoint能很简便地将各种图形图像、音频和视频素材插入幻灯片中，使幻灯片具有强大的多媒体功能。

四、Flash动画

Flash动画制作软件是一款可以帮助设计者制作和设计动画Flash介绍、Flash标识、Flash广告、Flash弹出选单以及任何其他Flash动画的Flash文本效果的工具。此软件是一个非常优秀的矢量动画制作软件，它制作精良、画质清晰，是当前网页动画设计较为受欢迎的软件之一。Flash动画制作软件也是一款可视化的网页设计和网站管理工具，支持最新的Web技术，包含HTML检查、HTML格式控制、HTML格式化选项、HomeSite/BBEdit捆绑、可视化网页设计、图像编辑、全局查找替换、全FTP功能、处理Flash和Shockwave等富媒体格式和动态HTML、基于团队的Web创作。在编辑上可以选择可视化方式或者源码编辑方式。

五、微课

微课全称为"微型视频课程"，它是以教学视频为主要呈现方式，围绕学科知识点、例题习题、疑难问题、实验操作等进行的教学过程及相关资源的有机结合体。微课以5—10分钟，甚至更短时长为单位，适宜在智能手机、平板电脑等移动设备上播放，为大众提供了利用碎片时间进行移动化的网络学习新体验。喀秋莎（Camtasia Studio）是一款专业的屏幕录像和编辑的工具软件，教师可以方便地进行屏幕操作的录制和配音、视频的剪辑，还可以添加过场动画、字幕和水印，制作视频封面和菜单，压缩和播放视频，添加测试题等。

六、格式工厂

格式工厂是一款多功能的多媒体文件转换工具。格式工厂支持转换多数主流的多媒体文件格式，也支持各种视频、音频、图片格式之间相互转换，还支持各种手机视频格式转换。格式工厂具有以下功能：转换文件过程中，可以修复损坏的文件，让转换质量无破损；可指定格式，支持iphone/ipod/psp等多媒体指定格式；支持图片常用功能；转换图片支持缩放、旋转、水印等常用功能，让操作一气呵成；备份简单，DVD视频的抓取功能，可将文件轻松备份到本地硬盘。

七、AI（人工智能）

AI，即人工智能（Artificial Intelligence），指用机器去实现目前必须借助人类智慧才能实现的任务。目前，AI在幼儿园和家庭中的应用主要体现在教育机器人以及天猫精灵、小爱同学等智能音箱使用上。从教育领域来看，AI主要应用于早期教育和STEAM教育（STEAM是Science、Technology、Engineering、Art、Mathematics的缩写，是集科学、技术、工程、艺术、数学等多学科为一体的综合教育），通过语音识别、图像识别、自然语言处理等技术，实现对幼儿陪伴和教育的功能，达到寓教于乐的效果。在学校，教育机器人辅助教师教学，增加课堂的生动性和趣味性；在家庭中，教育机器人担当起家庭教师的责任，可以进行简单的英语教学、STEAM教学，同时可以起到帮助家长看护、陪伴幼儿的作用，解决了教师和家长不能长时间陪伴和一对一针对性教育的问题。

八、剪映

剪映是由抖音官方推出的一款手机视频编辑工具，可用于手机短视频的剪辑制作和发布。带有全面的剪辑功能，支持变速，多样滤镜效果，以及丰富的曲库资源。比较强大的是可以自动识别语音，一键给视频加字幕，并且可以智能识别脸型，开启美颜。

幼儿园的数字化建设是时代发展的必然趋势，也是教育质量整体提升的有利契机。因此，幼儿园要抓住时机，一方面要积极学习数字化建设的相关知识，在园内打造一支数字化建设和使用的骨干团队，同时应向外界学习并引进成熟技术为幼儿园所使用；另一方面要充分借助信息技术的有利条件，在全园营造共享、共创的氛围，集中整合优质教育资源，鼓励资源建设和创新，形成资源开发与共享的可持续发展氛围。

第三章

基于信息技术应用下的幼儿园管理

第一节　幼儿园信息技术应用建设

　　幼儿园信息技术应用建设是指在幼儿园教育中利用信息技术来提升幼儿教育质量和效果的过程。它包括教育管理系统、教学媒体资源、数字化教学内容等方面的建设。教育管理系统：幼儿园教育管理系统可以帮助管理人员对学生信息、教师信息、课程管理等方面进行高效管理，实现信息的即时共享。通过教育管理系统，幼儿园可以更加智能地进行人员、资源、计划、课程等各方面的配备和安排，提高教育运营效率。教学媒体资源：幼儿园教学媒体资源可以通过多媒体技术、网络技术等方式将课外阅读材料、校外实践活动等教育资源呈现给幼儿和家长。如建立数字化教学库、自主阅读室、在线学习平台等，提供更丰富、个性化的学习体验。数字化教学内容：数字化教学内容是指通过音视频、图像、动画等数字化手段来呈现教学内容，便于幼儿理解和记忆，同时也方便教师备课和作业批改。幼儿园可以利用数字化教学内容创造具有互动性的课堂学习环境，让幼儿充满乐趣地学习。总的来说，幼儿园信息技术应用建设是提高幼儿园教育质量和效果的重要手段之一。通过教育管理系统、教学媒体资源和数字化教学内容的建设，幼儿园可以提高教育效果，满足家长和幼儿对教育的多样化需求。

一、东莞市凤岗镇中心幼儿园信息技术应用建设现状描述

　　东莞市凤岗镇中心幼儿园是东莞市凤岗镇区的一所公办幼儿园，成立于1994年9月，有18个班的教学规模，配置有信息技术教辅人员2名。拥有创客木工坊、大型建构馆、绘本阅读馆、民间工艺馆、美劳创意馆、音乐韵律馆、思维益智馆、蒙氏操作馆、艺术表演馆、生活体验馆、社会人文馆、科学探究

馆、自然博物馆13个儿童游戏馆及1间资源教室。涵盖了100多种不同的功能区域，含有上万种类的学习材料供幼儿选择，实现最大化的学习资源共享。各类功能室齐全，设施设备先进完善，能满足各种公开课教学、演出学习、现场直播、会议培训、休闲活动等需要。基本上达到了办公自动化和教学现代化的要求，实现了网上教育资源共享，满足了教师和幼儿多方面需求，是一所集规范化、专业化、信息化、生活化于一体，融温馨、舒适、和谐、快乐为一体的大型幼儿园。2021年12月，凤岗镇中心幼儿园被评为东莞市信息化实验学校。

（一）信息技术应用建设硬件设备

表3-1-1

电脑及其配件	电脑能作为工作站为老师提供教学、管理等方面的支持，同时，孩子们通过电脑还可以进行一些简单的游戏，参与儿童学习软件的学习。显示器、鼠标、键盘等配件则是与电脑搭配使用的辅助工具，使操作更加便捷
服务器	服务器作为一个中心化的计算机硬件设备，为幼儿园提供数据存储、网络共享等服务
打印机和扫描仪	打印机和扫描仪是为教学、管理等方面提供支持的重要设备。如果需要复印、印刷资料，或进行数字化处理，这些都需要打印机和扫描仪的帮助
投影仪	投影仪广泛应用于幼儿园教育过程中。它能将计算机屏幕上的内容通过光学方式映射到墙上，方便老师向学生展示课程内容，提供教学帮助等
交互设备	交互设备包括触摸屏幕、电子白板、VR眼镜等。这些设备可以满足孩子们的视听需求，让幼儿在游戏和学习中有更多的互动和参与感，能提升虚拟现实的沉浸感和互动性，帮助幼儿增强感知、表达、思维等方面的能力
无线路由器	无线路由器是为幼儿园提供无线网络服务的硬件设备，能连接到互联网，同时，它可以为幼儿园的手机、平板电脑、笔记本电脑等提供无线上网服务
智能儿童手表、定位器等设备	智能儿童手表、定位器等设备方便家长或者监护人定位孩子的位置、了解孩子的活动情况、监测孩子的健康等，帮助家长掌握孩子的动态
安全监控系统	幼儿园要确保儿童的安全，因此安装一些安全监控系统是必要的。例如，室内监控、门禁系统等能在很大程度上维护幼儿园的安全，确保幼儿得到足够的保护

以上就是常见的幼儿园信息技术建设的硬件设备及其用途的简介。不同幼

儿园在设备安排上会根据自身需求而配备。东莞市凤岗镇中心幼儿园在幼儿教育信息化方面做出了积极的努力，互联网宽带连通，全园Wi-Fi覆盖，方便教师日常教学。共配有2台摄像机、2台照相机、9台手提电脑、9台平板C4，5台一体机、3套音响系统、2套可移动投影机、1套广播系统，其中录播室和大型多功能厅配备一套先进的直播录播系统、LED彩色电子大屏幕等电教设备，能获取丰富的教学资源。

（二）信息技术应用建设师资能力

在幼儿园信息技术建设中，师资能力是十分重要的一环。师资能力决定了幼儿园信息化建设的质量和效果。只有教师具备足够的专业技能和教育能力，才能对幼儿开展有效的信息技术教育，使他们获得更多的知识和技能。师资能力的高低也决定着幼儿园信息化水平的高低。在当今数字化时代，信息技术已经成为一种基本的生存技能。在信息化幼儿园中，幼儿需要快速、熟练地使用各种数字设备进行学习、娱乐和交流。因此，只有教师具备足够的专业知识和能力，才能为幼儿提供高质量、高效率的教育服务，提高幼儿园信息化水平。幼儿园信息技术建设中的师资能力也决定了项目的可持续性和发展方向。幼儿园信息化不仅是一项技术上的建设，更是一项教育上的改革。只有教师有强烈的信息意识和教育信念，并具备不断提升自己的意愿，才能不断发掘信息技术的潜力，探索新的教育方法，创新教育方式。因此，师资能力的重要性不言而喻。促进教师的专业发展和提高水平，必将为幼儿园信息技术建设带来更稳健的发展和更高的水平。

东莞市凤岗镇中心幼儿园自2012年起每年对教师开展网络专业课的研修学习，2017年全园开展了信息技术应用能力提升工程1.0培训，全体教师按规定、按要求完成了学习内容，在信息运用能力方面有一定的基础。2021年幼儿园全园开展了信息技术应用能力提升工程2.0研修，极大地提升了教师信息化教学能力。2023年3月进行了"教师信息技术应用能力"调查研究，采用问卷调查、实践观测、走访座谈等调查方法获取数据并进行SWOT分析，得出目前幼儿教师信息技术应用能力的基本情况分析如下：

现有88.9%的教师能熟练运用信息技术辅助教学，能熟练操作交互式一体机、电脑等常用信息设备，能熟练地通过网络收集、整理、加工、制作教学资源，能利用技术支持改进教学方式，有效实施幼儿教学活动。现有87.1%的教师能基于网络环境的支持，通过网络资源共享实施集体化学习。在混合学习环境中教师能探究在健康、社会、语言、科学、艺术等领域与信息技术深度融合的教育模式。教师们利用班级电脑设备和网络资源，融入一日教育教学活动中，设计的微课多次获市级奖项；在公开课、观摩课、优质课活动中，信息技术的能力得以体现，增强了师生共同学习的互动性；切实做好"提升工程"的实施经验，促进实施成果的萃取，受到好评，例如，面向东莞市临深片区展示"信息技术与教学融合"示范教学活动。

二、东莞市凤岗镇中心幼儿园信息技术应用建设规划

幼儿园信息技术应用建设规划是为了优化幼儿园信息技术资源，实现幼儿园教育目标而开展的规划。它的目标是提升幼儿园的管理水平，促进幼儿的全面发展，提高教育教学质量和服务水平。一个幼儿园信息技术应用建设规划通常包括以下五点：一是分析和评估现有信息技术能力，了解幼儿园现有的信息技术设施和资源，评估其能力和使用率，并确定所需技术资源和设备；二是列出需要实现的业务目标，将幼儿园的目标和需求与信息技术应用相结合，明确应用技术资源的方向，确定技术能力的需求以及面向幼儿家长和外部沟通的需求等；三是制订详细的计划，确定购买和部署所需设备和软件的时间表，考虑预算和其他资源，制订具体的实施计划；四是推广和培训，建立幼儿园信息技术使用标准，对幼儿园工作人员进行培训，提升他们的信息技术能力，确保顺利运行和广泛使用；五是持续监督和更新，监督和检查幼儿园信息技术的使用情况，收集幼儿家长和教师的反馈意见，根据幼儿园的需求进行更新和升级。

实施幼儿园信息技术应用建设规划可以带来多种好处，例如增强教育教学的吸引力和趣味性，提高教育质量和效率，加强家园联系，方便教师与家长的沟通，节省管理成本。以下是东莞市凤岗镇中心幼儿园教育教学信息技术应用三年实施工作计划实例。

实例分享：

东莞市凤岗镇中心幼儿园教育教学信息技术应用三年实施工作计划

为了积极推进教育现代化工程的进程，全面实施素质教育，提高幼儿园保教工作质量，培养"独立、自信、合作、创新"的个性和谐发展的新一代人才，我园上下形成共识，自加压力，不断追求现代教育技术发展的高目标。自建园以来我园按省一类园创建要求，先后投入资金用于幼儿园内部设施设备的建设和完善，与此同时我们加强课题的研究工作，重视教育信息化管理，取得了初步成效。为了把我园建设成内涵丰富、质量优质、特色显著的一类幼儿园，我们将扎实做好现代教育技术的应用工作，有计划地增加电教设施设备，加强教师信息技术应用能力的培训，努力加快教育信息化建设的步伐。现结合我园的实际，特制定凤岗镇幼儿园现代教育技术三年规划，内容如下。

一、指导思想

以东莞市凤岗镇教育局意见为指针，以现代教育思想和理论为指导，围绕幼儿园的教育教学工作，开展"促教育改革为关键，为教育科研服务是基础"电教工作研究，为幼儿园保教工作再上新台阶而不断努力。

二、总体目标

1. 进一步加大硬件和软件投入。

2. 加强教育资源的开发和运用。

3. 提高教师运用现代教育技术的能力。

4. 深化信息技术电教课题的研究。

三、具体目标与任务

1. 教师能灵活获取、整合、加工优质的数字化教育资源，丰富园本优质资源。

2. 教师能在信息技术环境下，通过培训、自学等方式提升信息技术应用能力，优化教学设计，即依据教材内容及幼儿认知水平设计适合幼儿的活动，应用优质的活动支架及工具，提高活动教学效率和质量。

3. 教师掌握信息技术融合创新的教育理论知识，能根据每位幼儿的实际，灵活组织和实施活动教学，促进幼儿在情感、态度、能力、知识、技能等方面的发展。

4. 教师能在活动过程中或结束后，在技术支持下根据幼儿具体表现给予即时、多元的反馈和评价。

5. 教师能把信息化教学中的实践过程形成自己的理论及成果进行推广，如编写精品教案、课件集锦、论文、典型课例、示范课等。

四、发展保障

1. 经济保障：幼儿园加强内部管理，有计划地为幼儿园现代教育技术的发展投入经费，保障工作的顺利开展。

2. 管理保障：幼儿园成立发展领导小组，由园长任组长负责决策、评估等工作的管理，电教负责人、副园长、后勤负责人任副组长，在监督、运用、评估等方面进行管理。

3. 应用管理：依托市电教工作领导人员的指导，以幼儿园电教组长为核心，借助电脑网络公司、电教馆、电大等专业部门的技术力量，为教师的电教应用、培训提供人员上的保障。

五、规划实施步骤

第一阶段（2021.5—2021.12）：完成"能力提升工程2.0"研修任务，每位教师完成3个能力点的选学和测评，95%以上的教师达到合格。

第二阶段（2022.3—2023.2）：持续开展信息技术支持的活动优化探索，结合本园实际及学生特点，形成丰富的园本活动设计及成果。

1. 教师利用多媒体实现课堂教学信息化率稳步提升，进一步推进教师利用网络学习空间、教师工作坊、研修社区等资源，提高应用信息技术在教学中的运用能力。

2. 推动信息技术与学科课程的整合。注重现代教育技术手段在课堂教学中运用的研究，切实将信息技术与学科教学结合起来，推进学校基础课程改革。

3. 将教师教育信息化工作列入教职工日常、学期和年度工作考核内容中。着重围绕"园园通"管理平台更新、家校互动、班级网页信息发布量等工作情况给予评价。

4. 学期结束评选幼儿园信息化先进班级和个人。

第三阶段（2023.3—2024.12）：在第二阶段基础上，利用现有资源，建立幼儿园教学资源库。探索多技术融合教育教学模式，充分利用各类网络资源，提升教师应用信息技术能力，提高网络研修、校本研修的质量。进一步优化活动设计，应用并形成特色成果。

信息技术应用实施工作计划表（2021年5月—12月），如表3-1-2所示。

表3-1-2

月份	工作内容	主管领导	责任人
5	1.通过观察、调研深入分析本园信息化教育教学现状； 2.制定本园信息化教育教学发展规划、校本研修与考核方案	曹浪华	郑 艳
6	1.召开项目启动会；	曹浪华	管理团队
7	（1）项目实施方案解读； （2）微能力测评（前测诊断）平台操作培训；	曹浪华	骨干培训团队
8	2.完成微能力测评（前测诊断）； 3.制定方案，提交镇研训团队指导； 4.确定学校研修主题，指导科组选择研修主题； 5.制定学科研修计划，提交管理团队审核； 6.选择研修主题，选定能力点，指导本科组教师制定个人能力提升计划； 7.制定个人能力提升计划，提交培训团队审核；根据选定能力点，选择网络研修课程； 8.报送方案到：镇工程办、省公服平台； 9.管理团队和培训团队培训（直播培训半天）： （1）网络研修考核方案解读； （2）省公服平台、网络研修平台操作培训； 10.召开培训启动会： （1）培训完成时间要求及考核要求等部署； （2）省公服平台、网络研修平台操作培训； 11.上省公服平台完成报名、选课、开展网络研修； 12.完成网络研修：观看网络课程、在线研修活动等	梁小玲	全园教师
9	1.管理团队和培训团队培训； 1.管理团队和培训团队培训； 2.召开校本实践应用研训启动会； 3.校本实践应用： （1）教研组每周核查教师制定和使用活动支架、工具的情况； （2）核查教师根据教材与技术进行融合，开展活动优化的情况； （3）幼儿园提供相应学习资源，每周学习2课时，核查教师学习小组上线下课程学习、研讨情况；	曹浪华 郑 艳 廖小燕 梁小玲	年级组长 各级教师

月份	工作内容	主管领导	责任人
9	（4）幼儿园每周随堂听课视导最少2位教师； （5）教研室每周1次反馈学情分析资源库建立情况； （6）核查小组开展信息技术支持的活动优化教研课情况	吴泽桃	专任教师
10	1.教研组每周核查教师制定和使用活动支架、工具的情况； 2.核查教师根据教材与技术进行融合，开展活动优化的情况； 3.幼儿园提供相应学习资源，每周学习2课时，核查教师学习小组线上线下课程学习、研讨情况； 4.幼儿园每周随堂听课视导最少2位教师； 5.教研室每周1次反馈学情分析资源库建立情况； 6.核查小组开展信息技术支持的活动优化教研课情况； 7.请专家进校作关于信息技术支持的活动优化相关培训	郑 艳 廖小燕 吴泽桃	年级组长 各级教师 专任教师
11	1.教研组每周核查教师制定和使用活动支架、工具的情况； 2.核查教师根据教材与技术进行融合，开展活动优化的情况； 3.幼儿园每周随堂听课视导最少2位教师； 4.教研室每周1次反馈学情分析资源库建立情况； 5.核查小组开展信息技术支持的活动优化教研课情况； 6.管理团队核查教师能力点应用佐证材料制作情况，并给予相应的指导；组织完成参训教师校本实践应用考核	曹浪华 梁小玲 郑 艳 廖小燕 吴泽桃	年级组长
12	1.幼儿园对管理、教学、教研各类后台数据做整理，形成本学期信息化教学的报告； 2.管理团队组织教师完成能力点应用测评； 3.开展本学期信息化建设总结报告会； 4.表彰本学期信息化优秀教师、教研组； 5.核算教师信息化绩效	曹浪华 梁小玲 郑 艳 廖小燕 吴泽桃	年级组长

六、预期成果

1. 掌握数字教育资源管理的工具和方法，能有序管理数字教育资源，形成属性和特征丰富的数字资源库，提高资源检索效率和利用率，依据教学目标有效整合多种信息资源。

2. 能借助合适的信息技术手段设计与优化讲解、启发、示范、指导、评价等活动教学，有助于知识呈现的形象化与直观化，创造真实情境，引发幼儿感知、记忆、想象和创造等思维活动。

3. 能合理应用信息技术资源或工具开展活动总结与提升，促进幼儿对活动中知识的理解、行为的感知、生活的体验，帮助教师发现活动开展过程中存在的问题并进行合理优化。

4. 能应用信息技术手段或资源支持引导幼儿养成良好行为习惯、与人沟通交流、知识学习、艺术表现等方法，实现清晰、准确地进行方法示范和指导，创设更为丰富、适切的方法体验、习得和迁移的情境，有助于检视幼儿方法掌握的情况，提高教师反馈和指导效果。

5. 在多技术环境下，能合理使用多种活动工具，充分利用现有教学资源，有目的、有计划地开展活动教学，能根据幼儿情况做好针对性的活动方案设计，根据学生的活动参与情况，及时反馈、合理调整内容，推动幼儿的认知发展。

东莞市凤岗镇中心幼儿园利用幼儿园、教师、家长、网络以及社区和周边的环境开展活动优化教学，致力于打造一所优质的创新型幼儿园。积极提升教师专业素养，从根本上提升教师掌握数字教育资源管理的工具和方法，从而有序管理数字教育资源，提高资源检索效率和利用效率，依据教学内容有效融合多种信息资源。让教师借助合适的信息技术手段设计与优化讲解、启发、示范、指导、评价等教学讲授活动，从而有助于知识和技能的形象化与直观化，通过多种方式建立知识之间的关联等。应用丰富的资源、活动支架和工具，培养儿童的学习兴趣，使幼儿形成良好的行为习惯，提高社会交往能力、审美能力等，从不同的角度促进幼儿情感、态度、能力、知识、技能等方面的发展。掌握评价量规设计的方法，提升对活动目标和过程的精细化设计，引导幼儿积极参与活动，进行活动反思，支持幼儿开展自评和互评活动。在多技术环境下合理利用各种教学工具，充分利用资源，有目的、有计划地开展教学，构建以幼儿为中心的常态化活动教学。

第二节　幼儿园信息技术应用管理机制

科技的迅猛发展给人们的工作与生活带来了巨大的改变，在这样的环境下教育理念也在不断革新，多媒体技术被广泛应用于幼儿园教育中。丰富的信息技术应用资源能有效地辅助幼儿园各项教育活动的顺利开展，并大大提高效率。例如，利用VR技术，既能丰富活动内容，又能培养幼儿兴趣，促进其感知力的发展。

一、幼儿园信息技术应用的含义

幼儿园信息技术应用是指在幼儿园中使用计算机、软件、网络等信息技术来拓展教育教学的手段，在教育教学、管理、服务等方面进行全面应用。幼儿园信息技术应用是利用信息技术拓展幼儿园的教育教学和管理服务体系的应用，同时也是一种全新的、多样化的、广泛的学习和管理方式。它是信息时代的产物，是现代教育教学的应有之义。幼儿园信息技术应用可以为幼儿提供多样化的学习资源和学习环境，拓展幼儿的学习领域和想象空间。通过信息技术在教育教学中的应用，幼儿可以获得更加直观、生动、有趣的学习体验，帮助幼儿更好地理解知识和提高能力。在管理方面，幼儿园信息技术应用可以辅助管理人员做好日常管理工作，优化服务流程，提高办事效率。同时，也可以提高幼儿园的信息化管理水平，为幼儿园提供可视化、智能化的管理手段和数据支持，支撑幼儿园的持续发展。

幼儿园信息技术应用管理机制是以数字化信息和网络为基础，对幼儿园的教学、教研、管理、技术服务、生活服务等信息进行收集、处理、整合、存储、传输和应用，使数字资源得到充分优化和利用的一种虚拟教育模式。通过实现从环境包括设备、教室等资源，如图书、教案、课件等，到应用包括教学、管理、服务、办公等的全部数字化，在传统校园基础上构建一个数字空间，以拓展现实校园的时间和空间维度，提升传统校园的运行效率，扩展传统校园的业务功能，最终实现教育过程的全面信息化，从而达到提高管理水平和效率的目的。以数字化幼儿园网络平台为核心，将电子触控黑板、触控教学桌、智能数字班牌、白板软件系统、绘本资源库、信息发布管理系统等串联起来，形成一套针对幼儿园教育管理的软硬件一体化整体解决方案，全面覆盖教育活动、园所宣传、家园互动、运营管理等方面，让幼儿教师工作更高效，园长管理更简单，大幅度地提升幼儿园的综合竞争力。

二、幼儿园信息技术应用管理的特征

（一）个性化

幼儿园数字化建设强调对海量信息的处理，但仅有速度和数量是远远不够的，还需要在尊重教师教学自主性的基础上，为教师提供个性化服务，以便教师有针对性地对信息进行整理和筛选。以资源库为例，教师可以自主选择利用资源库中的内容，并且一旦有某一类资源更新，资源库会自动推送消息给感兴趣的教师，教师可以在第一时间获取相应资源。

（二）互动性

以资源库建设为例，幼儿园课程资源库具有信息交流的双向特征，开发者和使用者都可以在资源库中编辑、发布消息，实时更新资源，还可以在线留言、评论和回复。这是一种真正的双向沟通交流模式。幼儿园课程资源库不仅在教师知识管理、课程组织等方面发挥着重要的作用，还对教师的专业发展有着重要的价值，同时也有利于增进教师与家长之间的联系与交流。

（三）网络化

网络为教师与园长、教师与教师、教师与家长之间的沟通交流提供了便利，幼儿园管理者按照网络运作的基本规律，将各方的意见和建议通过网络渠道融入园所的管理中，从而完善了管理方式。教师也是家园网络平台的建设者和维护者，教师以班级为单位负责收集、整理家长反馈的信息，并及时做出回应，班级内部无法解决的问题可以通过网络上报给园长；同时，将有价值的信息共享给其他班级，以便相互借鉴、相互交流。

三、幼儿园信息技术管理的建设与运用

（一）幼儿园班级内的信息技术管理

1. 学习环境信息技术化

为落实《3—6岁儿童学习与发展指南》中"要充分理解和尊重幼儿发展进程中的个别差异"这一目标，幼儿园通过创设信息技术化学习环境，让幼儿最大化地自主学习和自我管理，使幼儿根据自己的学习兴趣、学习能力、学习任务，主动选择学习内容和学习方式，自主探索、积极主动地调整自己的学习策略和努力程度，及自我评价，从而使活动区游戏成为符合幼儿发展特点的、更具有自我导向的学习。要实现幼儿根据自己的学习兴趣、学习能力、学习需要来自主选择学习内容，就要为幼儿打造以学习内容为目的、适宜幼儿学习的环境。

在区域游戏中充分利用信息技术设备。晨间来园后，幼儿可自主利用平板电脑选择自己想玩的区域游戏。各游戏区域的平板电脑中都配有图文并茂的游戏规则说明和演示小视频，幼儿能直观地了解所选的游戏并学习游戏玩法；在小舞台区域放置智能音箱和平板电脑，让幼儿自主选择音乐或视频进行播放，同时在教室中间的大电脑上可以进行同屏互动，让更多幼儿一起欣赏交流；在阅读区，幼儿既可选择纸质书进行阅读，也可以在平板电脑上点开"豆芽叔叔讲故事""绘本"等软件进行视听结合的阅读和自主学习。

目前，市场上有很多专门为幼儿设计的应用程序，它们不仅有动画的操作演示，而且每一步骤都配有相应的语音说明，幼儿教师可以精选出适合幼儿自主学习的App软件，下载到各个区域的移动终端上，以供幼儿自主选择学习。

2. 游戏区域信息技术化

幼儿园班级游戏区域信息技术化是把传统的幼儿游戏区域用信息技术方式重新设计，增加游戏的多样性和互动性，提高游戏的趣味性和教育性。利用数字化技术，可以将游戏内容制作成互动多媒体形式，包括音频、视频等媒体，让孩子们在玩耍中更好地享受游戏带来的娱乐和知识的多重益处。在幼儿园游戏区提供信息技术化游戏资源，能为幼儿的自主探索提供更多的指导，帮助幼

儿解决在自主游戏时需要克服和记录的问题。

信息技术化给幼儿园班级游戏区域带来的好处很多，例如，增强互动性，信息技术化游戏支持人机互动，还支持团队互动，增加孩子们之间的交流和协作；多元化游戏内容，信息技术化游戏可以制作不同类型的游戏，包括智力游戏、音乐游戏、益智游戏等，让孩子们在玩耍中获取更多知识和启发；个性化教育，信息技术化游戏可以根据孩子的不同兴趣和能力水平，制作不同类型的游戏，让他们在参与游戏的同时，自主发掘和学习新知识；实现轻松学习目标，减轻孩子们学习负担和压力，通过信息技术化游戏，可以培养孩子们的兴趣和积极性，提高他们的学习效果和成绩；提高竞争力，信息技术化游戏可以提高孩子们的竞争意识和竞争力，也可以激发孩子们的潜在能力，让他们敢于挑战自己。

实例分享：

信息技术化给幼儿园班级游戏区域带来的好处

东莞市凤岗镇中心幼儿园实行信息技术应用管理机制以来，教师结合班级课程内容、幼儿能力水平及兴趣点，在PPT课件中插入优秀的视频资源，并将这些视频进行逐个链接生成，幼儿只要点开相应的链接即可观看、学习。教师还在PPT课件中将视频链接的图标做成学习材料的实物形状，便于幼儿快速找到链接入口。同时，教师还将一些集体学习中的单个学习材料制成PPT课件，逐个分解其中的难点，分别进行链接生成，配以图片或视频，便于幼儿根据自己的学习难点反复学习。例如：在小班美工区，教师制作了泥工水果系列微课，微课视频满足了幼儿自己探索学习的需求；在中班"水果派对"游戏中，围绕中班幼儿喜爱的、能自己动手制作的几款水果果汁，制作了苹果汁、梨子汁、西瓜汁等操作流程的微课视频；在大班编织区，教师制作了围巾、帽子等编织系列的微课。

3. 教学活动信息技术化

信息技术化设备的应用拓宽了幼儿学习方式的选择空间，幼儿可以根据自己的学习能力和需求，选择恰当的学习方式，线上线下学习相结合，解决学习上的问题。一方面，教师要最大限度地支持和满足幼儿通过直接感知、实际操作和亲身体验获取经验的需要；另一方面，教师要重视通过虚拟情境来帮助幼儿解决在实际生活中不能理解或不能实现的直观操作的障碍，发挥线上、线下各自的优势，丰富幼儿的学习体验。

实例分享：

信息技术在幼儿园班级教学活动中的运用

在大班科学活动时间，今天桃子老师给小朋友们带来的是"接水管"科学游戏。活动开始，桃子老师首先让幼儿用各种直管、两通、三通、四通等管件来尝试接通不同的路线。随后幼儿们一阵忙碌。幼儿通过亲自操作实物获取搭接水管的直接体验，并初步理解接水管的目的。但是，在实体管件的搭建过程中，幼儿无法感知到两通、三通、四通等管件的作用，也不知道管件若不封口会漏水，或为什么要将每一个通路都保持封闭，更不知道应根据路线个数来使用相应的通路。东莞市凤岗镇中心幼儿园实行信息技术应用管理机制后，为了结合课程主题，教师在班级的各个区域投放了信息技术设备，如平板电脑、触摸一体机等，里面就下载了"接水管"小游戏，这是一款自由度很高、很直观的游戏，通过两通、三通、四通等管件的随意增减，可以直接观察到水流的流向。游戏的规则是将游戏画面中心那个水阀中的水通过水管引到游戏的界面外。游戏的玩法非常简单，点击每一个水管就可以改变水管方向，再次点击可以切换水管的样式，可以通过左上角的预览窗口预览下一个水管的样式。时间用的越短分数越高。

4. 家园联系信息技术化

幼儿园家园联系信息技术化是指通过现代信息技术手段，实现幼儿园和家长之间快速、及时、有效的沟通和联系。幼儿园家园联系信息技术化的实现主要包括以下四个方面：一是建设家长沟通平台。幼儿园可以通过微信、QQ、手机App等工具，让家长随时随地了解幼儿园的安排、活动、课程等信息，可以及时处理家长提出的问题。二是班级管理信息化。幼儿园可以建立课堂管理系统，记录幼儿在幼儿园的作息、情绪、饮食情况等信息，连续跟进每个孩子的学习和成长，便于与家长交流讨论。三是互动交流信息化。为了增强幼儿园和家长之间的沟通，幼儿园可以开展互动交流活动，如家长联欢、家长会等，通过线上或线下的方式，互动讨论幼儿园发展的方向、对幼儿教育的期望、经验分享等，进一步加强与家长之间的联系。四是安全保障信息化。幼儿园必须加强安全保障，建立安全措施，采用视频监控、语音提示、灾难排查系统等技术手段，确保幼儿在幼儿园的安全，及时向家长汇报幼儿的情况和动态，消除家长的困扰和不安心理。总之，幼儿园家园联系信息技术化的实现，可以有效提升幼儿园和家长之间沟通的效率和质量，解决幼儿园和家长之间交流的障碍，为幼儿健康成长提供坚实的保障。

家长期望能及时从教师处得知幼儿在园的具体情况，甚至是在活动中的细枝末节，这在过去几乎是不可能实现的。但现在，幼儿园信息化建设为家园联系提供了一种新的沟通方式，在很大程度上满足了家长获得信息的需求。例如，教师可以利用QQ、微信组建班级群，实时发布各种信息，包括一些教学活动的现场直播；必要时，还可以和家长在QQ、微信上单独沟通，真正做到及时沟通、及时反馈；在博客平台，教师发布一些家庭育儿知识，或者和家长们一起探讨目前所遇到的教育热点问题。由此，家长对幼儿园的工作会更加了解，也更加配合。

（二）幼儿园功能室的信息技术化管理

幼儿园的功能室主要有多功能活动室、美工活动室、科学资源室、幼儿阅览室、图书资料室、教具制作兼陈列室、晨检室等。在功能室的管理过程中，教师可以借助信息技术，建立数字化管理来举办各项活动，从而提高工作效率。例如，电子档案管理、智能化设备管理、活动管理系统、学习资源管理等。

幼儿园功能室的信息技术化管理内容有如下四点：一是电子档案管理，每个幼儿在幼儿园都会有自己的档案，包括个人信息、学业成绩等。传统的管理方式是手工填写相关信息，但这样管理不仅费时费力，而且容易出现错漏，信息查找也不方便。通过电子档案管理系统，可以将幼儿的个人信息、学业成绩等数据集中存储在数据库中，方便管理和查找。二是智能化设备管理，幼儿园的功能室中会有一些智能化设备，如多媒体教学设备、图书馆自助借还机等。通过信息技术，可以实现这些设备的集中管理，包括设备的维护保养、使用情况统计等，可以提高设备的使用寿命，也便于统计设备使用情况。三是活动管理系统，幼儿园功能室中会开展各种活动，如文艺比赛、科技竞赛、运动会等。通过活动管理系统，可以实现活动策划、报名、审核、通知、成果展示等全过程管理，提高了活动的效率和质量。四是学习资源管理，幼儿园的学习资源包括教材、课件、作业等，通过信息技术，可以实现学习资源的集中管理和共享，教师可以通过网络平台上传和下载学习资源，节省了部分时间和人力成本。幼儿园功能室的信息技术化管理不仅可以提高教育教学质量，还可以提高工作效率，减少管理成本，在幼儿园信息化建设中扮演着重要的角色。

东莞市凤岗镇中心幼儿园是东莞市凤岗镇区的一所公办幼儿园，有18个班的教学规模，拥有创客木工坊、大型建构馆、绘本阅读馆、民间工艺馆、美劳创意馆、音乐韵律馆、思维益智馆、蒙氏操作馆、艺术表演馆、生活体验馆、社会人文馆、科学探究馆、自然博物馆13个儿童游戏馆及1间资源教室，涵盖了100多种不同的功能区域。多功能室多活动区域，幼儿选区时数据统计工作量大，使用信息技术应用于功能室预选，可以简单地解决这一问题。其主要功能包括：能实现班级、教师基本信息的录入、修改、删除等操作；能实现功能室闲置资源信息的录入、修改、删除等操作，其中功能室信息包括名称、闲置时间段等；能根据班级、时间段、功能室名称等多种分类迅速地对各班级预选情况进行查询；能对每间功能室预选的班级、活动人数、时间段、活动内容做信息汇总等。

实例分享：

幼儿园功能室的信息技术化管理

东莞市凤岗镇中心幼儿园的资源室平时主要用于存放幼儿的学习材料。过去，在开展幼儿园教育活动前，教师都会去资源室借活动材料，由于资源室投放的材料太多，管理档案又多以文字记录，查找起来非常耗时，而且往往最后才发现该活动材料已被借走尚未归还。针对这一情况，东莞市凤岗镇中心幼儿园实行了资源室信息技术化管理，按类别建立了不同的数字资源库。

按主题分类，建主题教学资源库。每个教学主题结束后，各班收集、整理区域游戏内容，形成电子资源，包括区域游戏主题电子资源文本、区域游戏照片、视频等。这些电子资料由教师整理后拷贝成三份，一份留存在本班电脑中，一份上传到园内局域网共享，一份于期末时上交幼儿园科学资源室统一存档备用。当其他教师看到这份资料时，可结合其中的照片和视频，还原幼儿游戏的内容、材料、玩法，以便能在今后的教学上进行调整、创新。建立主题教学资源库，减少了教师准备活动的时间，从而保证了充足的观察、思考、调整等环节的时间。同时，也避免了教师个体直接经验的流失，其他教师可以在此基础上添砖加瓦，实现资源的优化、共享，大大提高了幼儿园整体游戏活动的质量和课程管理效益。

发挥网络作用，建立网络平台资源库。在网上购买材料、查找资料，并把所获得的信息存储下来，方便其他教师查阅。幼儿园每班都有一定数额的资金用于购买区域游戏材料，教师可根据需要自主在网上购买小额、个性化的材料，这比申请园部统一购买要快速便捷。此外，教师在每个主题资料库后附上采购清单，如标明材料名称、商家网址链接、价格等信息，其他教师可根据需要购买相同的材料。

为方便教师查阅资料，建立教师学习资源库。教师阅览室主要有两部分资源：相关书籍和教师外出学习资料汇编。幼儿园根据每学期的研究内容选购新书，并不断更新电子图书目录，便于教师随时借阅。此外，教师外出学习后，可将专家讲座的内容以及参观照片等进行整理，并共享在幼儿园的局域网中，让资源效益扩大化。

（三）幼儿园信息技术应用于安全监控系统管理

幼儿园安全监控系统是一种智能化安保设施，用于监控和管理幼儿园的安全状况，可以确保幼儿园内的幼儿、教职工和财产的安全。安全监控系统一般包含以下组成部分（见表3-2-1）。

表3-2-1

视频监控系统	安装视频监控摄像头，对幼儿园内的关键区域，如教学区、休息区、厨房、楼梯等进行实时监控和录像，在需要的时候对监控视频进行查看回放
门禁系统	安装电子门禁系统，根据安全管控需要制定不同级别的权限，限制幼儿园内人员进出的范围和次数
紧急报警系统	安装设备和软件，以便在幼儿园内发生紧急事件时能快速报警。紧急报警系统一般设置在幼儿园入口处和各类主要设施中，遇到紧急情况可以快速响应并及时处理

| 消防安全系统 | 安装消防设施,包括灭火器、烟感报警器、疏散指示灯等设备,保障幼儿园的消防安全 |
| 安全巡更系统 | 通过使用安全巡更设备进行巡查检查,保证监控范围内的安全状态。设备通常包括巡更记录仪、巡更定位仪等 |

幼儿园安全监控系统可以提高幼儿园安全管理的效益,有效降低不安全事件发生的可能性,为幼儿园内的幼儿和教职工提供更加安全和舒适的教育环境。但是在应用过程中还需注意相关安全法律法规和保护隐私的原则,不得侵犯幼儿和家长的隐私权利。

(四)幼儿园公共区域的信息技术化管理

幼儿园的公共区域包括操场、大型玩具区、沙池、活动展示区域、大型节日区等户外区域,还有社会角色区域、幼儿园活动宣传区域、体能锻炼区域等,很多幼儿园公共区域大多由后勤工作人员管理。公共区域范围较大,管理起来也有一定难度,这就要求幼儿园不断地适应形势的发展,植入信息技术化管理,提高工作效率。

实例分享:

幼儿园公共区域的信息技术化管理

东莞市凤岗镇中心幼儿园的运动器械一般存放在器械室仓库中,并由指定的专职教师保管,使用者根据需要借出器械。器械管理的流程大致如下。

第一步,使用者实地查找适宜的器械。

第二步,使用者领取器械,由专职保管员登记借出,使用者签字(或写借条),约定归还时间。

第三步,使用者归还器械,专职保管员登记,再次签字确认(或取回借条)。

该流程在器械总量不是太大的情况下比较适用,当器械较多时,查找出借就比较复杂。同时,这种模式的限制是使用者必须到达现场,如果使用者花了一些时间赶到器械存放地,而中意的器械恰巧被他人借走,既浪费时间又浪费精力。

当使用信息技术化手段管理器械后，可将其流程优化如下。

第一步，使用者在网络资源库中查找适合的器械，同时查看该器械的原库存量、现可借出量、已借出器械状态（借用人、归还时间等）。

第二步，使用者在网上预约。

第三步，专职保管员网上回复并约定领取器械的数量和时间。

第四步，使用者预约成功，自行打印借用凭条。

第五步，使用者（或委托他人）持借用凭条到专职保管员处领取器械。

第六步，使用者（或委托他人）归还器械，保管员网上登记，归还借用凭条。

由于整个过程都在网上进行，使用者能查询到准确的库存情况，也可以提前与专职保管员线上联系，避免来回奔波浪费时间。同时，若使用者没有时间亲自到场，还可以委托他人代领。这种方式打破了时间和空间的限制，保证借出、归还的每一个环节清晰、明确，也为资源管理者免去了烦琐的库存盘点工作。此外，每件器械的借出次数都被清楚地记录下来，方便后期对每件器械的使用频率做出准确的评估。

（五）幼儿园信息技术应用于投票、选举和问卷竞答管理

在幼儿园教学活动中，难免会出现不民主的表决事议，传统的投票方式，统计工作量大，发放与回收票工作复杂，给教师或工作人员增大了工作量。随着信息技术的迅速发展，越来越多的幼儿园开始探索利用信息技术来完善管理体系，其中包括民主投票制度管理。教师可以根据实际情况设定投票内容，幼儿园全体教师或幼儿家长通过微信即可参与投票，同时管理员可以在PC端后台导出实时统计数据结果。主要功能支持多选及单选，可设定每次为单个或多个选手投票，可通过直观的进度条显示投票结果。支持实名及匿名投票。大大地提高了效率，减少时间浪费。

除了利用信息技术来进行民主投票制度管理外，还可以进行幼儿园内其他问卷竞答活动。

实例分享：

<h1 style="text-align:center">"学党史　知党情　跟党走"</h1>

——凤岗镇中心幼儿园党史知识竞赛方案

为庆祝中国共产党成立100周年，喜迎"国庆节"，引导幼儿园全体党员、教职工以"创先争优"师德师风活动为契机深入学习党史知识，了解中国共产党建党100年来的光辉历程和实践创新成果，不断增强热爱党组织、坚定跟党走的决心，加强社会主义核心价值体系建设，培养爱国主义精神，增强使命感、责任感和荣誉感，不断开拓进取，积极投身"十四五"教育工作实践中，凤岗镇中心幼儿园党支部、工会委员会联合开展"学党史　知党情　跟党走"党史知识竞赛活动。具体活动方案如下。

一、活动主题

"学党史　知党情　跟党走"

二、活动目的

1. 庆祝建党100周年，重温中国共产党光辉历程，坚定理想信念。

2. 进一步激发党员和教职工们爱党、爱国、爱家乡、爱教育事业的热情。

三、活动地点、时间

凤岗镇中心幼儿园综合活动室

2021年9月29日下午5：00

四、活动对象

全体教职工，以各部门分别组队，每组4人，共六队。

小班组（教师）、中班组（教师）、大班组（教师）、专职组（专职教师）、后勤组（校医、勤杂、厨房）、保育组（生活老师）。

五、活动整体规则

1. 竞赛采取现场电子大屏竞答形式，题目来源于国家教育平台资源库，分必答题、抢答题、风险题三轮进行，通过现场电子抢答设备进行，公平公正。并备附加题。

2. 以各组得分总和进行排名，成绩相同的，通过附加题加试决定。

六、奖项设置

此次竞赛决出一等奖1名、二等奖2名、三等奖3名。

七、竞赛流程及规则

1. 主持人入场,宣布比赛开始并介绍领导和参赛队伍。

2. 各参赛队进入指定位置准备开始比赛。

3. 主持人宣布比赛规则及相关事宜。

4. 竞赛具体流程:

第一轮:"团结协作"(即小组必答题)

(1)小组必答题共22题,每题10分,答对加10分,答错不扣分;每小组任意三位选手回答3题,依次进行。

(2)小组必答题在主持人读题完毕并宣布"答题开始"后,须在10秒内答完,并宣布"答题完毕",否则不得分。

第二轮:"奋勇争先"(即队伍抢答题)

(1)队伍抢答题共20题,每题10分,答对加10分,答错或回答不完整倒扣10分。

(2)各队必须在主持人读完题目并宣布"答题开始"后方可举手抢答,提前按抢答设备为违规,该队扣10分,此题可继续抢答。

(3)答题时各队选手可以相互讨论,由一名队员作答,其他选手可以在规定时间内补充,队伍答题完毕后,应宣布"答题完毕"。

(4)各队选手答题时间不得超过20秒,从主持人宣布"答题开始"后开始计时。

第三轮:"知难而进"(即队伍风险题)

(1)队伍风险题每队可选2题,各参赛队伍依次选择,题目分值分别为10分、20分、30分,答对加相应分数,答错或回答不完整扣相应分数。

(2)答题时队内选手可以相互讨论,由一名队员作答,其他选手可以在规定时间内补充,队伍答题完毕后,应宣布"答题完毕"。

(3)各队选手答题时间不得超过20秒,从主持人宣布"答题开始"后开始计时。

第四轮："决战巅峰"（即队伍加试题）

本轮比赛不作为竞赛必答环节，而是在以上三轮比赛结束后，两支队伍或两支以上队伍出现相同分值时，则进行本轮比赛。

（1）加试题为10道，以队伍抢答形式出现，每题10分，答对得10分，答错或回答不完整扣10分。

（2）答题时队内选手可以相互讨论，由一名队员作答，其他选手可以在规定时间内补充，队伍答题完毕后，应宣布"答题完毕"。

（3）加试题答题时间为30秒，从主持人宣布"答题开始"后开始计时。

（4）当本轮参赛队伍答题数相同且已分出胜负时，则比赛结束；若分数相同则进行下一轮答题，直至决出胜负。

5. 主持人宣布比赛结果，领导点评。

6. 主持人宣布比赛结束。

八、现场配置

1. 现场同时设有评审组，评审组由园长担任。当主持人对现场选手回答的问题无法独立评判时，将征询评审组合议后，当场予以裁定。

2. 现场同时设有计分组，计分组成员由各部门委派。计分组成员要在现场以最快的速度算出分数。

3. 如果一、二、三等奖有分数一样情况发生，应立即通报主持人（协同主持人），增加附加题的竞赛。

中共东莞市凤岗镇中心幼儿园支部委员会

东莞市凤岗镇中心幼儿园工会委员会

2021年9月22日

（六）幼儿园信息技术应用于人事工作管理

1. 考勤管理

考勤是幼儿园常规管理方式，幼儿园信息技术应用于考勤是指利用信息技术，实现幼儿园考勤管理便利。幼儿园信息技术应用考勤系统采用了先进的技术手段，如人脸识别、指纹识别、IC卡识别等，为幼儿园考勤管理带来了更加高效、安全、准确的体验。

2. 请假制度管理

请假制度是幼儿园管理教职工、幼儿出勤情况的方式，目的是提高幼儿园教育质量，保证教职工和幼儿安全健康而设立的有关请假的规章制度。通常，幼儿园请假制度规定了请假的时间、方式、课时统计及请假考勤效应等相关规定。

传统请假制度，工序较多，还要请假人到现场，相对烦琐。随着信息技术的迅速发展，越来越多的幼儿园开始探索利用信息技术来完善管理体系，其中就包括请假制度管理。下面是一些常见的运用信息技术完善请假制度管理的方法：一是班级微信群或校园通。通过班级微信群或校园通等平台，可以在线上完成请假流程，包括家长提交请假申请、老师进行审核、园长最终批准等一系列步骤。这不仅可以提高请假流程的效率，减轻老师和园长的管理压力，还可以让家长更方便地掌握孩子的出勤情况。二是电子请假条。将传统的纸质请假条数字化，通过电子请假条系统进行管理。家长可以通过网页或App提交请假申请，老师和园长也可以通过系统审核处理请假申请，最终将结果反馈给家长。此举不仅环保节能，还可以方便快捷地请假。三是人脸识别技术。利用人脸识别技术对幼儿进出幼儿园进行识别和记录，可以实现家长和老师实时掌握孩子的出勤情况和到园时间，提高请假管理的准确性和实效性。运用信息技术完善请假制度管理可以提高管理效率，降低管理成本，同时也可以方便家长了解和掌握孩子的请假情况，为幼儿园管理带来更多的便利。

另外，教师也可以通过微信发起请假申请，并且可以抄送相关人员；请假申请、审批结果等信息将以微信消息的形式实时传送到管理者的手机上，让管理者灵活方便地处理教师的请假申请。支持上传图片作为佐证。支持设置多种请假类型。实时跟进申请批复进度。

（七）幼儿园信息技术应用于其他方面管理

（1）失物招领。管理员发布幼儿园师生交上来的失物，并及时记录物品的认领情况。

（2）工资条。会计通过后台导入Excel表格，教师通过手机即可查看自己的工资明细，相比以前传统的纸质版工资条更方便快捷。

（3）经费报销。简化报销流程，随手记录报销明细，系统快速生成报销，打破传统的纸质报销的限制；审批消息及时提醒，实时查看审批进度，节省时间成本，提高报销效率。支持随手记录单笔明细。自动汇总多条明细生成报销单。支持后台导出文件。

（4）教师荣誉上报。教师上传已获荣誉的相关图片、附件等。上传时可以选择奖项的级别。系统对每个上传内容分别汇总成表格，并可进行导出、打印。

（5）会议管理。会议管理包括会议室预约、会议签到。会议管理操作简单，只要三步操作便可预订会议室、多功能教室。会议管理将传统的会议预订系统迁移到微信，摆脱局域网络和办公电脑的限制，随时随地预订会议室；支持快速选择参会人员，会议邀请、会议日程可通过微信消息实时提醒。微信端快速筛选，仅需三步操作。自由选择参会人员，微信实时通知。支持会议室现场二维码签到。支持参会人员扫描会议室二维码提前退场。

（6）食堂菜谱。记录幼儿园每周的食堂菜谱，并向家长、教师公布。幼儿园食堂管理员上传每周的菜谱及图片信息。家长通过手机查看幼儿的就餐情况。

（7）校园报修。教师通过终端登录报修系统，按照报修申请单的格式填写相关的报修单，系统在后勤管理部自动生成报修记录，包括报修人员、报修时间、报修原因、报修物品、报修类型、物品损坏情况的图片等内容。支持随手上传报修情况。支持上传图片、编辑文字说明。实时跟进报修进度。

（8）教师教研活动。教师可以创建教研活动，根据活动具体内容上传相关信息，如图片、文字等，记录幼儿园教研活动情况。主要流程：管理员后台创建教研活动专区。教师根据教研内容上传相应的文字、图片材料。

（9）幼儿园班级活动。根据需要创建班级活动、园所活动，并进行文字、图片记录。主要流程：管理员后台创建相应活动专区。教师根据活动内容上传相应的文字、图片材料。

（10）通知公告。通知公告只有有特定权限的人员或部门才可以发布和管理。发布范围可按照部门、角色和人员来选择，通知公告发布可精确至个人。管理员可以直接查看用户对通知的阅读状态，以及阅读的人员和数量。进入通知公告查看页面，可直接以通知公告的类型或者发布时间为条件进行查询。通知公告的查询功能，只能查询到自己权限范围内的所有通知公告。

第四章

信息技术应用与幼儿园教育活动的融合

第一节　大班级信息技术应用与幼儿园教育活动的融合案例

大班科学活动案例：《会播报天气的动物"动物习性、天气变化"》

【设计意图】

1. 大班幼儿正处于认知能力急速发展的阶段，他们对生活中的一切都充满了兴趣和好奇心。开展此活动是为了使幼儿进一步了解动物的特有习性，让幼儿通过主动观察发现动物与人一样对自然环境、气候有本能的适应能力。同时激发幼儿对大自然的探究兴趣，引导幼儿根据动物本能的反应进行探索、分析，丰富幼儿关于气象的知识经验。

2. 目标设定：①知道一些动物习性变化与天气变化之间的关系。②能通过细心观察，与同伴交流自己对动物习性变化与天气变化之间关系的认识。③乐于用语言表达自己的认知。

3. 重难点的解决：重点：能通过观察发现动物习性变化与天气变化之间的关系。难点：根据动物的行为预判天气。

4. 媒体运用特色：利用希沃白板的动态动画功能，观看动物园下雨和招聘气象员的图片。利用动物园招聘动物气象员的信息，引起幼儿探究小动物如何预报天气的兴趣，推动活动的继续开展。利用希沃白板的视频播放功能，观看蚂蚁搬家与天气变化之间的关系。

【活动目标】

1.认知目标：知道一些动物习性变化与天气变化之间的关系。

2.技能目标：能通过细心观察，与同伴交流自己对动物习性变化与天气变化之间关系的认识。

3.情感目标：乐于用语言表达自己的认知。

【活动准备】

1.希沃白板课件：《会预报天气的动物》。

2.经验准备：幼儿有参与数学活动的经验。

【活动重难点】

1.能通过观察发现动物习性变化与天气变化之间的关系。

2.根据动物的行为预判天气。

【活动过程】

（一）教学环节

引入环节：利用希沃白板的动态动画功能，观看动物园下雨和招聘气象员的图片，引导幼儿仔细地观察课件，说一说都看到了哪些小动物。

利用希沃白板的视频播放功能，观看蚂蚁搬家与天气变化之间的关系。

蜻蜓与天气变化：利用希沃白板的视频播放功能，观看蜻蜓低飞和天气变化之间的关系，如东东和妈妈走在路上，他们看到低空中飞着很多蜻蜓。

获取天气信息：运用希沃白板的多图切换功能，播放动物预报天气的图片，通过多图切换，帮助幼儿快速回忆动物习性与天气变化之间的联系。

动物与天气变化：利用希沃白板的图片播放功能，观看动物习性变化与天气变化之间的关系。牢牢吸引住幼儿的注意力，帮助幼儿更好地理解动物习性变化和天气变化之间的关系，在满足幼儿探索欲与好奇心的同时，还能帮助他们了解更多动物与天气变化的知识。

游戏：天气预报：希沃白板的声音播放和拖曳功能，将指定信息拖曳到天气信息表格中，通过帮助大象站长制作一周天气表的游戏，帮助幼儿再次回忆动物习性与天气变化之间的关系，感受不同动物在天气变化时的行为特征。同时将活动推向高潮，幼儿在高昂的情绪中结束本次活动。

（二）教师活动

师：小朋友们，动物园里下雨了，狮子、长颈鹿、大熊猫……都被大雨淋湿了全身！动物园的大象站长看到了，决定招聘一位动物气象员来为动物园预报天气。

以游戏引导幼儿帮助小动物，感知上和下、里和外。

师：看到这么多小动物都来应聘动物气象员的工作，大象站长可高兴了。可是它们是怎么预报天气的呢？小朋友们，你们知道吗？

师：原来，东东看到了一群小蚂蚁正在搬家。小朋友们，你们知道小蚂蚁为什么要搬家吗？这与天气变化有什么关系吗？我们一起来跟着东东看一看吧！

师：听，小青蛙在不停地鸣叫，我们来看看发生了什么吧！

师：小朋友们，看了这么多小动物预报天气的行为，你们知道怎么获取天气变化的信息吗？我们一起来看一看吧！

游戏：天气预报。

师：小朋友们，动物园里现在有了那么多动物气象预报员，大象站长非常开心。大象站长现在想制作一个一周天气表，小朋友们，你们能帮助大象站长吗？

（三）幼儿活动

观察图片，说一说都看到了哪些小动物。

观察图片，在希沃白板上拖动图片。

青蛙鸣叫和天气变化会有什么关系吗？小朋友们，来跟着嘟拉一起了解一下青蛙鸣叫的原因吧！

小结：蜻蜓、小狗、小猫、青蛙……这些小动物都能帮助我们获得天气信息。除此之外，我们还能通过电视、电脑、手机、电话、广播、报纸来获取天气信息。

规则：点击屏幕上方的声音链接，根据声音提示将天气信息、动物气象员和声音自上而下拖至屏幕右下的表格中，并排成一列。

邀请小朋友进行游戏。

（四）多媒体运用

利用希沃白板的视频播放功能，观看蚂蚁搬家与天气变化之间的关系，如看到这么多小动物都来应聘动物气象员的工作，大象站长可高兴了。

· 点击播放功能出示：小蚂蚁在做什么事情啊？（播放课件，擦除蒙层）

· 利用希沃白板的视频播放功能，观看蚂蚁搬家与天气变化之间的关系。

· 东东和妈妈走在路上，他们看到低空中飞着很多蜻蜓。（播放课件，擦除蒙层）

利用希沃白板的视频播放功能，观看鱼儿探头和天气变化之间的关系。

运用希沃白板的多图切换功能，播放动物预报天气的图片。

运用希沃白板的声音播放和拖曳功能，将指定信息拖曳到天气信息表格中。

【活动反思】

幼儿基本完成了本次活动的目标：知道一些动物习性变化与天气变化之间的关系，能通过细心观察，与同伴交流自己对动物习性变化与天气变化之间关系的认识，乐于用语言表达自己的认知。但是活动过程中也有许多不足之处，请各位老师批评指正。

（东莞市凤岗镇中心幼儿园　彭倩伦）

大班科学活动案例：《十个人快乐大搬家》

【设计意图】

1.《纲要》要求大班幼儿"从生活和游戏中感知事物的数量关系"，还要关注幼儿探索、操作、交流、合作解决问题的能力。数的组成和分解是数概念教育内容中的一个重要组成部分。

2. 目标设定。①认知目标：观察分析搬家的过程，通过猜测、推理发现搬家的规律。②技能目标：引导幼儿通过动画课件动手操作课件游戏，感知数的分解组成。③情感目标：在情境中喜欢参与数学游戏，乐于和同伴分享自己的经验。

3. 重难点的解决：在本次活动中幼儿观察分析搬家的过程，猜测、推理、发现搬家的规律，从而提高幼儿细节观察力。在活动中幼儿通过运用形象生动的动画课件，观察分析搬家的过程，引导幼儿通过动手操作动画课件游戏，感知数的分解组成。

4. 媒体运用特色：我将绘本故事融入数学游戏活动中，利用有趣的故事情节导入，通过师幼互动，运用形象生动的动画课件、操作卡，让幼儿动手操作、探索、记录结果，引起幼儿参与活动的兴趣；利用白板播放功能设计生动有趣的画面，使活动更加游戏化。

运用形象生动的动画课件寻找数的分解和组成的规律，让幼儿在玩中学，以达到活动目标与幼儿兴趣最优化的结合。利用白板的链接功能，故事情节中依次提出不同的问题，使幼儿在活动中边游戏边思考边探索。

利用白板的交互式功能，让幼儿充分参与到活动中，让课件作为教师的"教"件，同时还真正成了幼儿的"学"件。

【活动目标】

1. 认知目标：观察分析搬家的过程，通过猜测、推理发现搬家的规律。

2. 技能目标：引导幼儿通过动画课件动手操作课件游戏，感知数的分解和组成。

3. 情感目标：在情境中喜欢参与数学游戏，乐于和同伴分享自己的经验。

【活动准备】

1. 经验准备：幼儿有参与数学活动的经验。

2. 媒体设备。①硬件：交互性电子白板、电脑、投影仪。②软件：白板课件、制作操作图卡、记录表。

【活动重难点】

1. 活动重点：在本次活动中幼儿观察分析搬家的过程，猜测、推理、发现搬家的规律，从而提高幼儿细节观察力。

2. 活动难点：运用形象生动的动画课件，观察、分析搬家的过程，引导幼儿通过动手操作动画课件游戏，感知数的分解和组成。

【活动过程】

（一）教师活动

1. 故事导入，创设情境，引出主题

（1）出示课件游戏，调动已有经验，情境导入。

（2）课件引出10个孩子的形象。

2. 大胆讨论，找出隐藏的规律

（1）自主讨论，能根据幼儿的发现及时抓住特征。

（2）引导幼儿观察搬家的过程，继续推理出规律。

3. 互动游戏，探索体验操作

（1）出示挑战赛游戏课件，10个孩子今天要来玩一个搬家的游戏，现在我们和他们一起来搬家吧。

（2）自主探索操作立体教具，引导幼儿观察统计记录，并贴一贴。

4. 体验操作游戏逆向搬家，分享观察和验证

（1）逆向搬家游戏探索、发现，和同伴分享自己的经验。

（意图：通过逆向搬家过程再次进行大胆的推测）

（2）重现搬家过程，引导幼儿再次观察和验证。

（二）幼儿活动

（1）观察图片，一起数数看都有谁。

（2）观察图片，在白板上拖动图片，完成活动任务。

（3）观察图片，幼儿通过看一看、摆一摆、记一记、说一说，自主尝试探索。

（4）幼儿自选礼物，放礼物，并用语言表述小动物和各类物品的位置。

（5）幼儿随教师走出教室。

（三）多媒体运用

点击课件的播放功能出现房子，吸引幼儿的注意力，激发幼儿参与活动的兴趣（十个人快乐大搬家，图1略）。

出示十个人快乐大搬家图片（略）。

·点击播放功能出示搬家图片（十个人快乐大搬家，图2略）。

·创设故事情境播放声效功能，以提出活动任务（十个人快乐大搬家，图3、图4、图5略）。

利用白板的链接功能，点击十个人快乐大搬家图片（搬家变化，图6、图7略）。

展示十个人快乐大搬家的图片（图略），创设游戏情境。

用白板的播放功能出示十个人快乐大搬家，引导幼儿说出数量并说再见，自然地结束活动（十个人快乐大搬家，图8略）

【活动反思】

1. 在对比关系中，主要从三个角度来分析。首先是颜色对比，彩色的楼房外形，黑白的房子内景，颜色丰富的小人儿，彩色与黑白的明显对比，黑白与颜色明显的小人儿，这些都能让孩子们形成一个颜色的对比，更便于观察小人儿数量的变化。其次是位置变化，10个小人儿的位置不是一成不变的，随着搬家的进行，小人儿也在不断地变化位置，所以这能锻炼孩子们的专注力与观察力。细心的孩子会发现每一次搬到新家时，会少了或者多了哪个小人儿。

2. 左边的旧房子里住了10个人，有男孩儿也有女孩儿，今天他们要搬到右边的新家。注意看他们是怎么搬的，如果搬了2个人，旧房子里还剩下几个人呢？以绘本来引导小朋友认识10的分与合的变化，慢慢感受到1和9、2和8、3和7……以此类推，可以把10的数字分解成不同的组合来玩，让孩子们体会到"数"与"量"的概念。

3. 环节设置由易到难，层层递进。游戏中体现了数量的"变与不变"，引导阅读时，能发现不管怎么搬家，小人儿的数量一直都是10个，这个是"不变"的。联系对比左边和右边的房子，会发现左边房子的小人儿数量是不断地减少，相反右边房子的小人儿数量是不断地增加，而且减少的数量与增加的数量是一样的，这个是"变"。

（东莞市凤岗镇中心幼儿园　李华丽）

大班社会活动案例：《垃圾分类"分辨4种垃圾分类标志"》

【设计意图】

1. 垃圾分类要从小抓起，人们每天都会制造很多垃圾，但对垃圾如何投放，还是有很多人不清楚不了解，我们需要积极探索推进生活垃圾分类办法，突破分类难点。针对此问题，本次活动设计：让孩子认识"厨余垃圾、可回收垃圾、其他垃圾、有害垃圾"，通过对垃圾分类的操作，重点了解垃圾类型。

2. 目标设定。①认知目标：认识几种垃圾分类标记，尝试按标记给垃圾进行分类。②技能目标：知道垃圾与生活的关系及回收垃圾的作用，能根据垃圾的类型将其正确地投放到垃圾桶。③情感目标：懂得垃圾分类的方法，树立初步的环保意识。本次活动的重点和难点应放在引导幼儿能正确分类常见的可回收和厨余垃圾。

3. 重难点的解决：首先，通过多媒体创设游戏环境，以帮助小熊的口吻提出活动任务，利用拖曳功能把图片放到指定位置。充分体现师生互动、幼儿与课件的互动。在活动中，幼儿通过观察、体验了解4种垃圾桶标识。白板的播放功能让幼儿更直观地观察到4种垃圾桶，更好地巩固理解4种垃圾桶的颜色和标识，并能正确说出绿色、红色、灰色、蓝色分别是什么垃圾桶。其次，设置游戏情节，通过帮小动物投放垃圾桶的游戏，可以把垃圾正确地投放到垃圾桶里。最后，运用实际操作材料给每个幼儿动手操作的机会，将手上的垃圾卡片投放到对应的垃圾桶里并通过语言表述出来。

4. 媒体运用特色：利用白板播放可爱、有趣的动画，并结合鲜明的色彩、生动的形象、变化的情节引起幼儿对活动内容的关注和兴趣。利用白板的链接功能，故事情节中依次提出不同的问题，使幼儿在活动中边游戏边思考边探索。利用白板的交互式功能，让幼儿充分参与到活动中，让课件作为教师的"教"件，同时还真正成了幼儿的"学"件。

【活动目标】

1. 认知目标：认识几种垃圾分类标记，尝试按标记给垃圾进行分类。
2. 技能目标：能正确说出绿色、红色、灰色、蓝色分别是什么垃圾桶。
3. 情感目标：懂得垃圾分类的方法，树立初步的环保意识。

【活动准备】

1. 物质准备：4只垃圾分装桶（或纸箱），贴上4种标志、各类垃圾卡片（如香蕉皮、废纸盒、空易拉罐、矿泉水瓶、酒瓶等）。
2. 媒体设备。①硬件：交互性电子白板、电脑、投影仪。②软件：白板课件。
3. 经验准备：幼儿有参与数学活动的经验。

【活动重难点】

引导幼儿能正确分类常见的可回收和厨余垃圾。

【活动过程】

（一）教师活动

师："孩子们，看！今天是谁来做客啦？你们好！我是小熊，咦！这是哪里？哇，好大的风！怎么一下子来了这么多垃圾呀？怎么办啊？"

以游戏引导幼儿帮助小动物，了解4种不同颜色垃圾桶的类型。

师："小朋友想象一下，要是你住的地方到处都是这种垃圾，你觉得怎么样？那我们该怎么办？"

师："可回收垃圾：（蓝色标志）再生利用价值较高，是能入废品回收站的垃圾。"

师："厨余垃圾：（绿色标志）厨房产生的食物类垃圾以及果皮等。"

师："有害垃圾：（红色标志）含有毒有害化学物质的垃圾。"

师："其他垃圾：（灰色标志）除了可回收垃圾、厨余垃圾、有害垃圾之外的所有垃圾的总称。"

游戏：垃圾分一分。

师："我们来帮小熊丢垃圾吧。"

引导幼儿游戏。

师："请小朋友们每人拿一张垃圾卡片，将垃圾卡片投放到相应的垃圾桶里。"

师："塑料瓶、香蕉皮应该分别投放在哪个垃圾桶里呢？"

结束环节。

师："哇，地面上的垃圾都被我们清理干净了，我们一起跟小熊说再见，下次再来和小熊玩游戏吧。"

（二）幼儿活动

（1）观察图片，这些垃圾都应该丢到垃圾桶里，可是都有哪些垃圾桶呢？

（2）观察图片，在白板上拖动垃圾图片，完成活动任务。

（3）观察图片，分辨垃圾，将其投放到正确的垃圾桶中。

（4）幼儿自选垃圾卡片，投放到垃圾桶，并用语言表述垃圾的类型。

（5）幼儿随教师走出教室。

（三）多媒体运用

点击课件的播放功能，出现刮风的声音和许多垃圾的动画，吸引幼儿的注意力，激发幼儿参与活动的兴趣。

出示垃圾桶图片

·点击播放功能出示垃圾桶图片。

·创设故事情境播放声效功能，以小熊的口吻提出活动任务。

利用白板的链接功能，点击拖放垃圾到垃圾桶的动画。

展示垃圾桶的图片，创设游戏情境。

用白板的播放功能出示小熊图片，引导幼儿和小熊说再见，自然地结束活动。

【活动反思】

1. 通过本次教学活动，幼儿知道了更多关于垃圾的知识，了解了不同垃圾的处理方法，同时学会了简单的分类。活动中，运用的白板和实操的教学方法使课堂气氛十分活跃，幼儿的思维积极，发言大胆，而分组教学给了幼儿更多的发言机会。延伸活动中，垃圾分类标志图的设计更给了幼儿主动参与及继续思考的机会，教学效果较好。

2. "垃圾"是环保教育中首选的教育资源，帮助幼儿体验垃圾对环境的影响，对培养幼儿初步的环保意识起到了积极的作用。由此可见，周围生活中的资源，我们加以巧妙利用都能成为幼儿园的教育资源，生活处处是教育。

3. 环节设置由易到难，层层递进。本活动包括三个主要环节：第一，通过帮助小熊丢垃圾，认识垃圾桶的标志，分辨垃圾，然后在白板上拖动图片，完成活动任务；第二，玩垃圾分类游戏，引导幼儿观察图片，将地面上的垃圾投放进垃圾桶；第三，幼儿自选垃圾卡片，投放到垃圾桶，并用语言表述垃圾的类型。

（东莞市凤岗镇中心幼儿园　范嘉琪）

大班艺术活动案例：《身体音阶歌"认识七个基本音级"》

【设计意图】

1. 奥尔夫音乐教育是一个综合性的教育整体，在奥尔夫的音乐课堂中，孩子们有机会进入丰富的艺术世界。奥尔夫音乐《身体音阶歌》将音乐与学生的身体相联系，让孩子们感受不同的身体音阶，并培养孩子们对音乐活动的喜爱，幼儿园孩子活泼好动，特别喜欢游戏活动。身体是每个人都有的，是学生熟悉的，根据音乐进行游戏，以发展学生的身体协调能力为目标，同时促进学生对音阶高低的了解。

2. 目标设定：《身体音阶歌》这一音乐活动，可以将乐理知识融入孩子们喜闻乐见的歌曲和游戏中，变抽象为具体，变枯燥为有趣。让声音看得见、摸得着，让孩子和音乐一起玩起来，在游戏中感知音乐由低到高的音阶特点。

3. 重难点的解决：教学重点是知道自己的身体各部位名称。难点在于能准确指出身体的某个部位并唱出相对应的音级名称。

4. 媒体运用特色：本节课利用了多媒体一体机以及办公软件等多种数字运用模式。在运用演示法、直观教学法、游戏法时，我通过多媒体一体机、办公软件效果等手段进行课程内容的铺垫，激发孩子们的兴趣，使课程内容承上启下，调动了幼儿的好奇心与积极性，孩子们通过兴趣主动操作和游戏，完成了本次以幼儿为主体的游戏化课程，孩子们在玩中学、学中玩。

【活动目标】

1. 认知目标：在听一听、说一说、动一动的过程中知道自己的身体各部位名称。

2. 技能目标：通过音乐游戏活动，让学生感受身体音阶。

3. 情感目标：愿意参与音乐游戏，体验游戏活动的快乐。

【活动准备】

1. 媒体设备。①硬件：多媒体一体机。②软件：情境故事动画、希沃白板5、QQ音乐、身体音阶律动视频。

2. 经验准备：幼儿有参与数学活动的经验。

【活动重难点】

引导幼儿初步感知上、下、里、外。

【活动过程】

（一）动画情景导入

（1）教师通过提问幼儿童话故事《白雪公主》进行铺垫。

（2）展示音乐剧《白雪公主和七个小矮人》视频，进行课程热身。

（3）观察图片内容，讨论探究，音乐中有几个基本音级。通过老师提问，举手回答问题，并通过观察图片，引起兴趣，主动积极参与问题回答。多媒体一体机播放课件内容。

① 提出的问题：白雪公主有多少个好朋友？他们长得有什么不一样？通过问题引出PPT效果，为下文的思考和环节做铺垫。

② 启发幼儿发现七个音像小矮人一样越来越高，让幼儿通过观察、探究和讲述来加深对音的高低的理解。

（二）引导幼儿观察和听辨七个基本音级，初步感知音的高低

（1）引导幼儿观察音阶的图片，让幼儿分辨出七个基本音级。

（2）通过不同音乐的对比，让幼儿分辨出音的高低的区别。

（3）通过音乐《高高低低》身体游戏律动，幼儿根据身体律动，更容易理解音乐的高低。

幼儿观察图片，大胆说出自己的想法。

尝试用耳朵去听，然后判断两种音乐的不同，并说出是高还是低。

幼儿通过身势律动，沉浸在游戏学习的氛围中。

我在此环节采用了直观法，让幼儿主动观察图片，并且思考音乐的高低。

我在此环节采用了游戏法，并通过引导幼儿利用身体律动，更好地去理解高低音的区别，引出希沃白板5的课件音频和动画，既能巩固幼儿对音高的理解，也能让教师了解到每一位幼儿对知识技能的掌握情况。

（三）互动环节

通过希沃白板5课堂游戏，引导幼儿记忆七个基本音级。

通过希沃白板5课堂小游戏，引导幼儿思考，让幼儿记住七个基本音级。

幼儿能迅速判断出属于七个基本音级的音。

多媒体一体机播放课件内容：选出正确的七个基本音级。

（四）音乐活动《身体音阶歌》

教师通过播放视频《身体音阶歌》律动，让幼儿可以更直观地模仿学习。幼儿跟着视频一起做身体律动，可以更好地帮助记忆。

在此环节我运用了直观教学法，直接刺激幼儿的视觉，有利于幼儿更直观形象地学习歌曲《身体音阶歌》。

（五）总结

结束环节肯定幼儿的课堂表现，引导幼儿课后再多唱一唱。

听老师总结并做出相应的回应。

用白板的播放功能播放出轻松而又愉快的音乐，结束课堂。

【活动反思】

1. 孩子们在"玩""做""动"中快乐学习，运用了多种感官参与活动，活动中我始终将学生作为活动的主体，让他们学会自主学习，孩子们始终保持着浓厚的学习兴趣，在轻松、愉悦的氛围中享受到了学习的快乐，体验到了成功的乐趣。

2. 在运用操作法、直观教学法、游戏法的时候，我通过多媒体一体机、办公软件效果等手段进行课程内容的铺垫，激发孩子们的学习兴趣，为幼儿营造一种生动、活泼的活动氛围，充分调动幼儿参与活动的积极性和主动性，用多样的教学方法让幼儿的表达能力、观察能力和思维的敏捷性得到进一步的提升。整个活动在愉快的氛围中进行，孩子们一直保持着良好的学习兴趣和浓厚的表演欲望。

3. 整个活动中孩子们的活跃度比较高，课程中也设计了比较多的游戏环节，目的是通过吸引孩子们的注意力和激发其兴趣，让孩子们能迅速地理解课堂内容。奥尔夫音乐最大的特点是关注对孩子内心世界的开发，在这样的学习中，孩子不会把学音乐当成一种负担，而是全身心地投入音乐游戏的世界中，用他们的肢体、语言自由地演绎，以独特的方式抒发内心世界。

（东莞市凤岗镇中心幼儿园　陈芷蔚）

大班语言活动案例：《有趣的反义词》

【设计意图】

1. 活动背景：语言是孩子们倾听、阅读、表达、交际的重要技能，孩子正处于语言发展的敏感期，同时幼儿的观察力、注意力、想象力也是智力发展中不可或缺的重要因素，幼儿语言与认知发展互为支撑。皮亚杰说："语言具有双重意义：它既是一种凝缩的符号，又是一种社会的调节。"语言能加深和巩固幼儿初步形成的概念，幼儿通过语言命名各种物体，通过描述、比较发现认识对象的不同点和相同点，同时借助语言直接或间接获得新的概念。

2. 目标设定：①知识与技能目标：理解反义词的含义，丰富幼儿的词汇量。②过程与方法目标：发展幼儿的语言表达能力和思维的敏捷性。③情感态度与价值观目标：培养幼儿积极动脑、勇于探索、敢于尝试的精神。

3. 重点和难点的解决：《幼儿园教育指导纲要》指出："教师应成为幼儿学习的支持者、合作者、引导者。"为了突出本次活动的教学重难点，我通过运用操作法、直观教学法、游戏法等教学方法，使整个学习活动始终以幼儿为主体，幼儿将运用多通道参与法、游戏练习法等方法进行学习。

在运用操作法、直观教学法、游戏法时，我通过多媒体一体机、办公软件效果等手段进行课程内容的铺垫，使课程内容承上启下，调动了幼儿的好奇心与主动性、积极性，孩子们积极主动地操作和游戏，完成了本次以幼儿为主体的游戏化课程，孩子们在玩中学、学中玩。

4. 媒体运用特色。

（1）多媒体一体机：能使教学抽象的画面变得形象逼真，容易被每一位幼儿理解和接受，提高了幼儿的专注力，使互动性的活动环节层层渗透。情境故事动画：能为学习活动奠定主题，引导幼儿定下感情基调，使学习环节起线索过渡作用。

（2）PPT：动画效果以及趣味性的游戏，可以帮助幼儿理解和巩固本节活动所学的反义词的含义，使静止的图片有了动态化的效果。可操作性的动画和有趣的声音可以充分调动幼儿学习的积极性，发挥幼儿的主体作用。

（3）实操教学具：让孩子在摸一摸、看一看、掂一掂中感受物体的真实性，寓教于乐，而且寓教于运动，有助于培养孩子的专注力，启发孩子的探索精神，从而把所摸所想所看的词语通过多媒体一体机表现出来，代表着一种新的游戏化教学方式。

【活动目标】

1. 知识与技能目标：理解反义词的含义，丰富幼儿的词汇量。

2. 过程与方法目标：发展幼儿的语言表达能力和思维的敏捷性。

3. 情感态度与价值观目标：培养幼儿积极动脑、勇于探索、敢于尝试的精神。

【活动准备】

1.实物教具：球、绳子、棉花、石头等。

2.图片教具：在某些特征上有相反关系的物品或动物的图片。

【活动重难点】

1.教学重点：让幼儿理解相反关系，能大胆地探索反义词。

2.教学难点：让幼儿积极动脑，根据自身经验，尝试说出其他新的反义词。

【活动过程】

（一）集体游戏《相反国里说相反》

教师通过音乐游戏，进行课程热身。

出示PPT"长颈鹿—梅花鹿"内容，引导故事情节。

观察图片内容，讨论探究相对应的反义词。

通过老师提问，举手回答问题。

幼儿通过观察图片，引起兴趣，主动积极地参与问题回答。多媒体一体机播放课件内容。

提出开放性的问题：你发现它们之间有什么关系？通过问题引出PPT效果，为下文的思考和环节做铺垫。

启发幼儿发现两个物品之间的相反关系，让幼儿通过观察、探究和讲述加深对反义词的理解。

（二）引导幼儿观察和探索实物后说出物品特征，初步感知相反的含义

通过引导幼儿观察人物环节，引出现场幼儿人物的对比区别（大小、高矮、胖瘦）。

根据幼儿的思维特点，从幼儿身边熟悉的实物着手，让两个小朋友进行对比找不同。

通过情景转折，引出PPT"公主—巫婆—王子"，提问幼儿，引导幼儿观察并大胆说出自己的想法。

幼儿观察图片，大胆说出自己的想法。

尝试用眼睛去判断两种物品的不同，并说出相反的词语。

幼儿通过音效和画面的转折，沉浸在角色的氛围中。我在此环节采用了游戏法，教师说出一个字或词，边说边做出相应的动作，请幼儿说出正确的反义词并配上相应的动作。

通过引导幼儿利用身体动作展示相反关系的词，引出PPT效果以及多媒体支持下的音乐氛围，既能巩固幼儿对反义词的理解，也能让教师了解到每一位幼儿对知识技能的掌握情况。

（三）出示实物教具，引导幼儿观察并尝试说出反义词

通过魔法袋，出示石头和海绵，引导幼儿发散思维，幼儿观察并说出相反词。

教师请个别幼儿进行实物触摸，通过看一看、摸一摸、掂一掂的过程，感知两种物体的不同。

幼儿学会倾听他人说话。

幼儿大胆回答问题，并积极参与实操活动。

出示实物教具：绳子、棉花、石头、积木、魔法袋。

（四）集体游戏《相反国里的好伙伴》

教师通过游戏逐一将黑色魔法袋打开，巩固和学习不同的相反词，幼儿选择用嘴巴吹、手掌推的方式，将黑色袋子打开。在此环节我运用了直观教学法，出示了：快—慢、热—冷、大—小、左—右等图片，直接刺激幼儿的视觉，有利于幼儿更直观形象地感知两种事物之间的相反关系。

（五）总结

肯定幼儿的课堂表现，引导幼儿课后再去发现不同的相反事物，听老师总结并做出相应的回应，教师总结。

【活动反思】

整个活动，孩子的参与度比较高，课程也多采用了比较法，目的是通过两组或两组以上物体的比较，引导孩子找出相同和不同之处。按照比较的形式来分，可分为对应比较（如高矮、胖瘦等）和非对应比较（如年龄的大小）。本次活动采用游戏练习法是因为《纲要》中提到："语言能力是在运用过程中发展起来的。"在本节活动的三个游戏中加深幼儿对反义词的理解,在自由、轻松的游戏氛围中巩固知识、习得经验。

1. 本节课在活动环节设计了层层递进以及回顾内容,通过开放性的问题与幼儿进行互动,鼓励幼儿大胆表达自己经验所得的知识。在课程设计中,为什么会选择长颈鹿、梅花鹿、绵羊、鳄鱼四个动物进行对比,并且逐个对比引出相反词语都是高—低?因为选择相近的动物,孩子们能通过观察发现动物之间不同特征的相反意思。比如:能发现长颈鹿的脖子长,梅花鹿的脖子短,从而引出长—短相反词;绵羊和鳄鱼进行对比,绵羊的特征是温柔,鳄鱼的特征是凶猛,温柔和凶猛是相反的,从而为巫婆和公主的特征做铺垫。

2. 再通过相反国里面都是相反的故事铺垫,在设计中从动物到自身(人类)为什么可以进入相反国?引出幼儿去思考和观察人物之间的特征。例如,三个不同身材的男孩,从身高去巩固动物内容的高和矮、从体型去逐一对比出胖和瘦。再到一家四口的闯入,给孩子们尝试从具体到抽象性的发现。例如,爸爸的衣服和哥哥的衣服对比出大和小,从身体的外貌特征引出不同的相反词,妹妹的头发长,哥哥的头发短,巩固了长—短的相反词经验,再到年龄特征的大小,使幼儿能积累经验,拓展思路。

3. 最后设计公主和巫婆的环节,紧扣故事情节的发展,递进式组织活动,创设游戏情景。一系列的问题设计为幼儿理解把握故事的情节线索提供了有力的支撑,同时这些问题也激起了幼儿想要继续探讨的兴趣。

教学建议:考虑到幼儿的身高问题,孩子们想要点击更上面的云朵却够不着,教师在设计PPT的时候,要多考虑环境上的变化和不同,从而调整课堂的操作性。

(东莞市凤岗镇中心幼儿园　张霞)

第二节　中班级信息技术应用与幼儿园教育活动的融合案例

中班健康活动案例：《酷跑游戏》

【设计意图】

"跑酷"这项运动早已风靡全球，"跑酷"对人的体能素质要求是常人难以达到的。但是，"跑酷"这项运动给我们的体育教学带来很大启发，即通过"跑酷"的运动形式来改进单一枯燥的跑跳动作教学，去设计一些跑和跳的拓展动作方法与组合练习的形式，以此来激发幼儿对跑和跳技能学习的兴趣。因此，针对幼儿学习的兴趣特点，我将"跑酷"这项运动的名称改为"酷跑"，把跑与跳的动作组合，作为"酷跑"基本技能的表现形式，并联系幼儿生活当中的跑、跳能力，结合传统跑、跳技能的基本动作方法，设计跑、跳的拓展性动作，如"滑跑""左右穿跳"等，让原先单一枯燥的跑、跳技能学习变得生动而有趣。

【活动目标】

1. 认知目标：知道酷跑的动作要求和规格，能在平地和有障碍物的地面上做出多种连贯的跑、跳组合动作。

2. 技能目标：在行进间连续跑、跳组合动作的练习过程中，提高动作的协调性和身体重心控制的平衡能力。

3. 情感目标：在练习活动中，能踊跃、大方地展示自己的学习成果，并乐于鼓励他人，为自己的同伴呐喊助威，形成一种积极向上的团队意识。

【活动准备】

1. 经验准备：跑步与肢体动作的集合。
2. 物质准备：视频PPT。

【活动重难点】

1. 活动重点：掌握多种形式的跑、跳组合动作。
2. 活动难点：跑、跳过程中控制重心的平衡和稳定。

【活动过程】

（一）课堂常规

师生问好，热身环节。

师："小朋友们，观看屏幕和老师一起跳热身操吧！"

教师播放课件跳热身操，幼儿排成四排跟着教师跳热身操。

（二）介绍"酷跑"游戏

尝试活动

师："小朋友们，你们听说过'酷跑'吗？'酷跑'是一种跑与跳多种动作组合的跑步形式。你们可以想一下，跑步还可以结合身体什么部位动作呢？"

探索玩法：幼儿认真听讲。幼儿自己探索原地酷跑。

播放课件，打开酷跑的音乐。

（三）教师示范

教师讲解如何玩我做你学：教师站在学生中间，做各种跑、跳动作（双脚跳、单脚跳、交叉跳、碎步跑、滑跑、两人一组单脚跳、四人一组并步跳、双脚转跳）。

幼儿围绕老师并认真观察，按要求模仿老师的动作。

（四）酷跑游戏

情景一：《加勒比海盗》。

情景二：《小岛探险》。

教师讲解玩法。

师："根据游戏场景中的指令，做相应动作。小朋友们，快来接受挑战吧！"

幼儿观看大屏幕，进行酷跑游戏。

点击课件，播放酷跑视频。

（五）结束环节

1. 腿部放松练习：平躺，双腿上举坚持3秒，屈膝小腿放松抖动5秒。

2. 总结本课收获，师生再见。

【活动反思】

在设计活动时，使整个环节设置利用情境，提高幼儿的兴趣，音乐选择贴合主题，较为完整。活动过程中，幼儿兴趣很高，能积极地尝试各种动作。

（东莞市凤岗镇中心幼儿园　李宇翔）

中班社会活动案例：《嘘，午安！》

【设计意图】

1. 中班幼儿已经积累了一定的社会生活经验，对日常的公众场合规则有一定的了解，但老师和家长发现在日常生活中幼儿对班级常规和社会规范仍然缺乏遵守的意识行为。因此我针对幼儿的年龄特征及中班幼儿对社会规范的缺乏，以绘本《嘘，午安！》为载体设计了本次社会规范的教育活动。目的在于培养幼儿遵守公共秩序，保持安静的社会规范。

2. 重难点的解决：首先，通过多媒体创设模拟情境，以儿童的口吻提出在这种情境下，这样的行为是否正确呢？提供"√"和"×"的选项，让幼儿点击屏幕和课件互动，充分展现幼儿与课件的互动。其次，通过插入《嘘，午安！》绘本PPT，让幼儿通过语言表述出来绘本里说的哪些场景需要安静。最后，播放音频，让幼儿现场学习像小猫咪一样轻轻地走路。

3.媒体运用特色：

① 利用白板播放可爱、有趣的声音，并结合鲜明的色彩、生动的形象、变化的情节引起幼儿对活动内容的关注和兴趣。

② 利用白板的链接功能，故事情节中依次提出不同的问题，使幼儿在活动中边游戏边思考边探索。

③ 利用白板的交互式功能，不仅可以提高孩子们在整个活动中的参与度，而且可以最大限度地实现本次活动的目标。幼儿在做判断对错的游戏时，可以把"√"和"×"拖动到选框中，既满足了他们动手操作的欲望，也能提高孩子们的语言表达能力，将现实生活中的实际情况与情境相结合。多媒体的辅助教学代替了教师许多不宜讲明的语言，把抽象的知识形象化，并化静为动，化难为易，使幼儿从生动形象和动态的画面中看到生活中许多因条件限制而不易见到的东西。

【活动目标】

1.认知目标：仔细观察绘本画面，知道在公众场合保持安静是一种文明礼仪。

2.技能目标：能理解并学会在哪些场合应当保持安静。

3.情感目标：体会在公众场合小声说话的好处以及重要性，在活动中喜欢参加游戏。

【活动准备】

1.物质准备（略）。

2.媒体设备。①硬件：交互性电子白板、电脑、投影仪。②软件：课件、一段轻音乐、班级午休视频。

3.经验准备：知道一些简单的社会规则。

【活动重难点】

1.重点：培养在公众场合保持安静是一种文明礼仪。

2.难点：能理解并学会在哪些场合应当保持安静。

【活动过程】

教学环节如下：

（一）视频导入

播放班级午休视频，知道保持安静是一种礼貌。

师："小朋友们，请仔细观看这段午休视频，视频里的小朋友在睡觉，但有个别小朋友却在旁边喧哗、打闹，吵醒了午休的小朋友，这样做对不对呢？"

观看完视频后。

幼儿回答："不对，当我们在午休时，不应该大声说话，这样会吵醒我们的。"

点击课件中插入的视频，更加直观地引导孩子认识到小声点、保持安静是一种礼貌，不会影响他人。说话时要控制音量，两个人讲话时要悄悄的，不要打扰到其他小朋友，要保持安静，轻轻说话，轻轻走路。

（二）引出课题《嘘，午安！》

引导孩子认真观看静静在公交车、电影院、餐厅、医院的表现，并鼓励大家积极回答课件中"机器人"的问题。

幼儿认真观看绘本PPT，在每个场合结束后，举手回答。

出示绘本PPT：

·点击播放功能出示静静在四个不同场合的图片（图略）。

·创设故事情境播放声效功能，以可爱萌娃的口吻提出各个问题。

（三）师幼互动环节

游戏：判断对错。给幼儿观看三个模拟场景图片。

思考一下场景里的小朋友的做法是否正确。大胆积极地举手回答问题。

利用白板的图画功能，圈出"√"或者"×"。

（四）引导幼儿游戏

师："请每个孩子起立，站在椅子的旁边，如果听到温柔、轻轻的音乐，我们就像小猫咪一样轻轻地走路；如果是欢快的，可以变成大象咚咚咚地走路。"

幼儿跟着老师听音乐并围成一圈走起来。

播放音乐。

（五）结束环节

师："'轻轻'可以让我们更加文明有礼貌。今天我们学习了《嘘，午安！》，知道了在公众场合保持安静是一种文明礼仪，知道了在哪些场合应该保持安静。让我们在生活中遇到这些场合都能做到轻轻地，做一个懂礼貌的好孩子。

那接下来请各位小朋友们轻轻地把凳子放回原位。"

幼儿可以轻轻地放好凳子，并且在教室里轻轻地走路。

用多媒体播放轻音乐。

【活动反思】

1. 本次活动完成得很顺利，并且活动中的目标部分和重难点也能完成。最重要的是，幼儿在本次活动中欢快愉悦地参与进来，在活动的最后幼儿也能学会轻轻地把凳子放回原位，而且去上厕所的时候，也能保持轻轻地走路，不影响他人。这说明本次活动是成功的。因为运用了多媒体，在本次活动的第一个环节，幼儿能非常直观有感触地去表达其他人在休息的情况下我们应该保持安静的道理。在第三、第四个环节中，孩子们积极参与其中，每个孩子都愿意举手上来尝试。

2. 本次活动设计符合幼儿现阶段的发展需求，从中班幼儿的年龄特点出发，结合现实真实案例，让幼儿在玩中学，在玩中做，在活动过程中幼儿情绪高涨，积极主动地配合参与活动。幼儿在游戏情境中与同伴交流，与课件互动，亲身体验知识的生成过程，体验成功的乐趣。在活动中幼儿清楚地了解了在哪些场合需要保持安静，轻轻走路不影响他人。

3. 环节设置也是由易到难，层层递进。本次活动包括五个主要环节：第一，结合实际讨论在小朋友休息的情况下能否大声说话，我们应该怎样做才是有礼貌、正确的。第二，看《嘘，午安!》绘本故事，故事中的四种场合也是在生活中经常会出现的，模拟情境，让幼儿思考在这四种场合下，应该怎么样去做。第三，判断对与错，这一环节的目的是巩固第二环节学习到的知识内容，加深幼儿的印象。第四，游戏环节，听音乐扮演小猫咪和大象，目的也是让幼儿结合音乐的节奏高低判断该怎样去做。第五，实操，将前面学习到的该怎样走路运用起来。

4. 活动延伸。家园共育：教师布置亲子任务，让家长在生活中引导幼儿认识"安静"的标志。将绘本《嘘，午安！》放入图书区，供幼儿阅读。

（东莞市凤岗镇中心幼儿园　傅灵文）

中班艺术活动案例：《红绿灯（感应特定音效及节拍）》

【设计意图】

1. "感应特定音效及节拍"是让幼儿在游戏活动中进行音感练习，在游戏环节配合动作、方位的变换，发展幼儿的空间概念及方位意识。

2. 目标设定。①认知目标：引导幼儿在玩音乐的过程中感应节拍和特定音效。②技能目标：能分辨红绿灯的作用并描述交通规则。③情感目标：体会音乐游戏带来的快乐并能用自己的情感表达出来。本次音乐游戏活动中的重点和难点是能感应节拍并做出相应的动作变化。

3. 重难点的解决：首先，通过多媒体创设游戏环境，以幼儿生活中接触到的红绿灯交通规则进行导入，一边播放幻灯片一边进行故事问答，充分体现了师生互动、幼儿与课件的互动。在活动中幼儿通过聆听、感知音乐进行体验，再进行音乐游戏的节拍练习和音感练习。PPT的播放功能让幼儿更加直观地通过观察图谱变化动作，以此更好地感知音乐，并能通过身体部位的动作正确地表达音感节拍。其次，设置游戏情境环节，通过模仿各种车辆过红绿灯的游戏，进一步增强幼儿的音乐感知及加强幼儿的交通安全意识。最后，通过角色扮演的方式进一步巩固幼儿的音感和节拍，并根据音乐的变化，不同的角色做出不同的指令。

4. 媒体运用特色：本次活动教师以幼儿喜欢的故事情节和角色扮演"小车过红绿灯""交通指挥员"为活动背景，将幼儿喜欢的各种交通工具作为载体，引起幼儿参与的兴趣，运用PPT的播放功能设计生动有趣的画面，使活动更加游戏化。

运用多媒体播放音乐，并结合音乐图谱的交通情节引起幼儿对活动内容的关注与兴趣。

运用PPT的切换画面和链接音乐让幼儿根据提示做出相应的肢体动作，加强本节课的趣味性。

多媒体教学让教师的课堂丰富多彩，同时也让幼儿的兴趣大大提高，幼儿在与其互动的过程中，通过感知特殊音的变化和固定节拍的节奏，进而掌握本节课的重点内容。

【活动目标】

1.认知目标：感知特殊音和固定节拍。

2.技能目标：能根据音乐环节做出相应的肢体动作。

3.情感目标：通过音乐抒发自己的情感。

【活动准备】

1.物质准备：音乐（红绿灯）、PPT课件、红绿旗子、交通工具头饰（汽车、自行车、行人）。

2.媒体设备。①硬件：交互性电子白板、电脑、投影仪。②软件：PPT课件。

3.经验准备：幼儿有一定的音乐基础。

【活动重难点】

引导感知特殊音和固定节拍。

【活动过程】

（一）创设活动情境，激发幼儿参与活动的兴趣

话题导入，吸引幼儿参与话题问答。

出示PPT图片，引导幼儿的观察。

师："爸爸来接小朋友回家了，路上还遇到了红绿灯。小朋友们，你们知道红绿灯有什么作用吗？看到红灯要做什么呢？"

观察图片，看看都有什么车，并知道基本的交通规则。

提出活动任务，听音乐中的特殊音。

播放音乐，倾听节拍与特殊音。跟随音乐进行节拍练习。

（二）以游戏的方式感知音乐中的特殊音

教师带着小朋友根据音乐拍打乐器（开车），听到特殊音时变化动作。

幼儿听音乐，并选择自己喜欢的乐器跟着音乐进行拍打。

（三）乐器交换，重点感应节拍

听音乐进行节拍游戏，听到特殊音交换乐器。

小朋友回家之后让爸爸陪他玩了一个有趣的游戏，这个游戏要轮流敲击乐器，看看他们听到什么声音的时候会交换。

分两组进行游戏，A组拍铃鼓，B组敲响板，听到特定音乐A和B交换角色进行扮演。

音乐游戏环节，幼儿选择自己喜欢的头饰进行游戏。

（四）引导幼儿游戏

师："选择自己喜欢的头饰开车。"

幼儿自选头饰并跟着音乐进行角色扮演。

结束环节，引导幼儿有礼貌地说再见。

（五）倾听放松音乐离开教室

师："小朋友们都好厉害，都能遵守交通规则。"

幼儿随教师走出教室。

【活动反思】

1. 本活动目标完成得较好。在活动过程中幼儿能情绪愉悦地参与其中，积极地回答问题并跟随音乐互动。在本活动的第二、第三个环节中，幼儿能清楚地根据节拍和特效音进行互动游戏，乐器交换和角色扮演过程中幼儿能积极参与其中，并能自己完成游戏。

2. 本活动设计符合幼儿发展需求，幼儿对艺术感知并不是教授节拍或者乐理知识，而是要通过游戏让幼儿对音乐进行感性的抒发，体验音乐的快乐，同时学习节拍，实现玩音乐的目的。幼儿在活动过程中全程专注在音乐的情境和游戏中，所以本次课也是充满欢乐的。

3. 课程设置听、感、玩三个环节，难易度由简单逐渐过渡到困难，但幼儿在游戏的过程中都能很好地感受音乐的节拍和特效音。

4. 问题与改进。在活动过程中，重点在于幼儿通过游戏的形式感知音乐的节拍和特效音乐，在日常复习的时候可以通过不同的动作进行游戏，幼儿也可以通过点红灯、绿灯进行音乐节拍创作。

（东莞市凤岗镇中心幼儿园　刘雪梅）

中班艺术活动案例：《我是小小神枪手》

【设计意图】

1. 《3—6岁儿童学习与发展指南》指出，音乐是一种抽象的艺术、一种听觉的艺术，是一种有声音、有情趣的活动。为了激励幼儿积极参与音乐活动，享受音乐的乐趣，在音乐游戏中感受生活，故设计了本次活动《你开枪，我来躲》。

2. 目标设定。①认知目标：倾听、理解并区别音乐作品的变化，感知乐曲的停顿。②技能目标：能随着音乐节奏的变化表现瞄准、打枪、躲闪的动作。③情感目标：能大胆地表现自己，感受和同伴游戏的快乐。

3. 重难点的解决：首先，通过多媒体白板课件创设游戏情境，以生动形象的冲锋枪图片吸引幼儿的注意力作导入环节，激发幼儿的兴趣。其次，通过有趣的枪声音频促进幼儿想要参与音乐游戏的向往。最后，多媒体白板课件和音频同时播放，配上教师与幼儿的互动，充分体现师幼互动、幼儿与课件的互动。在活动中幼儿通过瞄准、开枪和躲闪的动作，感受节奏的变化以及停顿，充分调动幼儿的积极性，从而全身心地参与到游戏中。

4. 媒体运用特色：本次活动教师以幼儿喜爱的军事游戏《你开枪，我来躲》为载体，激发幼儿参与活动的兴趣，利用白板同时播放生动的"靶"图片，使活动体现得更加生活化和游戏化，以促进幼儿对音乐节奏的感受及表现。

利用白板同时播放生动形象的打枪声音和"靶"位，并结合道具"枪"来促进幼儿根据音乐节奏利用动作来表现停顿，从而感受音乐游戏带来的乐趣，乐于参加到活动中，并且能大胆地表现自己。轻松有趣的游戏氛围更有助于幼儿感受到与同伴一同游戏的乐趣。

【活动目标】

1. 认知目标：倾听、理解并区别音乐作品的变化，感知乐曲的停顿。
2. 技能目标：能随着音乐节奏的变化表现瞄准、打枪、躲闪的动作。
3. 情感目标：能大胆地表现自己，感受和同伴游戏的快乐。

【活动准备】

1. 物质准备：迷彩帽子。
2. 媒体设备：硬件——白板课件。
3. 经验准备：幼儿有玩过"打枪"游戏的经验。

【活动重难点】

随着音乐节奏的变化表现瞄准、打枪、躲闪的动作。

【活动过程】

（一）导入环节

出示幼儿感兴趣的枪。活动开始之前，与幼儿以猜测和揭秘的方式进入主题。

师："今天老师带来了一个你们都很喜欢的新玩具，你们猜是什么？"

播放画枪的视频，幼儿猜测。

出示图片，揭秘答案。

点击课件的播放功能，通过绘画枪的方式激发幼儿的兴趣。（附录《你开枪，我来躲》图1、图2略）

通过白板课件和播放音乐，参与打枪游戏，感受节奏的停顿，并且用动作来表示幼儿与老师的互动、幼儿与幼儿之间的互动。

（二）玩打枪游戏

能随着音乐节奏的变化表现瞄准、打枪、躲闪的动作。

·引导幼儿根据课件提示，感受音乐的变化，并有节奏地打枪。

·师幼互动，玩打枪游戏，引导幼儿大胆表现瞄准、打枪、躲闪的动作。

幼儿根据白板课件的内容，参与到与老师以及同伴的打枪游戏中。

出示两个小朋友对打的图片、八个靶位的图片、一边靶位一边握枪的图片。

·点击播放白板功能出示以上图片。（附录《你开枪，我来躲》图3、图4、图5、图6略）

利用制作手工冲锋枪的延伸结束本次活动，幼儿有所收获并有所期待。

（三）结束环节

师："通过今天的打枪游戏发现，小朋友们都可以按节奏来进行瞄准、打枪、躲闪，下次我们利用自己制作的冲锋枪到军事游戏基地一起游戏吧！"

（四）幼儿随教师走出教室

用白板播放音乐，边走边打枪离开活动室，活动结束。（附录《你开枪，我来躲》相关内容略）

【活动反思】

1. 本活动目标基本达成。在活动过程中，幼儿的兴趣极高，都能积极地参与到活动中来，师幼互动氛围非常融洽。生动有趣的图片与音乐，充分地带动幼儿进入游戏中来，能根据音乐的节奏用动作表现出来。

2. 本次活动设计符合中班幼儿的发展需求，将幼儿园军事游戏区的游戏搬入室内活动中，用形象生动的音乐和课件让幼儿在玩中学，在玩中做，在活动过程中充分感受到音乐的节奏以及游戏的乐趣。

3. 环节设置由易到难，层层递进。本活动包括三个主要环节：第一，通过单独的枪声让幼儿感知躲避的位置。第二，通过在音乐中加入枪声，让幼儿体验在枪声处用瞄准、打枪、躲闪动作来表示停顿。第三，去除枪声，让幼儿感知音乐停顿的位置，并用动作表现出来。

4. 问题与改进。在活动过程中幼儿的兴趣高涨，从而比较冲动，前期激动地要离开位置。教师可以随着活动的进程说明游戏规则，再进行游戏。

（东莞市凤岗镇中心幼儿园　钟梅珍）

中班语言活动案例：《换一换》

【设计意图】

1. 在日常生活中，幼儿有与同伴交换玩具等物品的体验，所以对作品所描述的故事情节并不陌生，似乎就是他们平时生活中的一个真实写照，所以，幼儿乐于接受，易于接受。同时，作品中交换的居然是动物之间的叫声，这让大家耳目一新，充满新奇感，更为重要的是，小鸡在与动物交换叫声中所遇到的差点儿被老猫吃掉的惊险经历，更让作品增添了无限的幽默与情趣。所有这些，都使幼儿产生了强烈的好奇心，使幼儿始终对活动有着强烈的兴趣。

2. 目标设定：中班阶段是幼儿语言发展的关键期，《换一换》具有情境性，让幼儿身临其境，在审美中产生情感的冲击，激发幼儿阅读的情感，同时也缩小了文学作品内容与生活实际之间的距离。在美丽的花园里找寻躲藏的动物，使幼儿置身于花园，找寻动物时的热情也就更高，当他们找到动物时，自然而然地就学习、模仿起小动物的叫声。

3. 重难点的解决：为突出本节课的重点并突破难点，我通过绘本故事、实操活动、游戏活动帮助幼儿学习。运用多媒体一体机、游戏活动等手段为幼儿提供了丰富的体验活动，激发孩子表现自我的欲望，较好地吸引了幼儿容易分散的注意力，生动有趣的绘本调动了幼儿的主动性与积极性，在整个活动过程中，无论是找寻躲藏的动物，还是模仿动物的叫声、扮演动物交换叫声，幼儿都是站在一个主体的地位，没有老师指挥、操纵的痕迹。活动中，他们积极地找寻动物，激动地模仿动物的叫声，认真地思考小鸡吓走大猫的原因，愉快地交换叫声等，无一不是在一个轻松、愉快的氛围中去主动地学习、与作品互动、与同伴互动。

4.媒体运用特色：多媒体中生动的图像可以使创设的情境更加逼真、更接近生活。通过多媒体呈现绘本故事，使课堂气氛生动活跃，充分调动幼儿学习的积极性，发挥幼儿的主体作用。

文学具有情境性，活动开始部分用多媒体创设了一个美丽的花园，把幼儿引入一定的情境中，出示来到花园的小鸡，也使故事更直观、形象，具有情境性。最后幼儿戴上动物胸饰，扮演该动物并互相交换叫声，更使活动的情境性增强，幼儿活动的热情也因此更为强烈，把知识变得智慧和感性。

【活动目标】

1.认知目标：理解故事内容，了解不同动物的叫声，并乐意模仿。

2.技能目标：通过讨论、猜测等多种方式，感受主人公的心理变化。

3.情感目标：能愉快地参与情境表演游戏，感受故事的趣味。

【活动准备】

媒体设备：多媒体一体机、PPT绘本故事、微信平台、音乐。

【活动重难点】

激发幼儿阅读的情感，能愉快地参与情境表演游戏，模仿动物的叫声、扮演动物交换叫声，运用《换一换》的游戏，跟同伴交换名字。

【活动过程】

（一）导入环节

（运用多媒体播放动物的图片）

师："小朋友们，今天老师邀请了一些新朋友，我们来认识一下。"

观察图片，说出动物的名称，并学一学它们的叫声。

（二）播放PPT，引出故事主题

（利用多媒体技术，能让孩子们看到故事的内容，更好地促进他们理解故事内容）出示封面图，引起幼儿阅读的兴趣。

师："这是谁呀？我们来看看小鸡在做什么？"

了解故事内容，学说句型并乐意模仿小鸡变化的叫声。

（三）游戏《换一换》

（体验绘本故事的内容，幼儿扮演小动物，并模仿其叫声，让幼儿在游戏中对话、模仿叫声，提升了幼儿对作品的理解）

·教师："我是小鸡，现在请小朋友选一个自己喜欢的动物。"

·教师："难度要加大，现在我们来换名字。"

·教师："请你找到一个好朋友，我们跟好朋友换名字。"

1. 换叫声的游戏。

2. 换名字的游戏。

3. 集体换名字。

（四）播放PPT，教师讲绘本后半部分

（认真地思考小鸡吓走大猫的原因）继续讲述故事。

·小鸡遇到了小狗。

·小鸡遇到了大猫。

（五）延伸活动

（调动幼儿阅读的积极性）

·教师："小鸡还碰到了好多的朋友，最后，它回到了家里，见到妈妈的时候，它'嗯嗯'地叫着。鸡妈妈说：'这个孩子，到底怎么啦？'"

·教师："孩子们，你们告诉鸡妈妈，小鸡到底怎么啦？可是'嗯嗯'是谁的叫声呢？孩子们，还记得这本书的名字叫什么吗？我们回家，找到这本书，翻到最后，一起看一看，是谁和小鸡换了叫声，好吗？"

【活动反思】

在这次教学活动中，融合多媒体的教学支持，加上老师亲切的语言，能吸引孩子们的注意力。用生动的情境绘本导入，孩子们很快就进入了活动中。在教师示范的时候，老师简单明确地表现，通俗易懂所以孩子们也能接受。在故事中，小鸡与动物交换叫声时，一直用轻轻的、礼貌的声音与同伴商量："××，我跟你换一换叫声，好吗？"就是这么一句重复的问话，让幼儿极其感兴趣，当他们听了2—3次对话后，已经能很顺利地在老师的讲述中轻声地跟着对话；在游戏中，也都能熟练地运用这句问话。与同伴交换叫声，既娱悦了身心，又发展了语言。

幼儿在接触故事《换一换》过程中，始终是兴奋的、愉悦的、有收获的。这些都体现在对找寻动物的热情中，模拟动物的叫声中，屏息倾听故事中，以及游戏中流畅的语言里。这次活动之所以让幼儿在阅读中获得了愉悦，增强了对动物的认识，产生了强烈的兴趣，是因为：

1. 本节课利用有趣的绘本调动了孩子们的积极性。

2. 后期持续运用游戏的形式，孩子们有很多亲自操作的活动，使他们的印象能更加深刻。

3. 利用多媒体技术，能让孩子们看到故事的内容，更好地促进他们理解故事内容。

4. 本节课采用层层递进的方式，内容由浅入深，结合故事内容延伸到生活中。

（东莞市凤岗镇中心幼儿园　谢晶晶）

中班语言活动案例：《谁的尾巴》

【设计意图】

1. 引导幼儿通过观察、讲述，了解动物尾巴的特征，理解儿歌的内容，感受儿歌的结构，培养幼儿喜欢小动物及乐于助人的品质。

2. 目标设定。①认知目标：引导幼儿通过观察、讲述了解动物尾巴的特征。②技能目标：理解儿歌的内容，感受儿歌的结构。③情感目标：培养幼儿喜欢小动物及乐于助人的品质。由于中班幼儿已经到了语言的飞速发展期，认知方面也逐渐从形象思维向抽象思维发展，本次活动的重点和难点应放在引导幼儿根据所了解的动物尾巴的有关知识，能套用格式，用适当的语言进行创编。

3. 重难点的解决：首先，通过多媒体创设游戏情境，以幼儿兴趣为出发点作为课堂导入，利用点击功能让动物图片弹跳出来，充分体现师生互动、幼儿与课件的互动。在活动中幼儿通过观察、体验来了解动物尾巴的特征。白板的播放功能让幼儿更加直观地了解动物尾巴的具体特征。其次，设置游戏情节，通过帮助小动物找到自己的尾巴来提升课堂的趣味性以及互动性。最后，运用实际操作材料给每个幼儿语言表达的机会，尝试套用格式进行创编活动。

4. 媒体运用特色：利用白板播放可爱、有趣的画面，并结合鲜明的色彩、生动的形象、变化的情节引起幼儿对活动内容的关注和兴趣。

利用白板的链接功能，播放换页间有趣的声音，激发幼儿的兴趣，培养其认真倾听的能力，且在故事情节中依次提出不同的问题，使幼儿在活动中边游戏边思考边探索。

利用白板的交互式功能，让幼儿充分参与到活动中，让课件作为教师的"教"件，同时还真正成了幼儿的"学"件。幼儿根据已有的认知拖动动物的尾巴放到相对应动物的身上，既满足了他们动手操作的欲望，又使他们直观地了解到动物尾巴的特征。多媒体的辅助教学代替了教师许多不宜讲明的语言，把抽象的知识形象化，并化静为动，化难为易，帮助他们更好地理解儿歌的内容和结构。

【活动目标】

1. 认知目标：引导幼儿通过观察、讲述了解动物尾巴的特征。

2. 技能目标：理解儿歌的内容，感受儿歌的结构。

3. 情感目标：培养幼儿喜欢小动物及乐于助人的品质。

【活动准备】

1. 物质准备：小动物卡片若干。

2. 媒体设备。①硬件：交互性电子白板。②软件：白板课件。

3. 经验准备：幼儿认识动物的经验。

【活动重难点】

1. 重点：通过学习故事和课件资料了解几种动物尾巴的不同特征和用途。

2. 难点：能根据故事内容续编故事，并大胆地讲述。

【活动过程】

（一）活动引入环节：找尾巴

师："你知道它们需要我们帮什么忙吗？"

幼儿回答。

·教师："有一群小动物听说我们班的小朋友喜欢帮助别人，它们想请小朋友帮帮它们。看，是谁需要帮忙啊？"（PPT课件逐一出示：猴子、兔子、松鼠、鸭子、公鸡、孔雀）

观察图片，并说出动物的名字。点击课件的播放功能，出现图片换页的声音吸引幼儿注意力，激发幼儿参与活动的兴趣。（谁的尾巴，图2、图3、图4、图5、图6、图7略）

（二）基本部分

1.（出示PPT课件）幼儿小组讨论说说是谁的尾巴。

2.个别幼儿找尾巴，并说说是谁的尾巴。

3.互相讲述小动物尾巴的特点。

4.幼儿交流。

教师小结，帮助幼儿掌握长、短、扁、弯、像把伞、像把扇等词语。

师："那我们就来帮它们找尾巴吧！（出示PPT课件）你知道它们是谁的尾巴吗？"

观察图片，完成活动任务。

·互相讲述小尾巴的特点。

·幼儿交流：

1.小猴的尾巴是什么样的？（细细长长的）

2.小兔、小松鼠、鸭子、公鸡和孔雀的尾巴是什么样的？

（小猴的尾巴细细长长的；小兔的尾巴短短的；小松鼠的尾巴大，像把伞；鸭子的尾巴扁；公鸡的尾巴弯；孔雀的尾巴像把扇。）

出示小动物图片，在白板上拖动动物尾巴的图片，链接到相对应小动物的身上。（见附录《谁的尾巴》，图8、图9略）

（三）学唱儿歌

教师引导幼儿复述尾巴的样子，并尝试编儿歌，最后一起分析儿歌的结构。

引导幼儿学习儿歌。

·教师："现在你知道这些动物尾巴的样子了吗？下面老师来考考你们。"

·小朋友真聪明，一下子就记住了，刚才小动物问能不能帮它们将这编成儿歌？

·这么好听的儿歌还缺什么？

·小朋友帮小动物编的儿歌真好听。下面我们一起来朗诵。

·和幼儿一起分析儿歌结构，并学唱儿歌。

·出示PPT，按顺序师生共念编的儿歌一遍。

·给儿歌取名字。

·以问答方式朗诵儿歌。

·分析儿歌结构。出示儿歌PPT图片，让幼儿学习儿歌并直观地了解其结构。（见附录《谁的尾巴》，图10略）

（四）听自编尾巴歌

首先和幼儿一起倾听编的儿歌，其次尝试唱儿歌。

师："刚才小朋友们说得真好，我把上面的儿歌编成了一首好听的歌，下面我们一起来听听。"

播放儿歌音乐，老师唱，小朋友跟唱。

用白板的播放功能，播放《谁的尾巴》儿歌，引导幼儿说出尾巴的特征。

（五）创编儿歌

幼儿自由选取动物卡片，相互交流，进行儿歌创编活动。

·教师："小朋友们念得很好，而且答得很好。有些小动物听小朋友朗诵的儿歌十分好听，也想请小朋友帮它们编儿歌，愿意吗？"

·这是谁？（PPT图片：小老鼠、大象和狐狸）它们的尾巴是什么样子的？谁会模仿儿歌中的句子来为小老鼠编一编？

·看，桌子上还有很多小动物在排着队请小朋友帮它们编儿歌呢，我们快点开始吧！

·幼儿交流，用白板的播放功能出示动物图片，引导幼儿创编儿歌。（见

附录《谁的尾巴》，图11略）

（六）结束部分

引导幼儿与同伴交流，并说说自己创编的儿歌。

·教师："请幼儿与同伴相互交流，说说自己为小动物编的儿歌。"

幼儿大胆地创说儿歌。用白板的播放功能再一次播放《谁的尾巴》儿歌，引导幼儿利用自己手上的小动物创编儿歌，大胆地说出来，并自然地结束活动。

【活动反思】

1. 本节活动先从教育目标方面来看：活动目标比较明确，恰当地体现了"以幼儿发展为本"的教育思想，知识技能、情感态度也在目标中体现。所选内容以及整个设计过程符合新《纲要》精神，符合幼儿年龄特点和认知水平，活动过程紧紧围绕着目标，环环相扣，能达到预期的目标。

2. 从活动过程来看，第一个环节：以探究的形式导入活动，让幼儿用自己的语言，大胆发表自己的见解，说说是谁的尾巴、形状等。在这个过程中鼓励幼儿说出不同答案和看法，给予每个幼儿充分展示的机会。第二个环节：用课件的形式调动幼儿观察的兴趣，生动形象地让幼儿了解动物尾巴的功能，使幼儿能主动积极地参与到活动中来。第三个环节：操作活动，完成拼图游戏，引导幼儿动手又动脑。人有两个宝，双手和大脑，幼儿在用手用脑的过程中积极地探索，认识了更多的动物以及它们尾巴的功能。

3. 在创编环节为孩子们营造了一个想说、敢说、喜欢说、有机会说的氛围，幼儿的积极性高涨，这与我既关注了整体，又给每位幼儿单独表现的机会，并做到用多种评价语言有针对性地肯定幼儿的表现分不开。

4. 问题与改进。课前准备不够，没有全面地了解孩子相关知识的已有经验，所以当有一定难度的个别问题提出后，孩子们不能马上回应，我有点儿着急，如果留给幼儿思考问题的时间再充裕点儿，相信孩子们会有更精彩的表现。

（东莞市凤岗镇中心幼儿园　叶雪梅）

第三节　小班级信息技术应用与幼儿园
教育活动的融合案例

小班健康活动案例：《爸爸妈妈本领大》

【设计意图】

1. 前期开展了"我的本领大"活动，孩子们学会了叠被子、穿衣服等自理能力。孩子们通过自理能力比赛，在实践中了解并认识到了自己的本领，而且逐渐掌握了自己的本领，引导孩子在生活中做一些力所能及的事情。为了进一步了解本领的作用，我们将继续探讨爸爸妈妈的本领。通过开展"爸爸妈妈的本领"，萌发孩子独立活动的意识，提高孩子的认知水平，让孩子初步地了解爸爸妈妈的工作，了解爸爸妈妈工作的辛苦，这是引发幼儿关心父母情感的基础。

2. 目标设定：本班幼儿处于小班上学期，这个时期的幼儿在自理能力方面相对较弱，《幼儿园教育指导纲要》中明确指出培养幼儿具有基本的生活自理能力，著名教育家陈鹤琴先生提出"凡是儿童自己能做的，应该让他自己做"的教育原则。大量的信息表明，孩子不能很好地了解掌握基本的生活自理能力，不仅会影响孩子的生活，还会给学习、生活带来影响。

3. 重难点的解决：首先，通过多媒体开展调查工作，使用"问卷星"设计调查问卷，对全班幼儿的本领、爸爸妈妈的本领以及对本领的认知水平信息进行采集，结合教师日常对孩子的观察了解幼儿掌握的经验和本领，这种方法是直接了解学情的一种方式，比较适合大范围的调查，它能帮助老师更广泛更真实地掌握教学策略。其次，课前利用亲子共同描绘出来的纸质版"爸爸妈妈的本领"，通过绘画的方式了解幼儿对《爸爸妈妈的本领》内容的了解，然后收回调查表进行分析，确定下一步教学策略。最后，确定本次活动的教学主题为"以教师为主导，以幼儿为主体，以快乐为主线进行教学"。

4. 媒体运用特色：用"问卷星"制作问卷，再通过班级微信群发布、收集问卷，课前打印纸质版调查表来了解幼儿对"爸爸妈妈的本领"的了解程度，通过绘画的方式，引起幼儿参与活动的兴趣。

利用白板播放功能播放"本领大"微视频，或者"本领大"动画片，动态呈现吸引孩子的注意力，充分调动孩子的积极性。再通过一刻相册，收集本次的互动体验，学"爸爸妈妈的本领"。

【活动目标】

1. 认知目标：知道爸爸妈妈各自的特长。

2. 技能目标：通过调查和爸爸妈妈的本领视频播放，尝试学习他们的本领。

3. 情感目标：萌发对爸爸妈妈的敬佩之情，增进对爸爸妈妈的爱。

【活动准备】

1. 物质准备：①问卷星调查，家长"本领大"视频录制。②爸爸妈妈绘画调查表。

2. 媒体设备。①硬件：电脑、投影仪、相机。②软件：白板课件。

3. 经验准备：幼儿参与了自理能力的比赛，有认识自己本领的经验。

【活动重难点】

了解每一个人都有自己的本领，了解爸爸妈妈的本领。

【活动过程】

（一）引入环节（谈话引入，图片情景引入）

·教师："谁能说一说自己的本领呢？看看哪一位小朋友的本领大？"

·教师："小朋友你们看看，图片上有没有你们的本领呢？"

点击课件的播放功能，出现各种自理能力比赛的图片吸引幼儿的注意力，激发幼儿参与活动的积极性。（见附录我的本领，图1略）

（二）创设情境，观看视频

（就老师的提问展开独立思考或讨论得出）你们知道吗？你们的爸爸妈妈都有非常了不起的本领呢，我们一起看一看吧！

· 教师播放"妈妈我自己来领"视频。

· 教师播放"谁的本领大"视频。

观察视频，想一想你发现的本领是什么呢？出示本领大的视频。

· 点击播放功能出示视频。（见附录放"妈妈我自己来领"视频，"谁的本领大"视频12）

（三）整体感知，了解绘画调查表的内容

谈话：我爸爸妈妈的本领。

· 教师："谁来说一说爸爸妈妈的本领呢？"

通过收集回来的爸爸妈妈绘画调查表，进行简单的描述表达。请个别幼儿在集体面前向大家介绍爸爸妈妈的特长，鼓励幼儿用语言大胆地表达出来。

利用投影仪，播放"绘画调查表"，通过扩大、缩小了解调查表的内容。（见附录《爸爸妈妈的本领》，图2略）

（四）巩固熟悉了解爸爸妈妈的本领

（播放提前录制的视频）

· 教师："你们的爸爸妈妈都这么厉害啊！我很好奇，爸爸妈妈提前录制了视频，谁来选择播放展示一下爸爸妈妈的本领？"

请个别孩子上来演示和介绍自己爸爸妈妈的特殊本领。

展示录制的视频，进一步了解爸爸妈妈的本领。（附录《爸爸妈妈的本领》视频3）

（五）结束环节，归纳小结

（让孩子模仿爸爸妈妈的本领，锻炼能力环节）

扮演游戏

师："今天爸爸妈妈都不在，我们想不想自己来扮演爸爸妈妈呢？"

幼儿开始自主地模仿起来。

用白板的播放功能出示视频，播放孩子爸爸妈妈的本领，引导孩子模仿爸爸妈妈的本领。（见附录《爸爸妈妈的本领》视频3）

【活动反思】

1. 本活动目标完成得较好。生活中，孩子应当做一些力所能及的家务，比如收拾自己的玩具、叠被子、打扫自己的房间等。虽然他们知道的不少，但是一些简单的家务，孩子在家中是不做的，一般由父母为他们代办，孩子的动手能力较差，通过开展"我的本领大"进一步让孩子学会自己的事情自己做。本次活动来源于生活又服务于生活，教师通过课前发放的调查问卷，从而更有针对性地设计课程内容，着重介绍幼儿爸爸妈妈的本领，并以亲子绘画的形式描绘出来。引导幼儿自由操作、观察探索，感受本领与生活的息息相关。在活动中，孩子能积极地参与交流，通过"绘画调查表"的认知水平，提前了解爸爸妈妈的本领，激发孩子的探索欲望。

2. 本活动设计符合幼儿发展需求。利用信息技术扩大了学情分析的范围，丰富了学情分析的形式，提升了学情分析的效率。首先在浏览器搜索问卷星，登录后选择"调查"，在菜单里找到调查问卷，其次选择"问卷"，点击"新建"进入问卷页面，更改表单标题为"爸爸妈妈的本领"，点击"添加"按钮根据需要选择不同的题目类型。本班共有26名幼儿参与问卷填写，通过问卷分析数据可以看出，大部分幼儿只知道自己的本领，并不了解爸爸妈妈的本领，所以在课程中，应该通过各种活动让幼儿了解爸爸妈妈的本领，如通过爸爸妈妈的介绍、共同绘画、讲故事等活动形式，让幼儿从生活中感受本领带来的乐趣，认识本领大是有多么的了不起。

3. 分别播放小动物本领的视频、我的本领的视频，最后播放爸爸妈妈提前录制的视频，孩子进一步认识到每个人都有本领，我们要学会各种本领从而让自己变得更加强大。

4. 问题与改进。为了更好地参与扮演的活动，教师应该提前备好相对应本领的道具，方便幼儿进行简单的操作使用。

（东莞市凤岗镇中心幼儿园　叶娘露）

小班艺术活动案例：《彩色的雨滴》

【设计意图】

1. 用手指点画，为的是在游戏的过程中锻炼幼儿"点"和"提"（跳）的动作，锻炼幼儿手指对力的控制能力，从而促进小肌肉的发展。"雨滴"是从上往下落的，在作画的过程中不仅让幼儿简单地了解生活常识，而且能培养他们的秩序感。换色时擦手，能让幼儿养成好的作画习惯与卫生习惯。

2. 目标设定：本班幼儿处于小班上学期，这个时期的幼儿对周围世界的探索主要通过对物体的感知和操作来进行，它与幼儿的"玩儿"往往是同一过程。《纲要》中指出，要让幼儿喜欢艺术活动并大胆表现。小班幼儿在其年龄段喜欢涂涂画画，用手指点画，不局限用画笔、刷子等工具去进行艺术创作，感受颜色的美，体验不同形式的美术活动的乐趣。

3. 重难点的解决：首先，通过多媒体播放音频，吸引幼儿的注意力，从而引出活动的开展。其次，通过多媒体创设游戏环境，以小花小草的口吻提出活动任务，利用音频与拖曳功能把图片放到指定位置。充分体现师生互动、幼儿与课件的互动。在活动中幼儿通过观察发现，雨滴是从天上的云朵跑下来的，彩色雨滴不喜欢与同伴分开，太过拥挤会不舒服。PPT的播放功能让幼儿更直观地观察到往下落的概念，并能用可爱简单的方式告诉幼儿在点画的过程中要注意绘画空间以及换色时需擦干净小手。再次，设置游戏情节，通过下大雨下小雨的游戏，帮助小花小草喝水，让幼儿了解不同的力度下的雨滴大小会不同。最后，运用实际操作材料给每个幼儿动手操作的机会，让幼儿进行点画创作彩色的雨滴。

4. 媒体运用特色：本次活动教师以幼儿喜爱的游戏情境"小花小草想喝水"为活动背景，利用幼儿日常中可见的雨滴作为载体，引发幼儿参与活动的兴趣，利用PPT软件的播放功能设计生动有趣的画面，使活动更加游戏化。

利用多媒体播放可爱、有趣的声音，并结合鲜明的色彩、生动的形象、变化的情节引起幼儿对活动内容的兴趣和关注。

利用PPT软件的链接功能，故事情节中依次提出不同的问题，使幼儿在活动中边游戏边思考边探索。

利用PPT软件的交互式功能，让幼儿充分参与到活动中，让课件作为教师的"教"件，同时还真正成了幼儿的"学"件。幼儿根据小花小草提的任务将雨滴落下，既满足了他们动手操作的欲望，又能使他们体验不同形式美术活动的乐趣。多媒体的辅助教学代替了教师许多不宜讲明的语言，把抽象的知识形象化，并化静为动、化难为易，使幼儿从生动形象和动态的画面中看到生活中许多因条件限制而不易见到的东西，帮助他们理解一些生活常识。

【活动目标】

1. 认知目标：能大胆地用手指蘸颜料，初步体验用"点"和"提"（跳）的动作从上而下，一下一下地点画表现彩色的雨滴。

2. 技能目标：换色时学会用抹布擦干净手。

3. 情感目标：感受颜色的美，体会手指点画的乐趣。

【活动准备】

1. 物质准备：风、雨、雷声音频；画纸；彩色颜料、调色盘、抹布。

2. 媒体设备。①硬件：音频、电脑、电视。②软件：PPT课件。

3. 经验准备：幼儿有参与美术活动的经验。

【活动重难点】

1. 重点：用"点"和"提"（跳）的动作从上而下，一下一下地点画表现彩色的雨滴。

2. 难点：引导幼儿换色时学会用抹布擦干净手。

【活动过程】

（一）音频导入，引起幼儿兴趣

·教师："请小朋友们听听看，这是什么声音呢？"

仔细听音频，猜猜是什么声音。点击课件，出现风、雨、雷的图片。点击

课件的播放功能，发出风、雨、雷声，吸引幼儿的注意力，激发幼儿参与活动的兴趣。（见附录《彩色的雨滴》，图1略）

（二）帮助小花小草，感知"上""下"

以情境引导幼儿帮助小花小草，感知上和下。

· 教师播放小花的声音音频："呜呜呜，我好难受啊。"

· 教师播放小草的声音音频："呜呜呜，我好口渴啊。"

· 教师播放小花的声音音频："要是能下一场彩色的雨就好了。"

· 教师播放彩色雨滴下落过程。

观察图片，在PPT上点击画面，播放音频，仔细观察，完成活动任务。

出示小花小草图片。

· 点击播放功能出示小花小草音频。（见附录《彩色的雨滴》，图2略）

· 创设故事情境播放声效功能，以小花小草的口吻提出活动任务。（见附录《彩色的雨滴》，图3、图4、图5略）

· 点击播放功能出示彩色雨滴下落过程。（见附录《彩色的雨滴》，图6略）

（三）游戏互动下大雨、下小雨，观摩操作

游戏：下大雨下小雨。

· 教师："这场雨下得有多大呢？大雨大雨，小雨小雨，现在下的是什么雨？"

· 教师更换其他颜色雨滴时，用抹布擦干净手。

幼儿喊出大雨或小雨，观察老师操作"点"和"提"（跳），留意不同的雨，雨滴大小也不同，注意老师更换其他颜色时的动作。

利用PPT的链接功能，点击大雨、小雨的图片。（见附录《彩色的雨滴》，图7、图8略）

（四）幼儿绘画，点画雨滴，引导幼儿创作

· 教师："请小朋友们帮助小花小草，下一些彩色雨滴给它们吧。"

· 教师："注意哦，雨滴宝宝们可爱干净了，你们要用抹布擦干净小手，才可以找它们来帮忙哦。"

幼儿自选颜料，进行手指点画。

利用PPT的播放功能，展示小花小草想要喝水的图片。（见附录《彩色的

雨滴》，图9略）

（五）作品分享，结束活动

·教师："让我们来看看大家的彩色雨滴下得怎么样？"

·教师："彩色雨滴都下完啦，小花小草可高兴了，谢谢小朋友。我们一起跟小花小草说再见，下次再来和小花小草玩游戏。"

幼儿分享作品后随教师走出教室。用PPT的播放功能出示小花小草图片，引导幼儿和小花小草说再见，自然地结束活动。（见附录《彩色的雨滴》，图10略）

【活动反思】

1. 本活动目标完成得较好。在活动过程中幼儿能情绪愉悦地参与其中，积极地回答问题并与PPT课件进行互动。在本活动的第二、第三个环节，幼儿都能仔细观察课件与老师的操作，及需要注意的地方。在操作环节，幼儿自选颜料创作，并能在更换颜色时擦干净小手再点取新的颜料。

2. 本活动设计符合幼儿发展需求，根据小班幼儿常把假想当真实，把植物或物体也当作人的特点，活动中将植物形象和游戏的形式贯穿始终，让幼儿在玩中学，在玩中做，在活动过程中幼儿情绪高涨，积极主动地配合参与活动。幼儿在游戏情境中与同伴交流，与课件互动，亲身体验知识的生成过程，体验成功的乐趣。在活动中幼儿通过观察、体验来领会从上到下地点画。

3. 环节设置由易到难，层层递进。本活动包括三个主要环节：第一，通过帮助小花小草，完成它们的心愿，观察图片，然后在PPT上拖动图片，知道活动任务的要求。第二，玩下大雨下小雨游戏，引导幼儿观察老师的操作，知道不同的力度下的雨滴大小会不同，换色时需擦干净小手。第三，幼儿自选颜料，实际操作材料，点画出彩色雨滴。

4. 问题与改进。在实际的操作过程中，还是有个别小朋友随意点雨滴，并没有按照"从上往下"的顺序进行点画。另外，还有部分小朋友忘记把小手擦干净就换颜色进行点画。经过多次提醒，情况才有所好转，今后在"手指点画"方面应多加练习。

（东莞市凤岗镇中心幼儿园　罗裕山）

小班语言活动案例：《你在看什么》

【设计意图】

1. "认识色块"是指在生活和游戏中幼儿能正确地认识色块，能正确观察和使用颜色来进行表述，发展幼儿的语言表达能力以及视觉、听觉等多感官联动。

2. 目标设定。①认知目标：根据颜色线索进行猜测。②技能目标：能大胆想象表述，尝试用短语参与讲述故事。③情感目标：在游戏中仔细观察与比较，体验找朋友游戏的乐趣。在活动环节上通过简单、色彩鲜明的颜色吸引幼儿，使幼儿在活动中注意倾听并积极回应，同时在故事环节中，通过课件的播放顺序和视觉、听觉的多感官联动，让幼儿能结合自己的实际经验思考和表达；在游戏过程中，在前期故事的语言引导后，有一定的短句运用基础，游戏中幼儿会运用，并具有观察和使用色块的认知能力。

3. 重难点的解决：首先，通过多媒体创设游戏环境，以图片与音频结合，引发幼儿思考与表达，充分体现师生互动、幼儿与课件的互动。在活动中幼儿通过观察、表达，来认识色块以及色块代表的物体，发挥幼儿的联想能力。课件的播放功能让幼儿更直观地看到、听到、感受到小动物的特征，更好地巩固色块的认知。其次，设置游戏情节，通过现场《你在看什么》的游戏，幼儿在活动中会运用"××，××，你在看什么？"的句式进行提问，在回答的时候，幼儿的观察与表达以及倾听能力，都在充分感知和认知色块。

4. 媒体运用特色：本次活动教师以幼儿喜爱的故事形式，利用故事中简单、色彩鲜明的色块作代表进行活动，引起幼儿参与活动的兴趣，利用课件播放功能设计生动有趣的画面，使活动更加游戏化。

利用课件播放可爱、有趣的声音，并结合鲜明的色彩、有趣的动图效果以及贴合的音频效果，引起幼儿对活动内容的关注和兴趣，更好地完成活动目标和幼儿沉浸式的体验。

【活动目标】

1. 认知目标：根据颜色线索进行猜测。

2. 技能目标：能大胆想象表述，尝试用短语参与讲述故事。

3. 情感目标：在游戏中仔细观察与比较，体验找朋友游戏的乐趣。

【活动准备】

1. 物质准备：小熊玩偶、故事PPT。

2. 媒体设备。①硬件：电脑、投影仪。②软件：课件。

3. 经验准备：幼儿有参与语言活动的经验。

【活动重难点】

引导幼儿仔细观察并初步认识色块。

【活动过程】

（一）引入环节

绘本图片引入，用彩色图片来吸引幼儿的注意力和好奇心。

·教师："今天老师带来一样有趣的东西，请你们来看一看。"

提问：猜猜这是什么？这些颜色你都认识吗？

观察图片，猜猜是什么，并说说其中的颜色。

点击课件的播放功能出现条纹色块，激发幼儿的想象和兴趣。

（二）解读：彩虹中的秘密

让幼儿通过图片和音频以及动画效果来想象看到的局部颜色会是什么？

·棕色的熊，提问：猜猜看，棕色是什么？

·红色的鸟，提问：猜猜看，棕色的熊到底在看什么红色的动物呢？

·黄色的鸭子，提问：黄色里面会藏着什么呢？

·绿色的青蛙，提问：绿色里面会藏着什么呢？

·结合配乐，完整地欣赏故事《你在看什么？》

小结：原来彩虹中藏着不同的动物，我们能根据彩虹的颜色来猜一猜到底是什么动物。

（观察图片，在白板上拖动图片，完成活动任务。）

· 幼儿根据生活经验自由猜测，教师回应时尝试将幼儿猜测的事物进行分类，比如食物、动物、交通工具等。

· 引导幼儿一同问："棕色的熊，棕色的熊，你在看什么？"

· 幼儿运用句式一同询问："红色的鸟，红色的鸟，你在看什么？"

· 幼儿运用句式一同询问："黄色的鸭子，黄色的鸭子，你在看什么？"

· 点击播放棕色色块图片，课件中出现眼睛发光的棕色的熊。（后续动物同样）（见附录《你在看什么》，图2、图3略）

· 创设故事情境，利用课件的链接功能播放声效，以小动物的口吻来告诉小朋友在看什么。（见附录《你在看什么》，图4略）

· 课件中出现棕色的熊、红色的鸟与条纹色块，引导幼儿关注色块顺序与动物之间的关系。

（三）游戏："你在看什么"

游戏过渡，这部分是让幼儿建立图片颜色的联想，同时让幼儿来表达。

· 过渡：青蛙在看什么呢？让我们问一问。

提问：猜猜这是谁呢？你怎么知道是老师呢？

（观察图片，猜猜图片中的颜色会是谁？）

· 点击播放课件，出现教师衣服颜色的局部。

· 课件中出现教师照片帮助验证。

（四）引导幼儿游戏

引导幼儿根据提示进行观察和创造，并大胆地想象与表达。

· 幼儿向老师提问："老师，老师，你在看什么？"老师会说出其中一些幼儿共有的服饰特征，比如"我在看一个穿条纹衣服的小朋友"，那么所有穿条纹衣服的小朋友都到教室前面来；然后其余幼儿接着提问："老师，老师，你在看什么？"老师再进一步描述特征，如"我在看一个穿着条纹上衣，并且穿蓝色裤子的小朋友"，符合描述的幼儿留下。以此类推，通过描述特征不断缩小范围，最终聚焦到一个幼儿。

幼儿观察同伴的衣服的色块找到同伴，并尝试用语言表述同伴，让游戏继续。使用课件链接功能，在游戏环节出现轻音乐，衬托游戏气氛。

（五）结束环节

活动结束，可去户外进行活动的延伸和拓展。

·教师："今天小朋友在这里都看到了很多颜色，并猜到了他们是谁，让我们一起去外面找找看吧。"幼儿随教师走出教室。

【活动反思】

1. 本活动目标完成得较好。在活动过程中幼儿能情绪愉悦地参与其中，能根据课件的视听效果进行大胆猜测、积极地回答问题。在本活动的第二个环节中，通过教师引导以及幼儿自主观察发现，所有幼儿都能大胆猜想，认识色块。在第三个环节游戏中，因为前面故事的引导，幼儿能很好地进行"你在看什么"的游戏，并能用语言表述同伴的衣服的颜色特征。

2. 本活动设计符合幼儿发展需求，根据小班年龄的特点，让幼儿在活动中观察、猜测、表达，在玩中学，在活动中认识色块并发散思维。整个活动过程中幼儿情绪高涨，积极主动地配合参与活动。幼儿在游戏情境中与同伴交流，与课件互动，亲身体验知识的生成过程，体验成功的乐趣。

3. 环节设置层层递进。本活动包括三个主要环节：第一，引导幼儿感知彩虹图片，猜猜看到了什么，鼓励幼儿发挥想象。第二，根据一个个彩虹颜色引导幼儿思考色块里隐藏了什么，带领幼儿根据课件提供的视听，大胆猜测和想象，并引导幼儿会提问动物在看什么。第三，幼儿游戏《你在看什么》，幼儿用语言表述同伴身上衣服的色块特征，引导其观察与表达。

4. 问题与改进。在活动过程中教师要引导幼儿能初步认识色块。为了能让幼儿更好地表达色块，应在游戏环节中，通过现场环境引导幼儿多观察，不局限于人物，也可以是现场的物体，让幼儿的思维更开阔。

（东莞市凤岗镇中心幼儿园　杜红姿）

小班科学活动案例：《图形宝宝历险记》

【设计意图】

1.进一步感知圆形、三角形、方形的基本特征，能辨别这三种几何图形。

2.目标设定。①认知目标：感知圆形、三角形、方形的基本特征；②技能目标：能辨别这三种几何图形；③情感目标：发展幼儿观察能力和独立思考能力，激发幼儿探索的欲望。

3.重难点的解决：首先，PPT分别出示三个图形宝宝，激发幼儿兴趣。通过多媒体创设游戏环境，以小动物的口吻提出活动任务，利用拖曳功能把图片放到指定位置。充分体现师生互动、幼儿与课件的互动。在活动中幼儿通过观察、体验来领会圆形、三角形、方形。白板的播放功能让幼儿更直观地观察到图形的特征，更好地理解圆形、方形、三角形的特点。其次，设置游戏情节，三个图形宝宝要带我们去图形王国探险，通过探险的形式引导小朋友去探索不同图形有什么特点。

4.媒体运用特色：本次活动教师通过幼儿喜爱的探险的活动形式，以"图形宝宝去探险"的游戏形式去激发孩子的兴趣，利用PPT的动画设计图形宝宝会滚动的生动活泼形象的画面，使活动更加有趣。

利用PPT动画的形式，使图形更加生动简单地回到自己的位置上，使孩子更容易理解生活中有哪些图形的物品。

利用PPT的功能，课件动画的互动性更强。这一层次更多地体现在课件动画可以有效调动幼儿在活动中的积极性，变得更愿意与教师互动。

利用PPT的一个幻灯片与下一个幻灯片之间的切换效果，将孩子的注意力吸引到PPT演示中。

【活动目标】

1.认知目标：感知圆形、三角形、方形的基本特征。

2. 技能目标：能辨别这三种几何图形。

3. 情感目标：发展幼儿观察能力和独立思考能力，激发幼儿探索的欲望。

【活动准备】

1. 物质准备：三角形、方形、圆形相关图片。

2. 媒体设备：PPT课件。

3. 经验准备：幼儿初步感知过圆形、方形、三角形的基本特征。

【活动重难点】

能辨别这三种几何图形。

【活动过程】

（一）引入环节

教师分别出示三个图形宝宝（圆形、方形、三角形），激发幼儿兴趣。教师操作多媒体课件，通过点击播放的功能，出示PPT课件第2—4页，引导幼儿观察PPT出现的是什么图形，并说出在生活中见过哪些类似图形的物品。

（点击课件的播放功能，图形吸引幼儿的注意力，专注地观察图形。）

师："你看到了什么？（球）它是什么形状的？（圆形）。呀！球都从筐里跑出去了，圆形的东西滚得真快呀！"

教师出示PPT第5、6页，通过观察、操作课件，引导小朋友感知圆形的基本特征，引导幼儿点击操作把球送回篮子。

（点击PPT，利用PPT动画功能把球送回筐里。）

师："图形宝宝来到了一座桥，桥上有缺口，怎么办？要选择什么形状来把这个缺口补上呢？"

（二）操作环节

教师出示PPT第7页，通过观察、操作课件，引导小朋友感知方形的基本特征，引导幼儿点击白板屏幕，操作选择对应的方形补全桥上的缺口。

出示PPT第7页，利用点击功能，让方形回到各自的缺口上。

师："图形宝宝来到了哪里？（城堡）城堡上有几面旗子掉下来了，大家快来帮帮忙！"

教师出示PPT第8—9页，通过观察、操作课件，引导小朋友感知三角形的基本特征，引导幼儿点击操作选择对应的三角形。

（出示PPT第8、9页，利用点击功能，让不同大小的旗子回到各自的位置上。）

操作课件内容，把图形宝宝送回家，帮助幼儿辨认圆形、方形、三角形。教师出示PPT第10—11页，出示表格课件，请小朋友们按照形状把图形宝宝送回家。

引导幼儿观察，然后按照形状把图形宝宝送回各自的家，出示PPT第10、11页，利用点击功能、拖曳功能，让不同形状的物品回到各自的方框内。

【活动反思】

1. 通过《图形宝宝》活动，孩子认识了圆形、方形、三角形这些基本图形，会辨别这三种图形，并通过多元化的教学，让幼儿直观地了解到这些图形就存在于我们的生活中，并了解到每个图形宝宝都有自己不同的特征。

2. 本节课充分利用PPT幻灯片放映的功能，引导幼儿点击操作选择对应的图形，吸引孩子的兴趣，让孩子在游戏中感受到信息技术带来的快乐。

3. 在图形探险环节，PPT的动画作用突出图形的展示，因为动画更容易吸引孩子，注意动静结合，适当适度地使用动态，用动画突出关键图形，控制图形显示顺序和速度，达到保持一定的悬念的目的。

4. 问题与改进。通过本次教学活动，我了解到孩子们在数学方面的知识都很薄弱，为了使他们对数学感兴趣，我准备在以后的数学活动中多加游戏，做到让幼儿在玩中乐、玩中学的目的。真正让幼儿成为学习的主人，不断提升幼儿的自主探究能力。

（东莞市凤岗镇中心幼儿园　傅灵芝）

小班健康活动案例：《调皮的老鼠和大象》

【设计意图】

1. 在日常活动中，我发现很多幼儿对老师的指令执行力比较弱，所以我设计了以听动执行的游戏来进行本次课程，通过游戏模仿的方式，锻炼孩子听动协调的能力，建立规则意识，并体验集体运动的乐趣。

2. 课程设计中加入动作探索，可以让幼儿进一步熟悉肢体的动作能力，并增强肢体的应用能力，这对动作的学习有积极意义。

【活动目标】

1. 认知目标：通过游戏，建立幼儿规则意识，认识排队。

2. 技能目标：加强幼儿大肌肉运动的能力，培养幼儿身体平衡能力及专注力。

3. 情感目标：体验游戏的快乐。

【活动准备】

1. 物质准备：太空棒、长绳子。

2. 媒体设备。①硬件：多媒体一体机。②软件：PPT课件。

【活动重难点】

1. 重点：听到指令时能快速反应。

2. 难点：保持控制脚尖对脚跟沿线走。

【活动过程】

（一）引入环节

师："火车是由一节一节的车厢连起来的，所以小朋友们在开火车的时候一定要像排队一样一个跟着一个哦。"

（教师出示PPT火车的图片）

幼儿根据PPT的图片与同学之间做到整齐排队，跟着老师做热身运动。

多媒体一体机播放课件内容：根据PPT的图片，启发幼儿排队意识。

（二）情境导入

师："一群调皮的小老鼠准备去树林找大象玩游戏，我们要开飞机过去。"

（出示PPT飞机图片）

（教师带领幼儿模仿小飞机做平衡练习）教师引导幼儿做小飞机飞的动作，体验身体的平衡感。因为幼儿都是独立的个体，有很大的个别差异。鼓励幼儿用自己的能力去完成老师交付的任务，自己跟自己比是否有进步。

1. 双脚站立，双手侧平举，将身体向前、后、左、右倾斜，双脚尽量不离地。

2. 单脚站立，双手侧平举坚持5—10秒（换脚）。

3. 单脚站立，双手侧平举，将身体向前、后、左、右倾斜，坚持5秒，脚尽量不离地。

（三）游戏环节

师：通往树林的路上有条钢丝桥，只有通过钢丝桥，才能找到大象的家。

（出示PPT，展示杂技人员走钢丝。教师示范走钢丝，双手侧平举，脚尖对脚跟沿着绳子走。）

1. 绳子放在地上，孩子从绳子上走过，尽量每步都踩在绳子上。

2. 听"小风吹"口令后，站在绳子上停下。

3. 听"大风吹"口令后，慢慢蹲下。

师："我们终于到了大象的家里，大象邀请小老鼠一起玩捉迷藏。"

通过PPT，引出本环节的教学内容，提高幼儿的兴趣。

1. 老师扮演大象，小朋友蹲下行走，不要被大象的长鼻子碰到。

2. 小朋友站立奔跑躲避大象的鼻子。

（四）结束环节

师："小老鼠们今天和大象玩得开不开心哪？谁还记得我们今天一共玩了多少个游戏呢？都玩了什么游戏呀？"

对本节课进行总结，肯定幼儿的积极表现，加强课堂的规则意识。

认真听教师总结，并作出回应。

【活动反思】

1. 小班的运动游戏课程《调皮的老鼠和大象》，主要发展幼儿的平衡能力，用简单的情境让幼儿得到运动游戏的体验。在授课过程中，有以下几点需要注意：一是在做重心移动的时候，幼儿的距离要大一些；二是在做前、后、左、右身体倾斜的时候，我习惯用参照物的方法，比如右边是操场、这边是木架，用这种方式提高幼儿对教师指令的反馈。

2. 在走钢丝的环节，幼儿需要呈现一前一后的站位，以提高幼儿的平衡感，在练习上有一定的难度和挑战性。

3. 小班完成这种运动课程，遵循听一个指令做完一个动作的原则，比如完成大风吹、小风吹的指令，要做完一个指令对应的动作再听下一个指令，做下一个动作，新的指令要做出新的动作，大风吹，小朋友要蹲下；小风吹，小朋友要站着不动。小朋友完成小风吹的指令，然后就知道要做大风吹的指令动作，老师接着就能做出新的指令。大风吹蹲下、起立的动作对平衡感要求较高，尤其是蹲下这个动作对小班孩子来说有一定的难度，这也是给予幼儿自我探索平衡感一个空间，且双脚要站在绳子上才能完成前后脚的动作，这就对幼儿的平衡能力提出了更高要求。

4. 在捉迷藏这一环节，有一个是蹲下来行走，蹲下来行走不宜时间过长，因为如果时间太长的话，会加重幼儿肌肉的疲劳感，因为这个动作本来就带上大肌肉运动，疲劳感会比较快、比较强。

（东莞市凤岗镇中心幼儿园　徐飞霞）

小班社会活动案例：《假如没有水》

【设计意图】

1. 水是全球生物包括人类赖以生存的生命线。我国是一个淡水资源缺乏且时空分布不均的国家，也是世界人均水资源较贫乏的国家之一，而且，中国又是世界上用水量最多的国家。在孩子的生活和游戏中，水能给他们带来很多的乐趣。

2. 目标设定。①认知目标：让幼儿认识水的有关性质及用途。②技能目标：掌握一些节约用水的方法。③情感目标：激发幼儿节约用水、保护环境的责任心。

3. 重难点的解决：首先，通过多媒体创设游戏情境，以植物需要水、动物需要水的口吻提出活动任务，利用拖曳功能把图片放到指定位置，充分体现师生互动，幼儿与课件的互动。其次，在活动中幼儿通过观察、体验，主动参与活动，体验活动的快乐及成功的喜悦。最后，让幼儿认识水的有关性质及用途。白板的播放功能让幼儿更直观地观察到人更离不开水，发展幼儿的观察和语言表达能力。

4. 媒体运用特色：本次活动教师以幼儿喜爱的情境"设计广告画"为背景，以动物需要水、植物需要水、人更离不开水的事实作为载体，引起幼儿参与活动的兴趣，利用白板播放功能设计生动有趣的画面，使活动更加游戏化。

【活动目标】

1. 认知目标：知道水与人类的密切关系，了解水的特殊用处。

2. 技能目标：能积极设想保护水资源的方法，懂得节约用水。

3. 情感目标：乐意参与保护水资源的行动。

【活动准备】

1. 物质准备。多媒体宣传片：地球的"渴望"节水宣传画白描图若干，样例一份，彩笔、油画棒若干。

2. 媒体设备。①硬件：交互性电子白板、电脑、投影仪。②软件：白板课件。

3. 经验准备：幼儿有参与社会活动的经验。

【活动重难点】

懂得节约用水的道理，了解水与人类的关系。

【活动过程】

（一）谈话导入，引起幼儿兴趣

师："小朋友们，谁能说说水有哪些用途呢？如果世界上没有了水，会怎么样呢？"

观看多媒体宣传片，请幼儿说说都看见了什么。

师："水有这么多的用途，而且对人类非常重要，不过现在我们国家有很多地方都严重缺水，那里的人们连喝水都很困难了！我们一起来看看吧！"（田里都干了不能种粮食了、河里没有水、池塘也干裂了等）

师："水可以给我们的生活带来什么？"

幼儿："能喝，能用来吹泡泡、玩游戏，能用来浇花，能用来洗脸、洗脚……"

点击课件的播放功能，出现门铃声吸引幼儿的注意力，激发幼儿参与活动伸手按门铃的兴趣。（附录水的用途：请客，图1略）

（二）创设情境，点出主题

激发幼儿的同情心，鼓励幼儿节约用水，从我做起。

师："小朋友们觉得在那里生活的人们可怜吗？你们想不想帮助他们呢？我们应该怎么做呢？"

观察图片，在白板上拖动图片，完成活动任务。（出示节约用水图片）

·点击播放功能出示水的用途。（附录请客，图2略）以河里、池塘小动物会怎样为例。（附录图3、图4略）

（三）幼儿讨论，分享方法

请幼儿把与家长讨论的生活中节约用水的好办法拿出来与小伙伴一起分享。

师："你们知道水的本领有哪些吗？"（观察图片）

用洗衣服的水拖地，洗青菜和洗手的水冲厕所或浇花。

随时关紧水龙头，不让它滴水。

用洗衣服的水来洗车、洗鞋子。

洗手的时候水不能开得太大，洗完要关好水龙头。

下雨的时候用盆和桶接雨水，存着用。利用白板的链接功能，点击放大水的用途的图片。（附录图5、图6略）

（四）分组合作，结束活动

幼儿自由分组、互相合作进行涂色活动，共同制作节约用水的宣传广告。

幼儿随教师走出教室。用白板的播放功能出示小溪水图片，引导幼儿和小溪水说再见，自然地结束活动。（附录图8略）

【活动反思】

1. 本活动目标完成得较好。在活动过程中幼儿能情绪愉悦地参与其中，积极地回答问题并与白板进行互动。在本活动的第二个阶段，幼儿知道了水与人类的密切关系，了解水的特殊用处。

2. 本活动设计符合幼儿发展需求，小班幼儿能从小做到节约用水，知道一些保护水资源的方法。让幼儿在玩中学、在玩中做，在活动过程中幼儿情绪高涨，积极主动地配合参与活动。幼儿在游戏情境中与同伴交流，与课件互动，亲身体验知识的生成过程、体验成功的乐趣。

（东莞市凤岗镇中心幼儿园　曹文芳）

第五章

信息技术应用下的家园互动

第一节　信息技术应用下的家园互动形式

随着信息技术的不断发展，多媒体信息技术被广泛应用于幼儿园教育领域。无论是教学活动还是游戏活动、生活活动，信息技术都给幼儿带来了全新的体验。信息技术不仅为幼儿园教育带来了契机，也为探索新的家园联系和共育途径奠定了基础。从现状来看，大多数幼儿家长因为工作忙，陪伴幼儿的时间较少，对幼儿的关注度不够，与教师之间的交流也不多。新型的幼儿园信息技术应用管理模式可以很好地解决这一问题，网络已成为家庭标配，因此也为幼儿园实施信息技术化管理提供了条件。下面利用普通社交类软件介绍幼儿园信息化家园互动的新模式。

一、微信

现代信息技术的发展衍生了很多新媒介，使人们的交流突破了时间和空间的限制，微信作为其中的佼佼者，因其用户多、操作便捷，已成为幼儿园开展家园互动的重要技术手段。

（一）微信的主要功能及作用

表5-1-1

功能	作用
建立班级微信群	班级微信群的建立提高了幼儿教师对班级事务通知的有效性、及时性，通过微信群发布通知，可以让每一位加入班级微信群的家长在最短时间内了解班级动态，强化了交流的时效性
对不同类型家长"因材施教"	微信可以协助教师了解家长的性格特征。大多数的幼儿家长都希望能和教师多沟通，因此，教师可以在微信聊天的过程中逐步深入了解家长的性格，也可以通过微信朋友圈了解家长的日常生活和喜好，据此"因材施教"地制定教育策略，改进工作方法

续　表

功能	作用
了解幼儿的家庭教育	教师在幼儿园中能观察到幼儿的学习和生活情况，但是不太清楚幼儿在家里的情况。教师通常会从和家长的沟通交流或幼儿的话语信息中获得一点了解。借助微信，教师能获取更多关于幼儿家庭教育的信息
引导完成家庭亲子活动	现在的幼儿园课程多以主题活动为主，在开展主题活动时会产生许多延伸活动，需要幼儿在家中和家长共同完成。例如，小班主题教育活动"自己能做的事自己做"中，有一节活动是"叠自己的衣服"，教师会引导幼儿如何整理衣服。作为延伸活动，要求幼儿在家中帮助家长做一些简单的家务。教师可以通过家长发送的微信图片或视频，了解幼儿在家中的活动情况

　　幼儿园微信公众号的建立，能帮助家长进一步了解家庭教育的重要性，丰富家长对家庭教育的认识，同时微信公众号也是发布幼儿园各项活动信息的平台，借助这个平台，家长能更加深入地了解幼儿园活动的开展情况。

　　实例分享：

幼儿园家园信息互动

——实用的免费小程序微信公众号

　　微信公众平台是幼儿园通过公众号为广大家长以及同行教师提供资讯和服务的平台，通过阅读推送的消息，家长及同行教师能了解到幼儿园的实时资讯。

图5-1-1

　　微信公众号是大家众所周知的一个宣传平台，我们通过后台整理资源，上传至公众号里，点击链接即可分享信息。

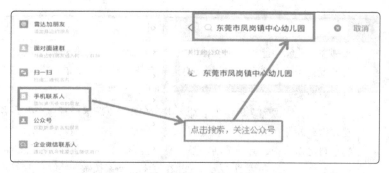

图5-1-2

图5-1-3

（二）实际使用中的问题

微信为促进幼儿园家园合作提供了许多便利，但是，由于教师在上班时间需要全身心地看护幼儿、备课、参加会议和培训等，下班后还要应对家庭琐事，因此会出现教师对家长的微信信息回复不及时的情况，容易引起家长的误解。如果家长向教师反映的情况比较复杂，则需要用电话或面谈替代微信，从而提高工作效率。有些家长喜欢在微信群中分享幼儿的日常照片，这些照片会覆盖教师在微信群中发送的重要通知。在微信群的活动中，有些家长不愿意发表自己的看法和观点，并有较多的疑虑，这就会出现教师完全成为主导者，而家长被动接受的局面。

二、QQ

QQ是一款由中国互联网巨头腾讯公司推出的即时通信软件，也是目前国内用户量较大的即时通信软件之一。其主要特点是功能强大、便捷、实用性高，拥有超过7亿注册用户。目前，QQ已经成为人们日常生活中不可或缺的工具之一。其主要用途包括：①单人和群组聊天：用户可以通过QQ与其他用户进行一对一或群组聊天，通过文字、语音、图片、视频等方式进行沟通。②游戏娱乐：QQ拥有丰富的游戏资源，包括众多网络游戏和小游戏，用户可以在线玩游戏，也可以多人联机互动。③空间分享：用户可以在QQ空间上发布动态、照片、日志等内容，并与其他用户分享，展示自我风采。④商务使用：企业QQ为企业内部沟通、协作提供了一种高效的通信工具，有助于提高企业工作效率。除此之外，QQ还提供了一系列实用的工具和服务，如QQ邮箱、QQ音乐等。总的来说，QQ作为一款功能齐全、便捷实用的通信软件，深受人们的喜爱，也为人们的生活和工作带来了极大的便利。

QQ支持PC端和移动端在线聊天、视频聊天以及语音聊天，还提供点对点断点续传文件、传送离线文件、共享文件、网络硬盘、远程控制等多种功能，并可与多种通信方式相连。QQ不仅仅是即时通信软件，它还与全国多家寻呼台以及移动通信公司合作，实现与传统的无线寻呼网、GSM移动电话的短消息互联，是国内目前相当流行的且功能较强的一款即时通信软件。

三、接龙管家

接龙管家是一种利用现代信息技术实现家庭与学校快捷、实时沟通的教育网络平台，也是一套可以有效解决教师和家长之间沟通障碍的、帮助幼儿健康成长的、集先进的计算机技术和无线通信技术于一体的信息交流系统。教师日常在班级中使用的频率是比较多的，它具备收集数据、快速通知、打卡、作业提交和点评等功能。老师运用后，避免了班级群家长交流刷屏的缺点，支持一键套用模板，操作简单，能一键自动生成表格，节省了统计整理的时间。

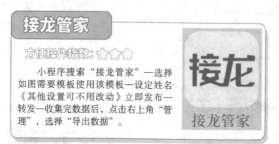

图5-1-4

其优点如下：①免下载，不占内存，操作简单，可以直接使用模板。②模板丰富，涵盖家校沟通的方方面面。③快速发通知，教师们可以快速发通知，班级群不刷屏，模板一键套用：家长会通知、家访通知、放假通知、缴费通知、家委会通知等一键搞定。④任务提交与点评，有幼儿任务提交后就会收到提醒，提交了任务的幼儿会显示绿色，未提交的会显示灰色，一目了然，还可以设置一键提醒任务。⑤所有的信息都可以自动生成表格，支持一键下载，节省统计整理时间。

实例分享：

幼儿园班级使用接龙管家的实践案例

东莞市凤岗镇中心幼儿园班级使用接龙管家已有一段时间，应用效果良好。接龙管家是一款基于微信的智能班级管理系统，主要用于幼儿园和小学的日常管理及家园共育。凤岗镇中心幼儿园班级使用接龙管家的情况如下。

1. 班级通知，用于发布班级的各种通知、活动等信息，让家长及时了解孩子的班级情况。班级老师可以通过接龙管家发布通知，上传图片、视频，对家长进行实时推送，方便家长及时查看。

2. 日常管理，接龙管家支持在线签到、作业布置、学生档案管理等功能，辅助班级管理。班级老师可以通过接龙管家进行管理，提高班级运营效率。

3. 成长档案，接龙管家支持家长上传孩子的成长记录，记录孩子成长的每一个瞬间。家长们可以通过接龙管家查看孩子的成长记录，共同关注孩子的成长。凤岗镇中心幼儿园班级使用接龙管家的情况良好，班级管理更加高效且方便，也为家长与老师之间的沟通提供了一个很好的平台。

接龙管家的操作与使用也很简单，步骤如下：

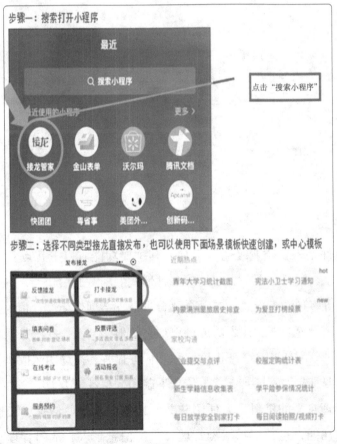

图5-1-5

图5-1-6

四、钉钉

钉钉软件是一款企业级通信工具，其主要功能有以下几点：一是即时通信：提供文字、语音、图片、表情等多种形式的即时通信功能，支持群聊、单聊、讨论组等多种聊天形式；二是会议管理：支持创建会议、预约会议、会议邀请和会议记录等功能，让团队成员更加高效地协同工作；三是任务管理：支持创建任务、分配任务、任务进度跟踪和任务提醒，帮助团队成员快速清晰地完成任务；四是文件管理：支持上传、下载和分享各种类型的文件，让团队成员更好地管理自己的资料，方便团队共同协作；五是通信录：提供丰富的企业级通信录功能，包括组织架构管理、员工信息录入、部门管理、组织管理等，让企业内部通信更加顺畅；六是应用集成：支持第三方应用集成，如OA、

CRM、ERP等，帮助企业更加方便地集中管理各种业务数据；七是视频通话：支持高清视频通话，使远程协作更加顺畅；八是考勤管理：提供考勤打卡和请假申请等功能，让企业更好地管理员工考勤；九是企业知识库：提供企业知识库功能，方便员工查阅和分享企业内部各类知识和文档。总的来说，钉钉软件具有丰富的功能，能帮助企业内部更加高效地协同工作，提高工作效率。

钉钉软件可以应用于幼儿园教育的许多方面，例如，家园互通：幼儿园可以通过钉钉建立家长群，方便与家长进行信息沟通，如发布教育活动、分享孩子在班级中的表现、展示教育成果等。教师管理：钉钉可以记录每位教师的工作日志，方便管理者了解教师的工作效率和工作量，并可以随时给予必要的指导和帮助。教育资源共享：由于钉钉支持文档和文件的上传和共享，所以幼儿园教育可以将一些优秀的教育资源上传到钉钉群中，供教师和家长使用。学生成长档案：钉钉有个人档案管理功能，幼儿园可以用它来记录每个孩子的学习成长记录，包括身高、体重、学习成绩、兴趣爱好等，以帮助孩子更好地成长。远程课堂：当面授教育不可行时，幼儿园可以借助钉钉的远程课堂功能，让孩子在家也能参与线上教育，从而保证教育的连续性。

实例分享：

如何使用钉钉进行家长会直播

步骤如下：

1. 登录钉钉企业版或教育版账号。

2. 在"工作台"中选择"直播"或"直播助手"，然后选择"创建直播"。

3. 在"创建直播"页面填写直播标题、直播简介、封面等信息，选择直播类型、"教育"或"家长"，并设置直播观看权限。

4. 如果需要设置密码或二维码方式，直播页面访问方式与安全，进行设置。

5. 点击"创建直播"，后台会自动分配直播间ID。

6. 在直播间可以进行测试或预览，确认无误后可以分享直播链接或二维码给家长，以便他们观看。

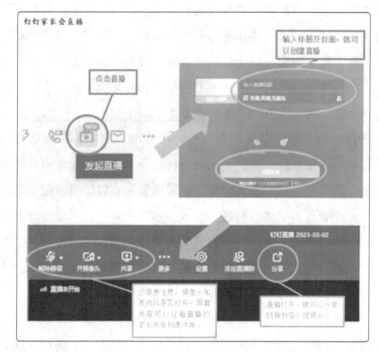

图5-1-7

需要注意的是，直播时最好保持网络流畅，使用桌面端或专业摄像头，以提供更好的观看体验。

如何使用钉钉进行班级相册管理，如图5-1-8所示。

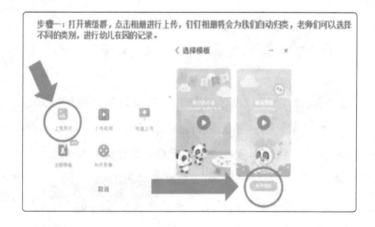

图5-1-8

　　通信类软件加强了教师和家长的联系，提高了园所服务质量。通过通信类软件，园所可以及时和家长联系，宣传幼儿园的政策规定，告知家长园所的入园、离园时间以及放假安排，建立幼儿园和家长的有效沟通，促进幼儿园教育和家庭教育的结合，构建和谐的教育环境。

第二节　信息技术应用下的家园互动平台应用

科技发展日新月异，随着网络在生活中的覆盖范围越来越广，人们的生活也变得更加便捷。网络与家园互动的有效融合，大大提高了家园互动的全面性和及时性。信息技术的发展使幼儿园家园互动平台应用也越来越普及。幼儿园家园互动平台是一种通过网络、移动设备等多种信息技术手段实现家长和幼儿园之间互动的工具平台。其可以帮助家长及时了解幼儿的学习情况、生活状况、校园活动等信息，也可以方便家长与幼儿园沟通交流，实现家园互通共建，提高家长参与幼儿教育的积极性。

幼儿园家园互动平台应用的功能如表5-2-1所示。

表5-2-1

学习管理	平台可以方便幼儿园老师上传幼儿的学习成果和教案，方便家长随时查看幼儿的学习状况，帮助家长及时关注幼儿的学习成果和进展
校园公告	平台可以发布实时的幼儿园公告，如学校活动、家长会、开学通知等，并可以随时更新，让家长及时了解校园内的各种活动和信息
课程表	平台可以定期更新幼儿的课程表，让家长了解幼儿每周的学习计划和内容，方便家长及时关注幼儿的学习状况
班级相册	平台可以上传幼儿在校园内的照片和视频，方便家长随时浏览幼儿的学习和生活情况，让家长更加放心和满意
家长留言	平台可以为家长提供留言板功能，方便家长与幼儿园进行沟通和交流，让家长了解幼儿园日常管理情况和孩子上学的情况

总之，幼儿园家园互动平台应用是一种基于信息技术的教育管理方式，可以让幼儿园和家长建立更加紧密的联系，构建更加和谐、有效的家园互动关系。为了满足家长深入了解幼儿在园情况和幼儿园的相关信息，以及与教师及

时交流、沟通的需求，幼儿园可以创建自己的园所官网，科学合理地编排网站的内容，充分发挥网站对家庭教育的指导作用。本节我们介绍一些常用的家园互动平台。

一、UMU互动平台

UMU是一款全场景一站式的教学工具，通过技术式赋能教学，包容性更强，有数十种教学和互动模块，是一款能做到从直播、微课、教学互动到考试、作业等全能型的软件，在平时的家长讲座中，通过"教、学、练、用"各个环节，帮助学员或家长跨越从"知道"到"做到"的鸿沟，打破常规的学习讲座模式，让学习变得有趣、形象、生动。

图5-2-1

UMU互动平台的功能和使用步骤如下：

步骤一：点击"创建课程"，如果想创建其他类型的项目，则可以选择以下几种类别。

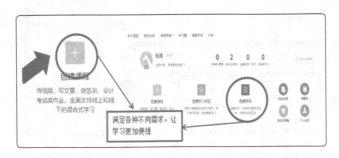

图5-2-2

步骤二：选择需要的课程模板点击"使用"，如果初次接触，可以参考模板的内容，调整学习内容。

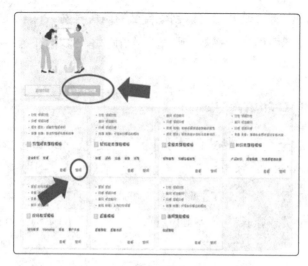

图5-2-3

步骤三：创建好模板后，再根据自己的需求进行调整和设置参数。

图5-2-4

二、百度网盘

百度网盘是百度推出的一项云存储服务，用户可以轻松地将自己的文件上传到网盘上，并可跨终端随时随地查看和分享。它的特色功能就是超大的空

间，可供用户存储海量数据。里面的功能有诸多用处，文件的上传和储存以及
一刻相册在平时教学和工作中，老师们是比较常用的。

图5-2-5

百度网盘功能介绍如下：

功能一：文件使用的常规。

图5-2-6

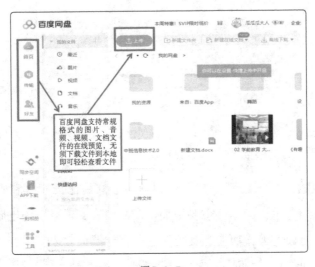

图5-2-7

功能二：一刻相册。

图5-2-8

三、剪映

剪映的风格倾向于极简，在操作和画面上都是比较简单和爽朗的。剪映在生活中可以通过手机操作，想要更加丰富的内容剪辑可以用电脑版本进行加工，不仅带有全面的剪辑功能，支持变速，多样滤镜效果，以及丰富的曲库资源，还支持提词器、脚本创作、图文成片等。

图5-2-9

剪映功能介绍如下：

功能一：剪辑功能。

1. 导入视频。

2. 点击"新建项目"就可以选择素材进行视频创作。

3. 进入编辑界面后，在屏幕正下方会发现剪映的十大功能：剪辑、音频、文本、贴纸、滤镜、特效、比例、背景、调节、美颜。

4. 在剪辑中，我们可以对视频进行基础操作，包括分割、变速、旋转、倒放等。

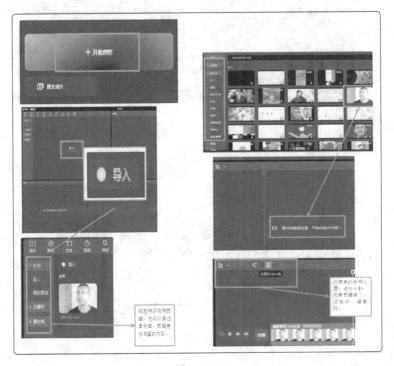

图5-2-10

功能二：音频功能。

在抖音的视频中，背景音乐是非常重要的一项元素。我们可以选择剪映中内置的音乐，也可以导入自己喜欢的音乐。

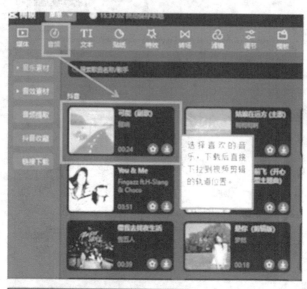

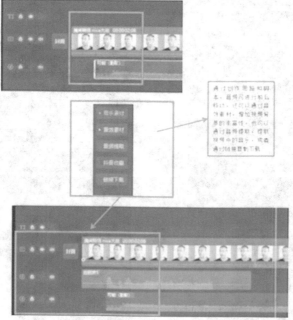

图5-2-11

功能三：文本功能。

剪映设置了丰富的文本样式和动画，操作简单，输入文字后动动手指即可轻松达到自己想要的效果。

手动输入，点击"新建文本"就可以添加字幕。

自动识别，点击"自动识别"可以自动识别视频中的声音。

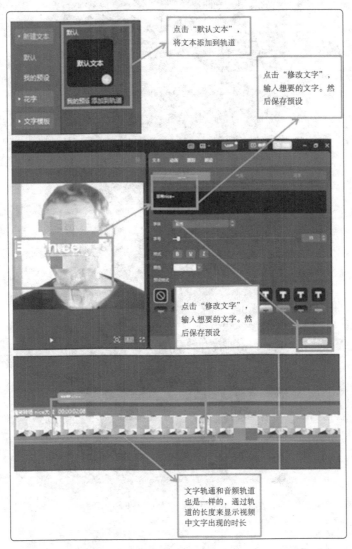

图5-2-12

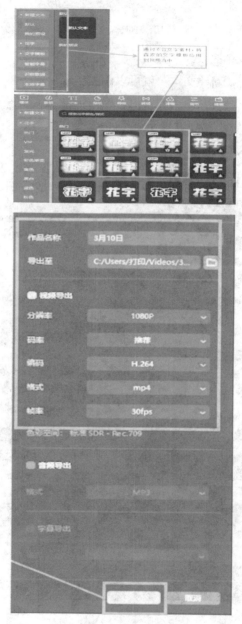

图5-2-13

四、思维导图

思维导图利用发散特征，可以将分散且相关的内容连接起来，协助澄清事物之间的关系。教师们通过思维导图运用图文并茂的技巧，把各级主题的关系用相互隶属与相关的层级图表现出来，引导孩子们尝试把主题关键词与图像、颜色等建立发散性的记忆链接，给幼儿带来清晰的思维方式。不管是生活还是工作中，通常都会有长期或短期的计划目标。老师和孩子们借助思维导图，可以根据实际情况精细化地统筹计划，让我们对生活中的计划了如指掌。

图5-2-14

思维导图功能介绍如下：

1. 下载打开界面，根据需求点击"新建项目"。

2. 也可以在侧面新建项目。

3. 进入新建项目界面，添加主题、子主题。

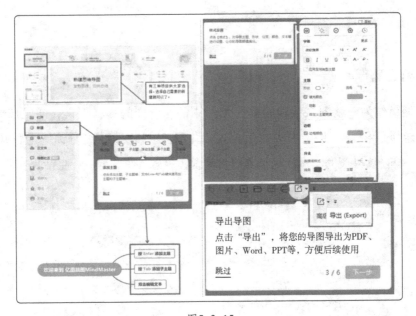

图5-2-15

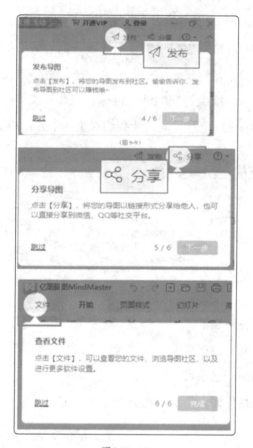

图5-2-16

五、美篇

美篇作为一款图文编辑的软件是好用的,里面的编辑工具,能发100张图片,老师们可以在图片中添加文字描述、背景音乐和视频,几分钟就能写出像公众号一样图文并茂的文章。晒晒美照、美食、旅游、萌娃等,让生活更精彩!

图5-2-17

美篇功能使用介绍如下：

1. 登录使用美篇。

2. 新建文章，选择你想要导入的图片，选好后点"完成"。

3. 选择图片的顺序就是导入后的顺序。

4. 选择自己喜欢的模板和音乐。

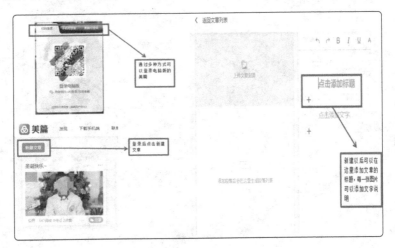

图5-2-18

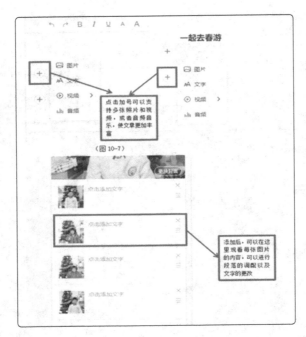

图5-2-19

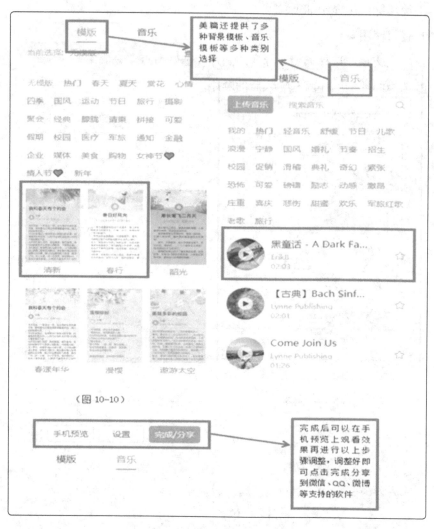

（图 10-10）

图5-2-20

第六章

幼儿园信息技术应用下的教师研修

第一节　幼儿园信息技术应用下的教师研修意义与价值

一、教师研修的定义

教师研修是指为帮助教师提高专业能力和教学质量而开展的培训活动。它旨在帮助教师更新知识和技能，提高教学能力和效率，并增强教师的职业发展前景。教师研修的方式和方法有很多种。其中一些常见的方式包括：①学术会议：教师可以参加各种学术会议，从而获得最新的研究成果和教学方法。②在线培训：教师可以通过在线平台进行培训，从而便捷地获得专业知识和技能。③实地考察：教师可以参加实地考察活动，从而亲身体验不同的教学环境和方法。④专家讲座：教师可以参加由行业专家主讲的讲座，从而获得专业知识和技能。⑤个人研修：教师也可以通过自主学习、观摩和实践等方式进行个人研修。总的来说，教师研修是帮助教师提高专业能力和教学质量的重要途径，通过不同的方式和方法，教师可以获得最新的专业知识和技能，并不断提高自己的教学能力。

二、教师研修的意义与价值

（一）教研活动有利于提高教育质量

教研活动针对性强，主要解决教育实践中存在的问题和难题。通过研究可以提升工作效果，促进教育与教学活动质量的提高。如某教师发现本班幼儿交往能力较差，很多幼儿都不知道如何与其他小朋友相处。针对这一情况，教师做了深入调查，找出了原因，并提出了解决措施，即为幼儿提供更多的交往机会，教给他们一定的交往技能。经过一段时间，幼儿的交往能力有了明显的提高。教师将保教实践与研究结合起来，既解决了现实存在的问题，也推动了教育质量的提高。

（二）教研活动有利于促进教师业务水平的提高

师资的业务水平直接影响着幼儿园的教育质量。教研活动是提高教师业务水平的重要途径。教研活动大体可分为五个阶段：发现问题、提出解决方案、方案实施、得出结论、将结论运用到实践活动中。发现问题需要教师平时注意观察，了解各方面的情况，这是业务水平提高的前提，因为没有观察，就没有了解；没有了解，就谈不上提高，发现问题是解决问题的一半。结合实践中存在的问题提出解决方案，这是理论在教育实践中的综合运用，是理论联系实践的过程。通过分析研究提出解决措施，教师在这个过程中加深了对理论的理解，提高了运用理论的能力。方案在实施中还会遇到各种问题，需要灵活处理和解决，这既积累了教师的工作经验，也提高了他们的业务能力。教研活动融入教育教学工作中，增强了目的性、指向性，教师的理论水平也得到了提高。研究促进了思考，在思考中教师自身的教育观念与态度都会发生变化，他们会用更加正确的眼光看待幼儿教育和幼儿，用更加科学的方法从事教育和教学活动。幼儿教师是一支庞大的研究队伍，他们身在基层，亲自实践，研究的问题具有很强的现实意义。他们的参与壮大了研究队伍，使教育研究更具有广泛性和群众性，有利于改变理论脱离实践的状况，也增强了他们的研究意识和研究能力，提高了幼儿园的教学层次，极大地提高了教师的业务能力和理论水平。

（三）教研活动可以激发教师的敬业精神

兴趣是最好的老师。虽然研究工作很苦，但也很有趣味。研究总是围绕一定的问题展开，问题常常会引起人们的关注，激发人们的兴趣，人们会不断地寻求解决问题的办法。当问题解决后，会给人们带来极大的乐趣，这种乐趣会变成新的动力，促使人们进一步地去研究。另外，由于教研活动目的性很强，为了实现目标，教师会更加积极地投入，甚至会达到忘我的地步。有了目标，人就有了明确的奋斗方向，这将成为极大的动力，人们会精神百倍地实现预定的目标。

三、幼儿园信息技术应用下的教师研修

教研活动是提高幼儿教师教学能力和教研水平的重要途径。在过去，由于时间和地域的关系，幼儿园教研活动仅仅局限在校内或者本区域内，无法在更广阔的范围内与同行共同探讨幼儿园管理，幼儿保育、教育，幼儿教师研修等问题。随着"宽带网络校校通"、网络平台、录播系统等新技术的普及与应用，幼儿园教研活动出现了一条新途径——网络教研，这使幼儿园教研活动从过去的平面教研转变成立体教研。利用"宽带网络校校通"和网络平台，各地探索出了常规教研网络化、网络教研常态化的教研新格局。

（一）教师＋信息技术应用，促进了教师的自主成长

通过分层推进、典型引路、评比表彰等方式，推进教师个人网络空间建设，使教师网络空间从展示平台转为特色建设平台，也使教师成为信息软件运用的能手。教师通过利用个人网络空间，可以将主题网络教学、微视频与教学过程深度融合，带给幼儿不一样的学习体验。

（二）教研员＋信息技术应用，丰富了教师研修的途径和方法

教师对个人网络空间的应用，提升了教学活动的效率，而作为教师的导师，教研员也在积极探索着。幼儿园教育教研员网络名师工作室异彩纷呈，充分发挥了辐射引领的作用。教研员可以利用信息技术开设线上或线下研修课程，通过网络直播、视频录制、在线讨论等方式向教师传授知识和技能。教研员还可以利用网络资源和多媒体技术设计互动性强的教学环节，如线上论坛、课程评价、在线问答等，帮助教师更好地理解和应用所学知识。此外，教研员可以利用数字化教学管理系统对教师进行实时跟踪和评估，帮助他们及时纠正和完善教育教学工作。通过这些方法，教研员可以让教师更加便捷地获取教育教学领域的前沿动态和最新成果，从而提升自身的教育教学素养和教学水平。

实例分享：

手机直播课堂，创新教师研修模式

在"互联网＋"的时代，大数据平台、手机直播、App等形式，为教师使用手机、平板电脑等移动终端进行便捷有效的学习提供了有力支持。

东莞市凤岗镇中心幼儿园在实施广东省曹浪华名师名园长工作室的"送课下乡教师支持计划"中，为了提升各镇街幼儿教师的教育教学技能，让每位教师和孩子真正受益，将手机技术应用于"省培计划"项目中，通过搭建信息平台，实现各镇街课堂同步直播。

利用智能手机将教学同步直播到网上，这样，工作室成员、幼儿教师等，都可以通过手机微信观看课堂直播。手机直播课堂通过微信传播，支持实时直播、点播回看、留言点评，既方便了不同地区工作室成员和幼儿教师的互动与交流，又方便了幼儿园与家长的互动和交流。只要有手机、能上网，就可以运用这项技术，轻松实现异地资源的开放共享，非常简单且便利，可谓"技术先进，应用草根"。

（三）幼儿园+信息技术应用，提升了幼儿园教育管理质量

在推动学校网络空间群体管理和资源共享等方面，幼儿园通过小集群，实现了园所的特色发展。有的幼儿园借助教育云平台，加强园本资源库建设，提升了教育云空间的使用率，使优质资源得到了充分利用。

表6-1-1是一些途径和方法。

表6-1-1

信息化管理系统	幼儿园可以通过建立信息化管理系统来管理幼儿的学习情况、出勤情况、个性化评价、家长反馈等信息，以便更好地了解幼儿的实际情况，并及时进行教育管理，提高教育质量
多媒体教学	幼儿园可以利用多媒体教学技术，将各类知识以图像、声音、动画等形式呈现给幼儿，以提高幼儿的学习兴趣和识字、识数、认知等能力，使课堂更加生动有趣
互动教学	通过利用信息技术和互联网等资源，让幼儿与丰富的教育资源互动，提高幼儿的自主学习和解决问题的能力
视频监控	幼儿园可以通过视频监控系统来监控幼儿园的各种活动情况，确保幼儿的安全，提高管理质量
移动互联网应用	利用移动互联网，幼儿园可以向家长发送通知、课程表等信息，并与家长互动沟通，提高家园互动质量，让家长了解幼儿园的最新情况，更好地支持幼儿的成长

如今，全国许多幼儿园都能准确地把握云环境下的技术特点，积极探索与

移动终端绑定的新技术环境的创建。新技术的推进，让区域很好地整合了幼儿园的优质资源，提高了教学研究和工作管理效率，也让家长通过这种技术手段走进幼儿园、了解幼儿园，帮助幼儿园提升质量。

学习分享：

推动幼儿园教学资源共享的重要意义

基于生命核心素质教育的实施，如何在网络环境下实现幼儿园教学资源共享是构建现代幼儿教育体系所面临的主要问题。推动幼儿园教学资源共享不仅需要硬件配套设施，还需要专业的教师团队。笔者结合多年的教学实践，详细阐述了在网络环境下推动幼儿园教学资源共享的具体策略。

2018年国务院发布的《中共中央 国务院关于学前教育深化改革规范发展的若干意见》明确提出要完善学前教育教研体系，推动教学资源共享。随着多媒体设备在幼儿园日常教学中的应用，不仅可以丰富教学内容，还可以实现教学资源与幼儿日常生活的联系。然而由于我国区域学前教育资源分配不均，因此，如何利用网络技术实现教学资源共享成为构建现代智慧型学前教育体系面临的重要问题。

虽然在素质教育体系下，幼儿园逐渐摆脱了"小学化"模式，但是如何让幼儿在游戏中获得知识、掌握必要的技能成为幼儿教育所必须要思考的问题。随着多媒体设备在幼儿教育体系中的应用，推动幼儿园教学资源共享具有重要的现实意义。首先，教学资源共享有助于缓解学前教育资源分配不均的问题，打造公平、公正的学前教育体系。而利用网络技术构建教学资源共享体系则可以有效缓解学前教育资源分配不均的问题，实现优质教学资源的价值发挥。其次，推动教学资源共享有助于构建差异化的教学体系，吸引幼儿的参与积极性。传统的幼儿教学往往是幼儿教师按照自己的思维或者专业层次实施教学，其教学具有很大的随意性。而教学资源共享则可以通过引入优质的教学资源，有效地规范幼儿教学活动，丰富教学内容，能有效提升幼儿参与的积极性。

（四）学区+信息技术应用，创建教育集群和虚拟教育圈

在组建实体学区联盟的基础上，市区教育局可以结合虚拟社区和学习社区

的特点，突出服务功能，开展网络学区建设。整合网络学习社区结构，构建便捷的网络研修平台。目前，在教育云环境下，许多地区出现了幼儿教师远程学习圈、教师交流朋友圈、教学资源共享圈、教研活动工作圈、园长互动论坛圈和园际联动管理圈等。

第二节　幼儿园信息技术应用下的教师
研修内容与形式

一、教师研修内容

教师研修是以学校教师为基本单位，旨在优化本校师资队伍结构、提高教师业务水平、促进学校整体发展的研修活动形式，必须立足本校实际，突出自身办学特色。要将校本教师研修与本校教育教学实践和师资队伍建设实际相结合，努力探索适合本校特点的研修内容、研修方式、运行机制和管理办法。

校本研修的内容，应当根据学校自身发展目标和教师专业发展需求，结合学校（或区域）特点，科学构建、合理设计。教师研修的内容和任务通常包括以下九个方面。

1. 提高学科知识与教学能力：教师研修的重点之一是提高教师在各个学科方面的知识和教学能力，提高教师在教学过程中对学生的指导能力。

2. 科技与信息技术：随着信息时代的到来，教育教学系统的科技应用已经成为研修的核心内容之一，帮助教师了解和掌握新技术手段，使其在授课中可以应用到先进的教学技术。

3. 思想政治素质培养：教师研修的另一个重要目标是通过课程安排和讨论，提升教师的思想政治素质。

4. 校本课程和课程改革研究：教师参与校本课程研究和课程改革的讨论，可以促进教师之间的交流和协作，共同探索新的教学方式。

5. 专业前沿知识获取：通过参加研讨会、国际学术交流活动、阅读教育期刊等方式，教师可以获取最新的教育理论和实践经验，掌握最前沿的教学知识。

6. 学科知识与教学技能：学科教学研究的最新动态与成果、课程标准和教材研究、三维教学目标的设计与实现、课程实施与课程评价、校本课程的研究与开发、课堂教学的基本组织形式与组织策略、课堂教学设计与案例研究、研究性学习及综合实践活动的理论与实践等。

7. 教师成长与专业发展：教育法规与政策、教师职业道德、教师职业理想与专业发展规划、教师心理调适与情绪调控、现代教育理论、教育教学评价、现代教育技术与应用、教育科研方法、教学艺术与教学风格等。

8. 教学管理与学校发展：学校办学思想与办学特色、学校文化建设与教风学风建设、学校发展与教师队伍建设规划、校本研修规划与方案等。

9. 班级管理与学生成长：学生成长与身心发展、班主任工作与班集体建设、班级活动的组织与班务管理、良好师生关系的形成、学生思想工作及心理辅导、团队活动组织与管理等。

二、教师研修形式

幼儿教师研修形式通常包括教学研讨、课程培训和实践教学。在教学研讨中，教师们会分享自己的教学经验和教育教学观念，以达到相互学习和进步的目的。而课程培训则会针对幼儿教育的相关法规和政策、教学技巧和教材选用等内容进行系统化的学习和探究。实践教学则是通过模拟教学、观摩教学等形式，让教师们能更加深入地理解教育教学的本质，并掌握更加有效的教学方法。通过这些不同形式的研修，幼儿教师们能提高自己的教学水平，为幼儿的学习和成长提供更好的支持和帮助。幼儿教师的研修形式多种多样，包括专业机构培训，网络研修，学术会议，学习小组等。幼儿教师的研修形式是多元化的，教师可以根据自己的需求、时间和地点选择适合自己的研修形式，不断提升自己的教学水平，提高教育质量。

园本研修要根据研修目标任务和具体内容，结合区域和学校实际情况，科学设计、灵活运用。基本类型和方式有，基于课堂教学的研修方式：集体备课、示范观摩、听课评课、同课异教、微格教学（案例分析等）。基于专家指导的研修方式：专题讲座、案例点评、咨询诊断、交流研讨、名师工作室等。基于同伴互助的研修方式：以老带新、结对互助、教研活动、专题沙龙、兴趣小组等。基于校际合作的研修方式：对口支教、影子培训、项目合作、基地活动、校际结对、区域联盟等。基于专业发展的研修方式：实践反思、技能训练、教学竞赛、专题（课题）研究、论文撰写等。基于网络平台的研修方式：校园网站、专题论坛、主题空间、博客写作、QQ群交流等。

幼儿教师研修形式的多样性使教师能选择适合自己的培训方式，提升自己的教学能力和素质，实现个人职业发展和幼儿园教育质量的提升。

学习分享：

东莞市凤岗镇中心幼儿园班级教师研修方案

一、主题

微视频的设计与制作。

二、内容

利用信息技术工具设计并制作微视频，从而呈现关键信息，解决教学、教研、家园共育等方面的重难点问题，丰富教学、教研、家园共育等活动的资源和形式，积累形成教育教学、专业发展等的系统资源库。

三、形式

根据微视频易表现、易传播、易学习、易分享的特点，可以看出，微视频的设计与制作要求是以信息技术手段丰富教育教学资源及专业发展资源，用视频的形式解决实际工作中的重难点。

四、对象

幼儿、家长或教师。

五、过程

由工作室成员辐射带动幼儿园层面进行微能力点的研讨学习。阶段性学习研讨过程分为以下三个阶段。

（一）成立学习小组

广东省中小学教师信息技术应用能力提升工程2.0项目启动之初，幼儿园成立了各微能力点的小组，由骨干教师担任小组组长。

（二）探讨学习，获得提升

由工作室成员辐射带动幼儿园层面进行微能力点的研讨学习，将集体教研、小组研讨及教师自学的形式相结合，从而学习并掌握每个能力点的要求，并能将学习过程中的心得体会与大家分享，交流提升。

（三）阶段总结，取长补短

按组收取微能力点作业，每月在小组内部研讨学习，取长补短，推选优秀作品供全园交流学习，自评与他评相结合，争取有更大的突破。

在微视频的设计与制作的研讨与学习过程中，幼儿园总结出关于微视频的设计与制作所涉及的六个部分，即要设计与制作一个完整优秀的微视频，需要进行的六个步骤如下。

1. 确定主题

幼儿园层面研讨确定家园共育、教师成长等主题。

（1）选择典型的问题、现象、育儿理念等。

（2）一个微视频中只讲一个现象、问题或实用策略。

2. 内容呈现来源及方式确定

（1）可根据需要选用成熟的微视频，也可以设计、制作或修改微视频。

（2）自主开发制作微视频。

（3）组合形式。

3. 内容设计及流程呈现

（1）根据内容设计环节流程，以及每个环节如何呈现。

（2）将学习成果初步运用到日常活动中，并进行展示与分享。

4. 辅助手段的介入

研讨中，教师根据实际操作，分享便捷高效的制作软件。

（1）图片及微视频拍摄，声音录制。

（2）音、画、影的剪辑与制作。

（3）选择适合的信息技术手段加以辅助。

5. 动态效果的有效添加

标注、放大关键点，拉近拉远，镜头快慢，字幕等方式可以有效地突出重点，都能吸引观者的眼球。

6. 微视频最终呈现方式

视频剪辑拼接、录屏、PPT合成视频等形式均可呈现。

微能力点的应用：

XQB2微视频的设计与制作，与幼儿教师的日常工作有着紧密的关联，可以应用于家园共育、教育教学及幼儿园信息宣传等方面。

三、信息技术应用下的教师研修

幼儿园教育信息化的关键在于应用，而应用的主体是幼儿教师。教育部建立了教师信息技术应用能力标准体系，逐步完善顶层设计。在幼儿教师信息技术应用能力提升工程的实施中，采用集中面授与网络研修相结合、线上学习与线下实践相结合、主题研修与自主选学相结合、专家引领与团队协作相结合、问题解决与案例研讨相结合、行动研究与成果评价相结合等形式，为教师搭建了交流平台，提供了学习资源，促进了教师的经验分享。

（一）学习国家标准，领会幼儿教师应用水平

2013年10月，教育部印发《关于实施全国中小学教师信息技术应用能力提升工程的意见》（教师〔2013〕13号），提出了提升工程的总体目标任务和基本要求。为落实教育规划纲要，全面提升中小学教师信息技术应用能力，教育部印发了《中小学教师信息技术应用能力标准（试行）》《中小学教师信息技术应用能力培训课程标准（试行）》和《中小学教师信息技术应用能力测评指南》，首次建立了完善的信息技术应用能力提升工程的标准体系，实现标准、培训、应用、评价的一体化推进，为广大教师提升自身信息技术应用能力树立了标杆，为指导各地能力提升工程专项培训提供了规范，为各地开展工程实施工作提供了重要依据。

教师信息技术应用能力培训课程的设计体现了主题多元的特点。"应用信息技术优化课堂教学"系列课程和"应用信息技术转变学习方式"系列课程分别设置了15个和9个主题，由技术素养类、综合类、专题类课程主题构成。"应用信息技术支持教师专业发展"系列课程设置了3个主题，对应教师专业发展类课程主题。幼儿教师专业发展也将执行该标准，但略有侧重，主要内容包括以下三个方面。

1. 幼儿园课程重点关注多媒体教学环境下音频、视频、PPT课件、幼儿电子读物的使用成效。依据技术素养类主题开发的培训课程，重在帮助教师树立

主动应用信息技术的意识，适应不同的信息技术环境，学会操作常用信息技术设备，学会运用通用软件和学科软件，学会使用网络教学平台，能进行数字教育资源的获取、加工和制作等。其中，"应用信息技术优化课堂教学"系列课程重点关注多媒体教学环境下常用设备与资源的使用，"应用信息技术转变学习方式"系列课程重点关注网络教学环境和移动学习环境下常用设备与资源的使用。

2. 重点在于帮助幼儿教师在集体教学环境中适时适当地应用常见技术。依据综合类主题开发的培训课程，重在帮助教师在整体教学流程中学会合理应用信息技术、优化课堂教学、转变学习方式。其中，"应用信息技术优化课堂教学"系列课程重点关注提高教师在多媒体教学环境下的讲授、启发教学等能力；"应用信息技术转变学习方式"系列课程重点关注提高教师在网络和移动学习环境下的自主合作、探究学习的能力。

3. 幼儿教师探索人机互动初级模式，尝试对幼儿学习环节进行适时监控与评价。依据专题类主题开发的培训课程重在帮助教师在教育教学关键环节学会合理地应用信息技术，增强教育教学实效。其中，"应用信息技术优化课堂教学"系列课程重点关注在多媒体教学环境下，合理应用信息技术优化导入、讲解、技能训练、总结与复习、评价等教学环节；"应用信息技术转变学习方式"系列课程重点关注在网络和移动学习环境下，合理应用信息技术优化学习任务设计、学习小组组织与管理、学习过程监控、学习评价等环节。

依据教师专业发展类主题开发的培训课程，重在帮助教师利用教师工作坊、网络研修社区等，有效进行合作学习，开展协同备课、经验分享、课例研究、专题研讨、教学反思等校本及区域研修活动，促进教师的专业发展。

（二）依据需求，开展多模块内容、多元化形式的研修

加强教育信息化队伍建设，是实现教育信息化可持续发展的基本保障。《教育部教育信息化十年发展规划（2011—2020年）》提出，要造就业务精湛、结构合理的教育信息化师资队伍、专业队伍、管理队伍，为教育信息化提供人才支撑。因此，各种研修从以往强调以掌握技术为主向以应用驱动和能力提升为主转变，从以往的单一讲座式研修向采用网络研修与现场实践相结合的混合式研修等多种方式转变，从以往只关注教师研修向同时开展教师技术人员和管理人员研修转变，强调信息化领导力、执行力和支持力的体系化建设。教师队伍应用信息技术的积极性和主动性，对推动信息技术及促进学与教的变革具有重要的作用。

目前，幼儿教师能力提升工程主要有四种培训方式：①以国家、省为单位组织开展的"能力提升工程"培训（简称"国培""省培"）；②以幼儿园为单位开展的"能力提升工程"研修（简称"校、园本研修"）；③在多媒体技术、网络技术的支持和学科名师的引导下开展的"网络研修"；④基于以上形式和途径的"混合研修"。各地各园从实际出发创造了不少新经验、新做法，以"国培""省培"为引领，探索构建"集中现场实践性培训+网络研修+校本研修"的信息技术应用能力混合式培训模式成为新的趋势。

1. 校、园本研修

校、园本研修是指教研立足本园，依托幼儿园自身的资源与优势，如幼儿教师、幼儿以及家长资源、媒体运用等，解决幼儿园自身所面临的问题，能有效促进幼儿园的发展。由于每个幼儿园的师资力量、幼儿生源、教学硬件资源、所处的社区文化背景等不同，幼儿园保教工作所面临的问题也不一样，因此，只有找出本园保教工作实践中亟待解决的主要问题和急需保教工作人员改善的教育行为，教研活动才不会偏离方向，才能更好地促进保教工作质量的提高。

校、园本研修活动的设计者在设计教研活动时，从教研问题的选择到教研活动过程的设计，以及教研成果的推广运用，都要充分调动保教工作人员的积极性、能动性和创造性，以人为本，努力让教研活动能以符合参与人员需要的方式展开，要让每次教研活动都变成参与人员的一种内在需要，让每位参与者的需求都得到足够的关照，让他们从被动的"你让我研究，我就研究"的状态转变为主动的"我要研究"的状态。

园本研修与信息技术环境下的园本研修是有区别的。园本研修具有普遍性，而信息技术环境下的园本研修则具有特殊性，信息技术环境下的园本研修是园本研修的一种具体形式。

2. 混合研修

《教育部关于深化中小学教师培训模式改革全面提升培训质量的指导意见》（教师〔2013〕6号）提出，各省市应"积极推进教师网络研修社区建设，推动教师网上和网下研修结合、虚拟学习和教学实践结合的混合学习；开展区域间教师网上协同研修，促进教师同行交流；培养网络研修骨干队伍，打造教师学习共同体，实现教师培训常态化。要推动网络研修和校本研修整合，推进高等学校、培训机构与中小学结对帮扶，引进优质培训资源，建立校本研修良性运行研修机制"。

学习分享：

网络研修+校本研修+现场实践

网络教研作为一种依托网络进行教研工作的创新形式，不受空间、时间、人员的限制，借助网络为一线教师提供大量使用便捷、内容丰富、技术先进、理念新颖的优质课程资源，并为教师提供教师与教师之间、教师与专业人士之间平等探讨、及时交流的环境与平台。

"网络研修+校本研修+现场实践"的混合研修形式，是在能力提升工程实施中形成的可行的、有效的培训方式，促进了幼儿园信息技术与学科教学的深度融合。在开展这种混合研修时，首先要了解培训需求，在前期调研的基础上细分培训对象，有针对性地制定示范性网络研修与校本研修整合培训项目实施方案。其次，要创设"个人空间—教师工作坊—研修社区"一体化的网络研修体系，形成学习共同体，为学员提供丰富多彩的教学资源。同时聘请专家，组建教学指导团队，对培训对象进行专业化的全程引领和学习指导。采用名家实地送教与远程研修相结合的混合研修模式，能保障教师线上与线下双向研修的畅通无阻，促进教师结合个人教学实践，加速信息化教学改革。

3. 海外研修

为帮助教师深入了解国外课程建设与创新人才培养的理念和做法，吸收先进经验，拓宽教师的课程建设视野，提升学校信息化建设的规划与实施能力，一些省市组织教师走出国门，开展信息化教学研修。海外研修应根据参训学员的实际需求，量身定制科学合理的项目研修计划，将理论研修和实地考察国外知名中小学相结合，开阔教师视野，促进教师的专业成长。

学习分享：

一名幼儿教师在日本的研修学习故事

桃子是一名中国的幼儿教师，她一直非常热爱教育工作，但是在实际教学中，她感到自己的经验和技能还有待提高。她所在的幼儿园也注重提升教师的教育水平和教育教学质量。因此，她所在的幼儿园决定为教师们安排一次海外研修学习活动。桃子很荣幸成为这次研修学习的受益者，当她听说有机会到日本参加研修时，她非常激动。这是她的第一次出国旅行，也是她第一次接触日本的教育体系。她经过了一段时间的准备，终于开始了海外研修之旅。

在日本，桃子参加了为期一个月的研修课程。研修期间，她学习了很多有关幼儿教育的知识和技能，包括教育理念、教育方法、课程设计等方面。她发现，日本的幼儿教育注重培养孩子的自主性和创造性，注重个性化教育，同时也注重团队合作和社会性教育。这种教育理念深深地打动了桃子，也让她意识到自己在很多方面还有欠缺，需要不断地学习和提高。

除了课堂学习，桃子还参观了许多日本的幼儿园和早教中心，观察了他们的教学环境和教学方法。她发现，日本的幼儿园和早教中心注重营造儿童友好的环境，减少孩子们的压力和焦虑，通过游戏、音乐、艺术等多种方式，让孩子们在自由、愉悦的氛围中学习成长。这种教育方式使小朋友们变得温柔、开朗、自信，而且非常受家长的欢迎。

在研修结束后，桃子回到中国，在自己的工作中尝试着运用所学的知识和技能。她逐渐发现，日本的教育理念和方法对自己的教育工作非常有启发和帮助。她更加注重孩子们的个性差异和兴趣爱好，鼓励他们发挥自己的创造力，在游戏、音乐、绘画等多方面地拓宽孩子的眼界与思维；她更加注意创建温馨、美好的教育环境，营造出亲切、友好的气氛，让孩子们感受到教师的关爱与理解；她更加注重与家长的沟通和合作，与家长一起思考如何更好地帮助孩子成长。

通过这次研修，桃子不仅开阔了视野，也提高了教育水平和教育素养，有意义的体验让她在未来的教育工作中更加自信和有力量。同时，这次研修学习也为桃子个人的成长和职业发展带来深远的影响。

（经本人同意，以化名引用其经历进行分享）

第三节　幼儿园信息技术应用下的教师研修存在问题及应对策略

21世纪，我国正在加紧教育信息化建设，教育部向全国教育界提出了教育信息化促进教育现代化发展的历史使命。学前教育已进入高度信息化时代，随着信息技术的迅速发展和教育学改革的不断深入，信息技术在幼儿园教育教学领域的运用越来越广泛，东莞市凤岗镇中心幼儿园把新《纲要》的精神理念融入现代化教育技术中，把现代化教育信息作为学校工作的重要组成部分，通过近年来的教学实践，对应用信息技术进行教育教学有了一些初步的体会，同时也发现幼儿园信息技术应用下的教师研修在基础教育领域的研究和实践并没有得到重视，还存在一些问题，阻碍着教师成长和园所发展。

一、信息技术应用下幼儿教师研修存在的问题

（一）教师的认识和幼儿园的管理

在进行《新技术环境下开展教研学习》的调研时，绝大多数园长、教师对此持肯定态度，但调研中发现，有些园长、教师对信息技术环境下开展教研或教师自我研修的认识仍停留在文字层面的理解上，对信息技术环境下的教研培训的实质以及有关信息技术管理层面的思考认识不清。存在的问题如表6-3-1所示。

表6-3-1

问题：教师的认识	
1. 缺乏足够的信息技术知识和技能	许多幼儿教师缺乏信息技术方面的知识和技能，难以有效地应用信息技术教学，无法为幼儿提供高质量的教育体验
2. 缺乏适当的培训机会	许多幼儿教师在信息技术应用方面缺乏培训和发展机会，无法跟上日益快速发展和更新换代的信息技术
3. 缺乏有效的监督和评估机制	缺乏有效的监督和评估机制，使许多幼儿教师缺乏对信息技术应用的有效反馈，并且无法从中得到必要的改进和提高
4. 技术设施配备不足	许多幼儿园没有充足的技术设施和设备，无法为教师提供一个良好的信息技术学习和应用场所
5. 缺乏充分的教师资源	许多幼儿园的教师数量不足，无法广泛普及信息技术教育
6. 缺乏规范的信息技术使用指导	由于缺乏规范的信息技术使用指导，许多幼儿教师会随意使用信息技术工具，并缺乏教育目的和效益评估
问题：幼儿园管理方面	
1. 缺乏信息技术运用理念	许多幼儿园管理者缺乏信息技术运用理念和策略，无法有效地利用信息技术管理幼儿园
2. 缺乏信息技术应用意识	许多幼儿园管理者缺乏信息技术应用意识，不知道如何将信息技术应用于幼儿园管理中，难以提升幼儿园的管理水平
3. 技术设施不完备	许多幼儿园缺乏相关的技术设施，包括计算机、网络、软件等，制约了信息技术在幼儿园管理中的应用
4. 操作技能不足	许多幼儿园管理者的信息技术操作技能不足，无法熟练掌握信息技术，使信息技术无法真正发挥其作用
5. 安全和隐私问题	信息技术应用存在一定的安全和隐私问题，许多幼儿园管理者无法有效地处理这些问题，对信息技术应用也产生了抵触情绪
6. 培训和学习资源不足	许多幼儿园管理者缺乏信息技术应用的培训和学习资源，无法提升信息技术应用的水平，从而无法实现幼儿园的数字化管理

（二）信息技术应用下幼儿教师研修的内容建议

针对信息技术应用下幼儿教师研修，提出以下五条建议。

1. 研修内容的定制化：为了满足幼儿教师在信息技术方面的需求，研修内容应该根据教师的实际情况进行定制化。可以通过问卷、调查等方式收集教师的需求，确定具体的研修内容。

2. 多元化的研修方式：除了传统的面授方式，可以探索与实践更多的研修方式，比如在线学习、虚拟班级等。幼儿园可以利用互联网、移动应用等技术手段，为教师提供更灵活、丰富的研修方式。

3. 实际操作的演练：如果只是在理论层面研修，教师们难以掌握实际操作技能。因此，演练是很重要的。可以在研修课程中设置实操环节，利用模拟软件、虚拟环境等技术，帮助教师熟悉和掌握相关技能。

4. 良好的师资力量：研修需要由专业化的教师团队负责，他们应该具备理论基础和实践经验，能提供激励性和启发式的指导，帮助教师更好地掌握信息技术知识和技能。

5. 绩效考核与跟踪：幼儿园应该进行教师绩效考核和跟踪，了解教师在信息技术应用上的表现和掌握情况，及时提供反馈和帮助，进一步提高研修效果，可以利用学科竞赛、作品展示等多种形式进行考核和跟踪。

总之，信息技术应用下幼儿教师研修需要根据教师需求、多元化研修方式和实操演练、良好的师资力量以及考核跟踪等多方面进行规划和设计，以提升幼儿园教学水平和质量。

（三）研修平台建设方面

研修平台对在信息技术环境下开展教研是非常重要的。目前缺少针对幼儿教师研修精准定位的合适平台；很多商业教育学习研修平台收费昂贵，园所和师生均无法承受；部分平台应用程序设计有缺陷，不能产生良好的效果；一些平台界面操作复杂，教师不能很好地掌握平台的功能要点，教研效率降低。

（四）研修资源、支持设备方面

信息技术环境下的研修最直接的应用是通过信息技术设施设备为学习者提供学习资源。由于研修学习资源建设刚刚起步，适用于幼儿教师学习研修的资源匮乏。因此，要面向具有不同需求的幼儿教师设计、开发出适合的学习资源，这种资源不仅需要具有支持设备的访问、浏览、检索等功能，还需要满足研修学习内容系统化、个性化的需求，以切实保障幼儿教师的研修学习质量。

学习分享：

教师网络硬盘的功能特色

1. 提供建组功能管理。电子备课平台的管理者可以根据教学计划的需要，把教师划为不同的教研组，在每组指定一个组长，让组长对本组进行功能设置管理。教师可以通过"组/集体信息交流与资源共享"与同一组的教师进行信息知识交流及资源共享。

2. 提供合适的储存空间。教师网络硬盘是一个以网络资源共享与存储为核心的文件交流平台，可以通过各种途径实现数据共享，空间大小可根据需求自由扩充，具有海量的存储技术、强大的数据备份和出色的信息共享功能。教师只需拖动鼠标就可上传、下载或删除网络硬盘私人文件夹里的资料，可有效实现对数据的管理。通过共享文件夹的权限设定，可以确保数据的安全，且比传统的数据传递更方便快捷，而支持文件夹直接存储，则突破了传统的存储概念范围。网络硬盘也为教师提供了分级文档系统，该系统可根据教师所教课程以及科研方向的差别，有针对性地把不同资料存放入不同等级的文档内，通过设置不同的读写和删除的权限，使教师的教学研究更加便捷高效。

3. 提供交流和文件传输功能。该平台通过加入组或好友，教师可以方便地实现相互之间的语言文字交流或视频信息交流，而平台上的电子画板功能可快速绘制各种图形，便捷的操作让交流变得更加畅通。平台支持教师把各种文件直接传入对方的私人文件夹，也支持在线播放教学视频或其他视频，为课堂教学评议提供了很好的技术支持。

二、信息技术环境下幼儿教师研修问题的应对策略

针对信息技术环境下幼儿教师研修存在的上述问题，可采用以下应对策略。

（一）增强移动学习意识，提高移动技术的应用能力

增强园长、教师教育信息化学习的意识。首先，要对教师加强在信息技术环境下的教研应用的宣传。其次，要增强园长、教师使用教育信息化等设备终端的意识，为其创造在信息技术环境下运用设备终端的机会和条件，鼓励他们

常学常用，培养其积极参与信息技术环境下的教研活动的主观意识。

加强信息技术运用能力的研修，对不同层次的教师可以采取不同方法。对年轻教师和计算机基础较好的教师应引导其学习移动新技术、研究新动向；对中等水平的教师，应由易到难，逐渐培养其在集体活动中应用移动技术进行研修培训的能力；对能力稍弱、年龄较大的教师，可以制作微课让他们通过线上微课随时进行学习。

学习分享：

电子备课教研平台的使用流程

1. 注册账号：用户需要访问平台的官方网站或下载对应的移动应用程序，并注册一个个人或教育机构的账号。

2. 登录系统：在完成账号注册后，用户需要使用注册时设置的用户名和密码登录到平台的系统中。

3. 创建课程：用户登录成功后，可以创建自己的课程，选择课程学科、年级和教材等信息，并确认课程的目标和学习内容。同时，用户也可以选择使用平台提供的标准课程模板。

4. 编辑教材：用户在创建课程后，可以使用平台内置的编辑工具编写教材内容。这些编辑工具通常提供文字输入、图像插入、视频引用等功能，使用户可以按照教学需要创建自己的教材。

5. 制订教学计划：用户可以根据课程的学习目标和教材内容制订详细的教学计划。在计划中，用户可以设定每一堂课的教学时间、教学步骤、教学资源和评价方式等。

6. 共享教学资源：平台通常提供共享教学资源的功能，用户可以将自己创建的教材、教学计划和其他教学资源分享给其他教师或学生使用。同时，用户也可以从平台上获取其他教师分享的资源。

7. 教学实施：用户在准备好教材和教学计划后，可以根据计划进行课堂教学。在教学过程中，用户可以使用平台提供的教学工具、学生管理工具和交流工具。例如，用户可以发放教材、指导学生完成习题、进行在线辅导等。

8. 教学评价：用户完成一节课的教学后，可以使用平台提供的评价工具对学生的学习情况进行评价。这些评价工具通常包括作业评分、考试评分、课堂参与评价等功能。

9. 教学反思：用户可以在教学评价后，对自己的教学过程进行反思和总结。平台通常提供讨论区和个人博客等功能，使用户可以方便快捷地与其他教师交流心得和经验。

通过以上流程，用户可以更好地利用电子备课教研平台来进行备课和教学，提高教学效果和教学质量。

（二）选取合适的信息技术学习平台

合适的学习平台为信息技术环境下的学习、研修提供了良好载体。随着移动设备和宽带互联接入等技术水平的不断提升，传统的学习、研修方式得以转换成移动式的学习、研修。生活中随处可见的主要是以微信等手机App形式出现的移动平台。

基于教师的各方面诉求和操作水平现状，有的地区选取"UMU互动学习平台"进行移动学习、研修。UMU是一种十分适合教育培训的免费网络互动平台，是移动互联网时代的创新教育方式。它所提供的创新混合式互动学习方式可让使用者轻松地制作图文、音视频等各类互动课程，还可以在学习、研修的现场，让使用者通过二维码扫码等形式快速发起问卷调查、提问、头脑风暴讨论，也可以让使用者在课后通过平台上传微课等学习资源，便于日后随时随地学习。

（三）引导园长、教师开发并设计丰富的学习资源

有些信息技术平台最直接的运用形式就是让学习者、研修的教师能通过移动设备、网络设备等完成高精尖学习任务，因此，在设计时要注意突出"学"的意识，注意趣味导向，以吸引教师的学习兴趣为突破口。在实践中，对名、特优教师资源和"草根"教师资源的收集和有效利用尤为重要。

1. 名、特优教师资源

名师工作室是由名师以专业引领的方式，发挥名师的带头辐射作用，搭建的促进中青年骨干教师专业成长以及名师自我提升的发展平台，同时也是一种可通过名师效应提升教师队伍专业能力的培训机制。名师工作室为基层师资队伍的建设和骨干教师的培训等搭建了很好的平台，在名师资源辐射、推动区域教育均衡发展等方面产生了积极的影响。以名师工作室为载体的教师信息技术

研修活动，能帮助工作室的研究团队以小组研讨的形式，面对面地分享专家教师的智慧，从而加速教师成长的步伐。这对已经具备专家教师潜质的学校骨干教师而言意义重大，专家的指点可以让他们的教学水平更上一个台阶。

以名师工作室为平台，开展教师"信息技术能力提升工程"，能为教师信息技术应用能力的提升提供学习资源，有利于促进教师之间分享与信息技术应用能力相关的知识与经验；搭建教师交流平台，有利于推动教师反思，使其进一步掌握信息技术并将其应用于实际教学活动。

学习分享：

信息技术应用下名教师工作室资源共享方式

广东省曹浪华学前名教师工作室是以沟通、共享和互相学习为宗旨，为广大幼儿教师共同交流搭建的平台，共同开展基于线上和线下的学科研究、教改探索和教学磨炼的实体与网络相结合的新型工作室。这种工作室旨在培养一批未来的幼教名师，并依托互联网充分发挥工作室在各级骨干教师培养、教学改革研究和学科建设方面的示范引领和辐射带动作用，共享名师优质资源。在信息技术支持下，实现了以下三项资源辐射共享。

1. 设立网上学习平台：省级名师工作室可以与教育局合作，建立一个网上学习平台，将各工作室的信息技术资源进行整合和共享。学生和教师可以通过该平台免费获取名师的教学资料和课程设计，同时，省内的其他学校和教师也可以通过平台分享自己的优秀资源，形成资源互通的良好局面。

2. 举办教育研讨会：省级名师工作室定期举办教育研讨会，邀请各地区的教师和学校参与。研讨会上，名师可以分享自己在信息技术教育方面的经验和教学资源，与其他教师进行交流和互动。通过这种方式，将名师的教学资源辐射到更多地区和学校，提高整个省的信息技术教育水平。

3. 成立辐射共享小组：省级名师工作室组建了专门的辐射共享小组，由名师和教研员组成。该小组负责收集、整理和共享名师工作室的信息技术教育资源，同时也主动收集来自各地区和学校的优秀资源，并将其推广给其他学校和教师。通过这种方式，可以实现名师工作室资源的辐射共享，让更多的教师和学生受益。

通过这些举措，可以促进名师工作室的资源共享，提高信息技术教育的整体水平。

2. "草根"教师资源

由长期的教育研究可发现"教师教教师"的方式深受教师欢迎，一线教师对同区、同园、同组的教师活动课、随堂实录、活动观察和活动评价关注度较高。因此，有的幼儿园将这些来源于一线教师的资源，通过信息技术媒体的上传，储存在区级、园级局域网上，供区内、园所内的教师浏览、共享。由"草根"教师参与的教学资源建设能快速地汇聚全区或全园范围的优质资源，激发教师的教育智慧，不断生成和共享的优质资源，可加快幼儿园各学科、各年级的体系化建设资源。

实践证明，教育教学资源的建设如果只通过政府和教育信息化部门的投入，是难以在数量和特色上跟进教学需求和应用的变化的，也难以满足幼儿园教育教学中对个性化的需求，更难以维持长期更新和开展教研活动的服务。只有在"基础性资源靠政策，个性化资源靠市场"的开发机制引导下，让幼儿教师和家长参与到个性化教学资源建设中，发挥大众的力量建设资源，才能促使教学资源建设和教与学应用需求的紧密结合。全员参与的"众筹式"建设可让资源更多样、个性特色更鲜明，教师有了参与资源建设的机会，更能促进他们在教学中常态化地应用信息技术，普及信息化教学，利用互联网展现教学风采，通过网络主动与全国的同行互动交流，在资源建设过程中实现专业发展。

"草根"教师资源建立的优势包括以下两点。

第一，增强教师对信息技术推进教学改革、提高教学质量重要性的深度认识，调动幼儿教师在教学现场中运用信息技术的积极性和主动性，使每位教师都能利用信息技术和优质数字教育资源至少上好一节活动课；建设一支善用信息技术和优质数字教育资源开展教学活动的骨干教师队伍，使每节活动至少有一位优秀教师能利用信息技术和优质数字教育资源进行讲授。

第二，促进优质数字教育资源的开发与共享，形成覆盖幼儿园各年级的生成性资源体系，推动信息技术和数字教育资源在幼儿园教学中的合理有效应用和深度融合，保证了教学质量。

学习分享：

凤岗镇中心幼儿园专题教研活动

教研活动的内容：信息技术在幼儿园品质课堂建设中的应用研究。

一、教研活动的背景与目的

（一）背景

结合我国现代教育技术的特色，我们想在健康教育方法上做些新的尝试，宗旨是运用开放式、互动式的教育技术和教育方法，推进健康教育改革的力度。科学、合理地运用信息技术载体，构建本园的互动型健康课程，有利于激发教师和幼儿学习健康知识的兴趣，促进其健康行为的养成、健康生活态度的建立。因此我园申报"十四五"课题《信息技术在幼儿园品质课堂建设中的应用研究》。

（二）目的

1. 通过对现代教育技术理论的学习和研究，理解"互动"的基本界定以及"互动"的原则、方法、途径等，提高教师的理论修养和理论水平。

2. 通过组织健康教学活动的观摩，力求教师在教学实践中关注互动环节的设计和调控，关注互动的频率和时效以及互动中存在的问题。

3. 通过组织交流和评析的研讨，为教师畅所欲言、发表个人学术观点提供平台，让教研水平和层次不同的教师都能相互学习、有所提高，做好教学资源互补和再利用。

二、教研活动参加人员

信息技术组全体成员。

三、教研活动前期准备

硬件——液晶投影仪三台、实物投影仪一台、数码摄像机一台、计算机45台以及幼儿园专用的网站。

软件——全体教师100%通过第二轮现代教育技术考核。

全体教师参加"一线通"使用培训；全体教师参加园内"网上交流与培训"考核；全体教师自学一本健康教育书籍。

四、教研活动的理论支持

（一）学习型组织的理念

美国麻省理工学院教授彼得·圣吉在所著的《第五项修炼——学习型组织的艺术与实物》一书中首倡学习型组织的理念，并从自我超越、改善心智模式、构建组织共同愿景、团队学习、系统思考这五个方面展开论述。在知识经济和学习化社会的今天，学习就是工作的核心，学习将是劳动的新形式。

（二）活动教学论——"问题学说"

从现实问题出发，提出解决问题的假设，然后用实验加以证实或否决，在此基础上再提出新的假设，通过不断地解决问题，对事物有更深刻的认识。在这一过程中尤其强调教与学的交往活动，强调师生互动，这也是我们新课程实验过程中需要借鉴和运用的重要策略。

（三）"健康第一"的概念

我国教育家陈鹤琴认为"幼儿园第一要注意的事情是幼儿的健康""幼稚园最重要的课程，就是能使儿童学做游戏，多活动身体，并且使娇嫩的心灵得到快乐"。为了儿童的现在和将来，幼儿园的教育应注意儿童的健康。

教研活动的过程：活动过程分为三个部分。

第一部分：

名称：互动是什么

组织方式：学习、交流

地点：教师网络教室

过程：

（1）主持人和教师共同明确任务。

（2）主持人宣布网上寻找的关键词"互动""师生互动"等。

（3）教师在计算机上利用网络搜寻有关"互动"关键词的文章等相关资料。

（4）教师在计算机上可以边收集边观看，共同分享其他教师的经验，共享学习资源。

（5）教师将收集到的内容放入主持人在其计算机事先创建好的"互动"文件夹里，主持人将内容进行文献索引并整理分类，具体做法就是选取与此活动相关的内容，转发给教师学习交流。

摘要如下：

互动是人与人或群体之间发生的交互动作或反应的过程，也包括个人与自我的互动过程。

米德提出的符号互动论，其基本观点就有"互动是人类个体生存发展的繁荣前提，是社会生活的基础"，"个体的心灵与自我是互动的产物"，"社会的形成和变化是互动的结果"。

互动强调的是互动双方通过交往达到的彼此在心理上和行为上的互相影响，互相促动。

互动既离不开交往，又不限于交往，它包括交往的过程和结果。

第二部分：

名称：寻找互动源

组织方式：现场观摩

地点：幼儿网络教室

过程：观摩大三班健康活动"我是安全小卫士"；观摩大一班健康活动"送上我的吉祥物"。

第三部分：

名称：互动的效果如何

组织方式：观摩后的评析和反思的自由发言

地点：幼儿网络教室

过程：

（1）教师们自由发言。

（2）针对活动"我是安全小卫士"，教师的看法和反思如下：

A老师：利用竞赛的形式，能促进幼儿与幼儿之间、教师与幼儿之间的互动。

B老师：我认为颁发"安全小卫士"的称号这一环节十分好，是一个积极向上巩固幼儿健康行为的互动环节。

C老师：小组活动"安全建议书"的设计我非常喜欢。特别是将幼儿生活中发现的安全问题，又让幼儿自己来解决，提高了幼儿学习的主动性和积极性，体现"以人为本"——主体参与的观念。

D老师：我认为自己在教学时，组织幼儿观看VCD的时间较长，应该提取重要内容，缩短观看时间。

E老师：出示展板，让幼儿说一说幼儿园里的安全设施和需要改进的地方，是幼儿表达自己见解的教学互动设计，符合《纲要》精神。

（3）针对活动"送上我的吉祥物"的反思和评析如下：

F老师：能抓住幼儿的兴趣点，适时地运用媒体导入，一下子就吸引了孩子的注意力。

G老师：用简单的提问方式导入对吉祥物的深层次思考，我觉得教师的主导作用要发挥好。

H老师：教师用幼儿自行采访的形式，是一个较好的互动设计，并且开阔了幼儿的视野。

I老师：我们在考虑材料是否适合与幼儿互动时要全面，比如，当天提供的美工材料不太适合幼儿的年龄特点，幼儿对材料不熟悉，使用起来有难度等。

J老师：还应重视幼儿与教学环境的互动。收集的材料应发挥应有的效益。

（4）教研主持人发言。

影响互动的因素很多，每次活动应抓住主要的互动因素和互动环节深入程度。

互动时，教师主导性作用和幼儿的全体性作用的位置同样重要。

互动时，选取的方式可以是传统教育方式，也可以是现代教育方式，不管采取什么方式以方便可行为标准。

既然是教学活动，互动也应该具有目的性，应该为教学目标服务。

人与人互动的频率要高于人机互动的频率，在人与人的互动过程中不能忽视师幼情感沟通，这是互动的精髓所在。

教研活动效果：

1.教研质量明显提高

本次活动由于前期准备充分，教研活动的目的性强，有明显的针对性，深受教师们的喜欢。许多教师都觉得对自己的教育教学理论水平，尤其是现代教育技术整合互动能力和与信息技术互动的水平有很大提高。大多数教师对这种以自主学习为主的培训方式很是赞赏，有位教师还说："这次活动，看起来是一次学习交流，其实它体现了我们幼儿园的管理理念——共享资源，共享快乐。"

2. 教育教学经验得以拓展

此次活动让教师们从理论上明确了互动的基本含义，在实践中了解和发现互动在教学活动中的重要性和可行性，初步掌握了互动环节的设计策略。有位教师饶有兴趣地说："互动还是很有研究价值的。"在更新教育观念，提高教育教学行为水平的同时，教师们也体验了这种新型的学习方式带来的益处。

3. 幼儿行为情感得以升华

幼儿年龄小，认识水平较低，注意力集中时间短，在使用新教育技术和方法时特别要讲求"适用、适时、实效"。两节活动由于都注意到新的教育技术运用的合理性和科学性，在形象生动的教学活动中，幼儿从行为到情感都有所收获。

第四节　幼儿园信息技术应用下的教师研修成果

　　广东省曹浪华学前名教师工作室于2021年11月30日正式揭牌成立，是广东省教育局打造三年教育提升规划理念引领下的名教师工作室工程。

　　名教师工作室以"笃行、求真、精研、创新"为理念，以"协同、互助、共生、成长"为宗旨，以"博学不穷，笃行不倦""以真为本，求真务实""刻苦钻研，精研细究""善于观察，勇于创新"为追求，以"基于儿童视角，建构高质量游戏"教育思想为指导，儿童视角、儿童本位、儿童生活、儿童经验应成为教师教学及研究之主抓。以岗位自培、网络交流、集中研修、自研自思、专题指导、实地调研等方式提高成员和学员的专业素养和专业能力，在务实创新中打造一支品德高、素质好、专业化的名教师队伍，并期望通过工作室骨干成员的辐射引领，不断推进广东省教师团队的专业成长，为有效提高广东省学前教育事业发展服务。

　　曹浪华学前名教师工作室由东莞市凤岗镇中心幼儿园曹浪华园长担任主持人，带领省级学员12名，市级学员5名，网络学员100名，开展各类德育教研工作。成立以来，利用多媒体开展的线上或线上线下相结合的各项活动精彩纷呈。实现了名教师工作室建立之初立下的带领辐射更多教师潜心研究德育工作、交流共同进步的初衷。现曹浪华学前名教师工作室将工作室成立以来开展的活动总结汇聚成了本工作室成果集，并将凝结了曹浪华学前名教师工作室创办以来的活动学习心得及信息技术论文和教科研成果编成《信息技术在幼儿园教学与管理中的应用》一书继续发挥推广辐射作用。

广东省曹浪华学前名教师工作室成员信息技术应用论文集

信息技术在幼儿园管理中的问题与策略

东莞市凤岗镇中心幼儿园　曹浪华

随着时代的变化，各种知识都被运用到了不同的领域，尤其是在幼儿园管理中。将信息技术应用于幼儿园管理，能有效地将教育资源整合起来，通过新型的教学方法促进幼儿对新知识的学习，并使其更好地理解和记住有关知识。幼儿园信息技术的运用，主要是指幼儿教师在进行特定的教学活动时，利用计算机加工的视频、动画、图片、声音和文字等。与传统的幼儿园教学方法相比较，采用资讯科技的幼儿园所使用的图画更加形象、生动、鲜艳，具有较强的吸引力，不但能提高教师的课堂教学效果，而且能扩大孩子的知识面。论文就是在这样的背景下，就如何在幼儿园中应用信息技术进行了研究。

一、利用实用软件

在园务管理、后勤安全、卫生保健、教育教学、园所宣传这几个工作模块中，各幼儿园可以根据实际使用感受甄选各种系统和软件。园务管理包含人事管理、幼儿管理、费用管理等，以教师考勤为例，有的园所采用手写签到、刷卡签到、指纹签到等方式，弊端是时间不准、他人代打考勤、指纹不清晰难以录入等。信息化技术支持下的考勤方式可以选用钉钉打卡、人脸识别门禁系统，后台能分析教师的出勤率、请假次数及缘由等数据，作为考核的参考依据。幼儿出勤亦是如此，根据数据报告可以具体分析全体幼儿一年四季的出勤率趋势、不同年龄段幼儿的出勤率异同、个别幼儿的出勤率变化并找出原因，提高幼儿的出勤率。利用不同的信息化手段同样可以为幼儿园筑牢安全防线。网络监控、一键报警系统便于及时发现问题，消除安全隐患。智能控制室联通门卫室、园长室，实时显示监控画面，云服务器可以大容量地储存幼儿日常录像。卫生保健方面也离不开信息技术支持，如利用阳光厨房信息监管平台，可以清楚地记录食谱，并进行营养分析，护航幼儿的食品安全。还有最重要的预防传染病卫生工作，接龙小程序、钉钉等软件的健康上报功能，提供了健康申报的模板，页面美观清晰，可以分析多维数据，实现无纸化健康报告，十分便捷、高效、环保。教育教学软件使用则更丰富，希沃白板、视频播放器、金山WPS、CCtalk、腾讯会议等已逐渐渗透到幼儿园的日常教学。不同园所可以选择不同的软件或系统开展工作，选择的原则一是基于硬件支持的技术，二是基于亲自实践，适合的才是最好的。

二、运用多媒体技术营造课堂环境

在幼儿园的教学活动中，适当、适度、适时地运用现代教育手段和多媒体技术，能有效地活跃课堂气氛，解决教师在教学过程中遇到的困难，使其能充分利用自身的随机应变能力，充分调动幼儿的学习积极性和主动性，便于幼儿对教学中所涉及的知识进行理解，培养其创造力。对儿童来说，学习兴趣是指导他们学习知识的重要一环，将多媒体技术运用于课堂教学，能在最短的时间内利用多媒体课件的内容，使幼儿对所涉及的知识内容有更深刻的了解和感受。从幼儿教育的角度来说，适当的时间，适当的运用，使原来抽象的内容更加直观具体，"视"与"听"的有机结合，创造一个色彩艳丽、形象生动、声情并茂的教学情境，使幼儿在感觉上受到强烈的刺激后，能以更加积极、主观的心态投入课堂学习中。

三、充分应用信息技术，促进后勤人本管理

首先，应在信息技术的支持下积极提升幼儿园的后勤管理效率，以便更有效地管理幼儿园。其重点是提高后勤人员的效率，以便更好地为幼儿服务，取得更有成效的成果。例如，通过保健管理软件，可以收集幼儿的健康信息，分析幼儿的健康状况，并建议定制相应的管理方法；根据幼儿的实际需要，在有关软件上计算每日食物供应量，并以科学合理的方式安排一周的食谱；使用软件与该区域的诊所、医院和其他机构进行在线信息共享和功能互动。当幼儿园需要分析幼儿饮食营养时，可以依据专门的保健系统的建议，提供适合幼儿身

体状况和发育需要的个性化饮食服务。联合医疗和营养机构对幼儿膳食进行个性化定制反映了管理的人性化，是以人为本的教育转型。信息技术也广泛应用于安全管理。做好幼儿园的全面监控和安全工作是幼儿园日常管理工作的重中之重，采用识别技术，如人脸识别技术、指纹识别技术等可以提升园所的安全性；利用实时监控系统监控幼儿园的各个角落，便于实时掌控园所内的动态；使用VR技术模拟地震、火灾等真实场景，以帮助幼儿学习如何应对各种灾害。信息技术的应用可以最大限度地预防幼儿园安全风险，并及时发现和消除，如此一来，幼儿园的安全性将大大提高。信息技术在资产管理方面的应用使幼儿园能提高后勤管理的效率，避免可能影响管理效率的人为因素。例如，仓库管理人员使用项目管理系统，系统地管理仓库中项目的入库和回收过程，以便有条不紊地进行项目管理。

四、将信息技术融入幼儿学习与探究

信息化技术的运用符合幼儿心理的发展特点，能激发幼儿学习与探究的兴趣。学龄前儿童年龄小，思维方式以直观性思维为主，且活动时注意力不稳定，以无意注意为主，变换的画面、生动的声音能吸引幼儿的注意力。画面、声音的多重视听动态结合更能调动幼儿的感官，符合幼儿的年龄特点、认知水平和现实需要。在以往的教学活动中，教师运用信息化技术普遍存在以下现象：公开课、展示课运用信息化技术多，日常教学运用少；以单一的屏幕展示为主，运用实时互动技术为辅。而信息化技术完全可以融入幼儿日常的学习与探究活动中，教师在各类集体活动中通过适当的情境，并利用动画、音频代替教师口头提问的方式，不仅能更吸引幼儿的注意力，而且能培养幼儿的倾听能力，如在大班语言活动《小螃蟹找工作》（故事）中，教师可以改变直接提问的方式，播放提前制作好的动画，利用小动物的形象提问，推动故事发展，如此更有情境性和趣味性。在中班语言活动《春雨姐姐变戏法》（诗歌）中，教师可以播放下雨的声音，引导幼儿闭眼仔细聆听，想象大地万物在春雨滋润下的变化，给予幼儿无限的想象空间。教师利用信息技术可以创设各种数学活动的游戏情境，如中班数学《逛菜场》活动，可以利用希沃白板软件模拟菜场的情境，幼儿根据任务数字在白板上实时移动蔬菜而"购买"蔬菜，同时也能按照蔬菜的大小、颜色分类，让配对、连线等活动变得更形象生动，还可以实时修改答案，从而激发幼儿动脑、动手的意愿。善用信息化技术能节省教师制作纸质教具的时间，也更利于保存，并增强互动性。在美术活动中，教师借助交互式电子白板能给幼儿提供实时创作的机会，还能让全体幼儿直观感受信息技术的神奇。美术活动《运动变变变》（想象画），实时旋转、翻转、伸缩、克隆等技术能让幼儿展开想象，以各种运动器材的主体形象为媒介进行延伸线条、覆盖颜色等添画，充分激发幼儿的想象力和创造力。信息技术同时也改善了活动的展示方法。在美术、科学、综合等活动中，利用希沃授课助手的投屏功能，可以实时呈现幼儿的操作过程、作品等，节省文件传输、制作展板的时间，也更加环保、快捷、直观。

五、结语

做现代化的教师、做现代化的教育，教育信息化在幼儿园的发展必将与时俱进。构建"智慧幼儿园"，以信息技术为园所的园务管理、幼儿的保育教育、教师的专业成长提供支持，从而为幼儿身心健康和终身发展奠定坚实的基础，为幼儿搭建连接未来生活的桥梁。

浅谈信息技术在幼儿园游戏活动中的运用

东莞市凤岗镇中心幼儿园　廖小燕

教育部印发的《教育信息化2.0行动计划》中提出：积极推进"互联网+教育"，坚持信息技术与教育教学深度融合的核心理念，建立健全教育信息化可持续发展机制，构建网络化、数字化、智能化、个性化、终身化的教育体系。由此可见，促进信息技术与教学融合是时代的需要，是教育发展的必然趋势。

幼儿的学习以直接经验为主，游戏是基本活动。所以要珍视游戏的独特价值，充分尊重和保护幼儿的好奇心和兴趣。根据学前教育的特点，在幼儿园中恰当地运用信息技术，能开发适宜幼儿学习的数字化教育资源，优化教学活动，培养幼儿的信息素养，促进幼儿的学习和发展。

一、巧用技术融合，丰富幼儿园游戏活动的质量

（一）应用PPT与Flash课件，增加游戏的趣味性

PPT与Flash课件中生动的图像、动静结合的画面、悦耳的音乐，能较长时间吸引幼儿的注意力，激发幼儿的学习兴趣。PPT课件作为基础教学工具，在游戏活动中时常作为辅助资源出现在活动中，辅助教师的活动，让幼儿更加清晰、直观地了解活动内容。在音乐游戏的打击乐活动中，图谱等内容利用PPT课件使图、声、像更加生动，帮助幼儿理解活动，取得更好的教学效果。Flash动画相较PPT更加灵动，在语言游戏中将绘本制作成Flash动画，更能调动幼儿的兴趣而且幼儿乐意表述，教学效果明显优于图片讲解。PPT与Flash课件在活动中的应用让幼儿的求知欲望和学习热情更加高涨，它为幼儿创设学习情境，调动幼儿的学习兴趣、积极性、主动性，使幼儿在生动活泼的氛围中愉快地参与活动。

（二）应用电子白板，增加游戏的交互感

相较于其他信息技术，电子白板有拉幕、聚光灯、拖动、放大、透视镜等功能，运用这些功能可以激发幼儿的学习兴趣，也可以让幼儿在游戏活动中增加体验感，在活动中的提问情景也更能引发幼儿思考，调动幼儿的已有经验。

1. 拉幕功能具有神秘感，能调动幼儿的好奇心和探究欲

电子白板特有的拉幕功能，让故事的导入部分变得神秘起来。

例如，在《桃花树下的小白兔》的导入环节，利用电子白板根据绘本的封面设计动画，将小白兔放置在画面的右下角，孩子们很想知道小白兔在抬头看什么。随着"大幕"慢慢拉开，幼儿们看到了底下的一点点树根，然后老师提问引导孩子们纷纷猜测起来，"一根棍子""一根小树苗""一根树枝"。孩子们太想知道"大幕"后到底藏着什么了。"大幕"慢慢上升，越来越多的幼儿猜到这是一棵大树，当一棵完整的桃花树展现在孩子们的面前时，他们情不自禁感叹道："哇，好漂亮的桃花树！"拉幕功能将画面以此种方式展现在幼儿眼前，这种强烈的视觉效果将孩子的好奇心和探究欲望都充分调动起来。"那么小白兔，在桃花树下想什么呢？它要做什么呢？"孩子们继续阅读的兴

趣也就油然而生了。

在游戏开始环节，教师运用拉幕功能慢慢拉开画面时，幼儿的注意力都十分集中。由此，有效地制造悬念从而激发孩子们的兴趣，用直观、生动的呈现方式激活幼儿的情绪，从而引导幼儿积极主动地参与阅读活动。

2. 聚光灯能将活动中的重点内容聚焦在强光下，起到突出作用

在重复单一的游戏活动过程中幼儿的注意力容易分散。聚光灯适时出现，能让幼儿的注意力更好地集中在观察活动内容中。

例如，在音乐游戏《迷路的小花鸭》开始环节，动物城准备开展音乐游戏活动，但是谁来当小主持人呢？引导孩子们去猜一猜，然后老师利用聚光灯打在小花鸭身上，孩子们一下子把注意力都集中到了小花鸭身上。这时，老师就抓住了孩子们的注意力，告诉小朋友们：小花鸭迷路了，我们一起看看它现在在哪里呢，一起帮助它吧。通过移动探照灯引导幼儿观察，然后神秘地提问：迷路的小花鸭现在在哪儿呢？通过这种方式，巧妙地利用聚光灯的功能，能让游戏活动更有趣，并且提高了孩子的注意力和观察力。

3. 拖动功能实现实时互动，让幼儿更有参与感

交互式的电子白板拉动可以拖动图像化静为动，有效地调动了幼儿游戏活动的激情，并且有利于对整个游戏的深入理解。

例如，游戏活动《让谁先吃好呢？》，小动物们都想先吃到桃子，但是让谁先吃好呢？在操作排序环节，可以请小朋友上来通过拖动图片给所有的小动物排序，并说一说自己是怎么排序的。

（三）运用电子相册，回顾游戏活动

电子相册可以利用生动的图像、真实的音响来展现事物本质，逼真地表现事物存在和动态变化。从听觉和视觉两方面引起幼儿的兴趣，引导幼儿的思维，激发幼儿的学习兴趣。

例如，木工坊活动结束后，乐乐做了一个小房子，在总结反思环节，老师用拍照记录了乐乐制作整个小房子的过程，通过电子相册可以快速播放、简单快捷地向其他小朋友展示。这样乐乐就可以更好地分享自己游戏活动的整个过程，其他孩子也可以通过电子相册更好地了解游戏活动，并且乐乐能更好地反思和总结自己的游戏，其他小朋友能更好地交流和学习。

二、活用数据分析，提高幼儿园游戏活动的评价

幼儿园课程游戏化理念下信息化的资源开发和运用不仅仅停留在对学习环境的改变上，将幼儿园游戏活动、一日生活管理等数据化、信息化，并纳入信息化平台；巧妙分析，提高幼儿游戏活动质量，更能有针对性地帮助幼儿提高相应的能力发展。

例如，在户外投球游戏中，每个孩子都在连续投球，这时统计好孩子的投球次数、投中次数的数据，并连续记录，这样就能很好地分析小朋友的投球运动能力如何，更方便进行有针对性的评价反馈和指导。在进行户外体育游戏的过程中，教师可以利用计算机、手机、相机、平板电脑等设备对幼儿的行为进行监控和数据分析。

我们还可以灵活利用数据分析，把孩子日常参与的各项游戏类型、次数、时长进行比较分析，这样能更好地为后期评价做准备，也能为幼儿教师更好地设计活动提供实际的指导。

三、善用平台分享，促进幼儿园家园游戏一体

幼儿园课程游戏化理念下信息化资源的开发和运用可以嵌入幼儿园家园互动中。我们可以选择多种平台，通过平台来分享班级、幼儿园、家庭的活动。

例如，视频号、公众号，视频号、公众号主要是图文、视频结合，用于宣传幼儿相关知识和幼儿园活动，是幼儿园与家长联系的纽带之一。通过视频号、公众号可以发布一些教育教学活动、保健常识、育儿文章等。例如，我园会通过公众号发布我们的每周一学、亲子运动会、节日活动、亲子游戏，还会定期推送一些班级游戏课程等。我们也会将幼儿的游戏活动，如社会角色区、游戏馆、户外混龄游戏、定向运动等游戏活动制作成视频推送给家长，促进幼儿园家园游戏一体化。

综上所述，信息技术与幼儿园游戏融合，既能让幼儿实现更加安全化和专业化的游戏活动，同时也能为教师提供更多的相关知识和经验积累，促进教师更好地带领幼儿开展户外体育游戏。总之，信息技术在幼儿园游戏中的运用和探究是有重大价值的。幼儿园应积极探究信息技术的使用技巧，为幼儿提供丰

富多样的幼儿园课程游戏活动，提高幼儿园的教学质量和教学水平，加快建设幼儿园数字校园，促进幼儿园教育现代化。

基于信息技术下家长工作开展的实施策略

东莞市凤岗镇中心幼儿园　梁小玲

《幼儿园保育教育质量评估指南》中指出：强化家园协同育人，教师及时与家长分享幼儿的成长和进步，引导家长理解教师工作，积极参与并支持幼儿园的工作，成为幼儿园的合作伙伴。《幼儿园教育指导纲要》明确提出："幼儿园应与家庭、社区密切合作，整合利用各种教育资源，共同为幼儿成长做准备。"利用信息技术整合多方教育资源，进行家园共培，由单一向多元化合作形式转变。

一、由情境实录引发信息技术与开展家长工作的思考

场景一：接上级疫情排查通知，教师需马上收集每位幼儿当日的核酸码及行程卡截图并汇总上报。教师则把通知转发到班级群，随即微信叮咚叮咚响个不停，原来是家长们纷纷发送截图，教师马上一张张下载保存并命名区分。待接收完毕，便拿出班级名单表——核对是否有遗漏的或还没发的。另一名教师则下拉小程序"金山表单"，导入班级名单表，创建上传截图的表单链接，随后把链接及通知一起转发到班级群，并告知家长点开链接上传截图即可。然后教师点开链接就可以看到哪位幼儿还没上传截图，因为已上交的名单会显示打勾，待全部上传完毕，教师一键下载，打开下载的文件，文件里的截图也全部自动命名为孩子名字。

场景二：一名教师利用剪映App每天把班级每个孩子参与各项活动的照片、录像制作成小视频发到班级群里，让家长都能看见自己孩子在园的学习和生活情况。在孩子的毕业典礼之际，由于家长都不能进园，教师则借助直播平台，实时直播孩子们的毕业礼，让家长们线上观看参与。每一次家长们都纷纷自发在群里对教师表达感谢之情及对其工作满意的认可，甚至有的写感谢信给

园长致以感谢。

场景三：利用公众号、朋友圈推送大量相关预防分离焦虑的文章，让新生家长有方向引导。

由上可见，借助信息技术，一是在收集家长和幼儿数据方面的工作量可大大减轻，还可举一反三，运用到其他家长工作方面的资料收集。二是即使在疫情期间或家长不能入园时，也能让家长看到孩子在园的学习生活情况，实现家园共育的无缝对接。

二、信息技术对开展家长工作的重要价值

信息技术的媒介作用让家长工作开展的形式变得多样化，让我们即使处在疫情期间，亦能随时双向沟通交流，拉近了彼此之间的距离。第一，在信息技术的支持下，教师和家长可以通过腾讯视频、微信语音等方式沟通交流。传统的家长沟通交流工作是需要老师和家长面对面地进行沟通交流，而微信、钉钉等各种新型媒体App，打破了时空的限制，即使在疫情下也能实现"面对面"的沟通，有效满足了教师和家长的教育教学需求。第二，信息技术可以整合丰富的教育资源，并通过班级群组、公众号等渠道推送，不断更新家长的教育观念，同时也能指导家长的教育行为，共同促进幼儿的健康成长。第三，借助网络信息技术，能加强育儿沟通，有利于家长开展工作。传统家园沟通方式中，教师与家长面对面地坐下来交流，双方不免会有一定的心理压力，并且这种心理压力是无形的。借助微信、QQ新型媒体平台，可以消除这种压力，实现幼儿教师与幼儿家长之间轻松的一对一沟通，教师和家长都能畅所欲言地表达自己的意见，提出合理的需求。此外，将信息技术应用于家长工作中，还可使双方的沟通内容更为具体、沟通时间更为充裕，家长和教师可以就一个问题进行深入的讨论。同时，信息技术平台上家园互动的内容都可以及时保存，便于教师对教育教学信息的收集和归纳。

家长工作的开展尤为重要。家长工作开展得好与不好直接影响家长对班级工作的支持及配合度，影响家园共育。教师要积极借助信息技术开展家长工作，家园教育合力，让家长既了解幼儿的在园情况，又能在老师的指导下科学育儿。在信息技术下，家庭与幼儿园两者之间达到"1＋1>2"的教育效果。

三、信息技术下开展家长工作的实践研究

（一）利用微信、钉钉、QQ等即时通信工具

信息技术飞速发展的今天，人们将QQ、微信等作为主要的联系工具，利用这一特点，可以组建一个由教师进行管理的QQ或者微信群，幼儿园领导也可以加入该班级群，在教育工作中发挥监督作用，提高班级事务的透明度，营造和谐家园共育的氛围。教师利用信息技术让幼儿的一日生活更为丰富、精彩。

（二）及时传递，丰富幼儿一日生活内容

在一日生活中，幼儿出现的情况是不可预设的，它是零碎的、即时的，而信息技术便捷的搜索引擎、海量的网络信息正与之一拍即合，有助于解决缓慢滞后、静态片面的问题，能及时联系幼儿的生活经验，将幼儿的间接经验与现实生活中的直接经验结合起来，建构幼儿感兴趣的生活课堂。

四、真实呈现，同享幼儿一日生活精彩

（一）借助网络信息技术，幼儿园可以构建家园共育公共平台

在网络信息技术的支持下，幼儿园可以开设公共信息平台，通过这个平台让家长了解幼儿园的教育教学活动动态、办园方针与特色，以及幼儿园的教师团队建设，知道每一位教师的特长与教育理念，从而更加理解幼儿教育，为双方的互相尊重、平等交流奠定基础。此外，建立公共信息平台有利于幼儿园向家长宣传先进的教育理念，如可以增加一些专题栏目，对幼儿成长过程中出现的焦点问题与家长探讨。这类栏目可以集中介绍教育知识，宣传教育理念，还可以请教育经验丰富的家长和教师在平台上发表文章，分享自己的教育经验。在疫情期间，幼儿园还可以通过公共信息平台定期推送防疫知识，发布官方权威的通告，分享家园共育的小成果，如亲子绘本时光、亲子阅读的精彩内容等。

（二）借助网络信息技术，幼儿教师与家长随时进行沟通交流

幼儿教师可以利用网络信息交流平台，如QQ和微信建立聊天群和群相册。首先，教师可以在群聊中及时发布通知和活动动态，让家长及时了解，适时配合。其次，不定期地分享一些优秀的亲子陪伴推送或链接，宣传亲子陪伴的重

要性，将正确的亲子陪伴理念传达给家长。再次，教师还可以为幼儿建立一个群聊相册，将幼儿的活动照片，包括绘画作品等定时上传到相册中，供家长和幼儿回首趣味盎然的快乐时光，也有利于教师观察幼儿的成长，总结经验教训。最后，家长也可以在群聊中分享一些幼儿在家生活照片和亲子陪伴的视频，让教师知道孩子在家的轨迹和精神状态，根据每位孩子在活动中的表情、动作，教师给予个别化评价，从而让家长意识到教育本身最大的意义在于陪伴。总之疫情期间，网络信息交流平台的沟通交流功能的多元化，不仅可以让教师与家长之间的沟通更加顺畅，也能有效增进家长与家长之间的沟通交流，促进家长整体教育水平的提升。

（三）效果分析

1. 交流时间更为便利

由于家长会、家长开放日、家访等传统的"幼儿园—家庭"合作交流与协同教育方式需要家长和教师在同一时间、同一地点共同参与，任何一方尤其是家长如果出现特殊情况，家园共育的效果将会大打折扣。而校园网、QQ（QQ群）、博客（博客圈）等媒体和技术的引入，则很好地避免了这一情况的发生。家长和老师既可以通过QQ（QQ群）、短信平台等实现即时的交流，又可以通过校园网、博客（博客圈）等实现深度的探讨。

2. 合作渠道更为多样

利用信息技术营造家园共育的氛围，能畅通并拓宽双方的合作渠道。通过互联网和短信平台，家长和老师可以进行远距离交流；通过校园广播站和校园演播室，家长和老师还可以面对面地交流。此外，基于QQ（QQ群）和博客（博客圈）等形式的交流突破了"一位家长面向一位老师、一位老师对应一位家长"的局限，实现了家长和老师、家长和家长的群体互动式交流。

3. 沟通内容更为具体

传统的家园共育方式由于时间仓促，通常缺乏实际意义的互动，或是以大话、官话、套话为主，缺乏切实有效的沟通。而利用信息技术促进家园共育，家长和老师、家长和家长之间既可以就幼儿成长中遇到的问题进行深入的交流而不必担心时间的局限，也可以就某一育儿话题开展广泛的讨论而不必在意地点的桎梏，还可以就各自的育儿经验进行细致的沟通而不必顾虑情感的缺失。

4. 共育效果更为显著

从效果上看，由于在家园共育过程中引入了信息技术，使家长的角色定位由被动者变成了主动者，由等待者变成了倡导者，同时，消除了老师对家园联系的担心和排斥，充分激发了老师的积极性和参与热情，使家园共育的持续性和规范化得到了保证。另外，由于没有了时间、地点的局限和内容、形式的束缚，加之双方的反馈很及时，使彼此的沟通更加密切，理解更加深刻，感情更加深厚，目标更加一致，配合更加默契，效果自然更加显著。

五、结语

特殊时期的家园共育也是幼儿教育教学工作的重要方面。网络信息技术给幼儿园的家园互动提供了更加广阔的沟通平台。借助网络信息技术，家庭教育与幼儿园教育之间可以相互沟通交流，达到教育共识、资源共享、知识共进，网络信息技术下的家园共育更具多样性、更富有生机。因此，在疫情的影响下，我们在反思改进传统的家园共育方式的同时，还要在网络信息技术如何落实到幼儿的教育教学行为上多加思考，要充分利用网络的便捷、开放、互动等条件，将家园共育从单一向多角度、多形式进行转变，借助网络信息技术将家庭教育和幼儿园教育紧密联系在一起，形成教育合力，引导幼儿全面快乐地成长，进而翻开家园共育的新篇章。

基于游戏化理念的幼儿园微课设计与运用探讨

东莞市凤岗镇中心幼儿园　刘思苑

以游戏化理念为基础的微课是教师围绕一定的教育目标，以多媒体资源为主要载体，通过录像和表达，通过好玩的活动与孩子互动的一种教学方式。教师从微课内容的选择、微课的呈现形式、微课的实现路径三个方面来设计幼儿园的游戏化微课。通过合理设计和应用实践的微课形式课堂，切实提升了幼儿的学习兴趣，提高了教师的幼儿园"游戏化"微课制作水平，发展了教师的现代信息技术能力，促进了教师的专业发展；形成一条切实可行的幼儿园"游戏化"微课制作路径，丰富幼儿园教育活动的形式；组建起幼儿园"游戏化"微课资源库。

一、微课概述

教师应注意课堂设计的趣味性，充分调动儿童对课堂的积极性，使儿童逐步深入课堂，爱上课堂。微课教学内容的特征是短、简单、活泼，符合幼儿的认知特点。所以，教师必须精心设置微课教学内容，把互动方式渗透到微课的设计中，抓住学生的关注点，增加他们在课堂中的积极性，使他们更好地感受知识信息。微课并不等于针对微课堂所设计的微课程，而是一门基于建构主义的实践性课程，以网络教学或移动课堂为目标。与传统教学相比，微课视频教育具备如下优势：①任务清楚，重点明显；②结构紧凑，便于应用；③具备互动方便和多功能的特性。通过上述特征，我们发现微课视频教育具备明显优越性，较之常规教育的知识信息较少、方法少的教学方式，微课视频教育的时间更长、更高效，对学生来说学习的积极性的教学反馈更及时、更强，教师和学生之间的互动课堂也更易于构建，同时教师在教学实践中可以应用微课，这样学生的学习兴趣大大提高，课堂教学效率也得到极大的提升。

二、游戏化理念的基本内容

以游戏为基础的概念，又称"在游戏中学习"，是将游戏与学习相结合。基于游戏的学习不仅强调两者是相辅相成的，还强调游戏方式和方法。依照教学方式的差异，网络课堂大致分为两类方法，即线上课堂与线下课堂。这里，网络的理念和传统的教育思想存在较大的差异。合理使用游戏教育思想，不但能丰富课堂的内涵和表现形式，而且能增强课堂的活力和刺激性，引发儿童的兴趣。运用这样的学习理念实施课堂教学能调动儿童的积极性，激发幼儿的学习兴趣，使孩子加深对学习内容的理解，学习能力得到进一步巩固。教学过程中渗透游戏理念，教学效果比传统教育更加明显，因此，现阶段游戏教学思想越来越受到重视，广泛应用于幼儿教育事业中。

三、幼儿园游戏化微课设计与运用策略

（一）设计的游戏应该是积极的，能使孩子树立正确的人生观

学龄前幼儿的年龄还太小，还没有形成独立的世界观、人生观和价值观，因此，教师必须从内在提高幼儿的思维素质。以公共汽车为例：在公共汽车上遇到一位老妇人，老妇人在车上颤抖着，有点站不稳，假设孩子有座位，问问孩子那时是否会把座位让给老妇人，而不管孩子选择什么，教师都应该指导好孩子。如果孩子选择把自己的座位让给老妇人，教师应该让孩子们为这种爱的行为鼓掌，并让他们谈谈为什么把自己的座位让给老妇人；如果孩子选择不让座，教师必须耐心地倾听原因，然后给出适当的指示。这种微型课堂教学有助于孩子树立正确的世界观、人生观和价值观。

（二）游戏设计符合幼儿心理要求，增强幼儿体验感

游戏中只有满足孩子的心理需要，才能增强孩子的体验感。为了使孩子得到良好的体验感，教师必须根据孩子们的行为设计游戏。例如，孩子们可以扮演老板或客人的角色，购买和出售从家里带来的玩具或其他物品。孩子们各自给他们的商店选择一个动听的名字，如"红红餐厅""光明杂货店""芳芳化妆品店"等。这样的游戏设计，能培养幼儿独立自主的能力，促进幼儿身心健康发展。

（三）利用竞赛性的微课游戏，促进幼儿身心健康发展

竞技游戏能帮助儿童更快地集中注意力，从而调动儿童的参赛热情，提高儿童的身心健康水平。在设定运动类游戏时，教师要充分考虑到幼儿的兴趣和爱好，如果游戏完全根据老师的喜好进行设计，孩子可能就会不感兴趣。例如，教师可以让孩子们分组玩"篮球通行证"游戏。小朋友们应该排好队，将篮球从第一位小朋友的手里送到最后一位小朋友的手里，最后一位小朋友将球放到篮子里，这种过程可以培养孩子的合作能力，增强孩子的社会意识和集体荣誉感。同时，教师应提前讲解规则：5只篮球必须送到指定的篮子里，放置一个后，下一个就开始了，用时最短的队伍获胜。这样孩子们就会对比赛感兴趣，表现出充沛的精力，明白不要在快结束的同时丢球，否则会延长比赛时间，整个球队的形象都会受到影响。这场篮球比赛可以激励孩子们积极参与，

不仅可以锻炼孩子的身体，改善他们的体质，还可以改善他们的情感体验，让孩子们体会到一个团队必须通力合作才能取得胜利，建立一种团体的荣誉感。总之，教师必须设计出基于游戏的想法，班级微课堂可以提高儿童的承诺，发展儿童的个性，提高效率和教学质量。

（四）游戏时长和频次合理规划，确保微课教学质量和效果

以游戏教育为核心的微型课堂教学模式目前还没有完全以游戏教育代替常规课堂教学，所以在微课堂环境中，教师们必须更加重视对游戏教育和传统课堂的合理划分，因为微课堂游戏时间太短，可能会形成无法发挥的积极游戏效应，而在微课教室中玩游戏的时间过长可能会造成教学优先级的改变，从而难以实现教师通过游戏教育创设良好的课堂教学环境和提升教学质量的目标。所以，班主任不但要格外重视每节课的时间，还要格外重视次数和时间间隔，假如次数过少，并没有真正起到应有的效果；如果频率太高，每一个微课堂教学都以游戏的形式进行，这对长期教学中的游戏也有不利影响。所以，教师在微型课堂中渗透游戏教学，应特别重视游戏教学的持续时间和频率。游戏持续时间和频率设置不是随机的，教师必须密切关注教学的效果，依据实际教学效果合理调整。所以，教师不仅要确保微型课堂教学中课堂游戏的作用，而且要确保在实施过程中优先顺序不被逆转。

四、结语

实践中，在教学实施和拍摄的过程中要注意演示操作、教师讲解、组织观察等不同环节的层次，分清平行、相关、交替等关系。拍摄时如果教师讲解与幼儿游戏是同步进行的，那么可以尝试运用两个机位，机位的摆放与录制需要做好筹划。通过"游戏化"微课合理化的设计及运用实践，能培养幼儿的学习兴趣，启迪幼儿的思维，让幼儿在"游戏化"微课的学习中做到"活"与"动"；提升了教师的幼儿园"游戏化"微课制作水平，发展教师的现代信息技术能力，促进教师的专业发展；通过反复探索，形成一条切实可行的幼儿园"游戏化"微课制作路径，制作出具有短、小、精、简等特点的游戏性"微课"，将抽象的、概念的东西转换为直观、形象的事物，丰富幼儿园教育活动的形式；组建起幼儿园"游戏化"微课资源库。

基于信息技术支持下幼儿园教育教学应用模式变革

东莞市凤岗镇中心幼儿园　钟惠君

一、案例背景与思路

在教育教学中，教师学会运用信息技术是幼儿园阶段教育改革的一项重要内容，在现代信息技术不断优化，教育教学各方面创新层出不穷的前提下，特别是在疫情发生后，信息技术对教育教学的影响越来越大。例如，以前都是举办专家进校园活动，现在更多的是在线上进行分享，既能有效开展讲座，又能便于大家随时随地学习提升自己，这都是信息技术给我们带来的便利和改变，由此可见信息技术的重要性。而对幼儿年龄阶段的孩子们来说，信息技术的运用对他们也具有启蒙作用。另外，现在的家长和社会对幼儿的教育也越来越重视，幼儿教育也不断更新教育形式和资源，目前已经把现代信息技术应用到了幼儿教育中来，并发挥了巨大的作用，既能提高孩子们五大领域的发展，又能轻松地达到教育目标。

二、幼儿园教育教学应用模式变革举措

信息技术能提高教师的教学技能。信息技术不但能带动幼儿园教育教学的发展，也带动老师们的成长。在一次参与故事分享的活动中，印象最深刻的就是，自己不会用手机制作出一个故事，因此不停地去摸索，后来跟朋友了解到，原来利用WPS Office软件如此简单就能制作出一个有趣的有声绘本故事，这时的我才意识到信息技术的重要性。后来多方面去了解各种信息技术技能，例如：剪映App如此多姿多彩，相片、视频都能快速地制作出来，而且里面还有很多小功能和小技巧，可以随意地加上文本、自己喜欢的音乐以及各种特效等，制作出来的视频丰富多彩，还有快捷方式、一键成片等，真的非常简单，最重要的是对一线教师来说非常实用。有趣的画面也能激发孩子们的兴趣，美妙的音乐可随意挑选，各种风格的都有，记得在疫情期间我利用这个软件制作出一个小视频，孩子们都非常喜欢，纷纷跟老师反馈今天的故事实在太有

趣、太精彩啦！后来利用钉钉直播的方式把剪映App推荐给大家，教大家如何使用，名教师工作室的老师以及园内的老师都说道：实在太好了，解决了大家的困难，减轻了大家的工作量，轻松地使用软件就可以跟孩子们分享有趣的故事以及游戏等。现代信息技术的运用在幼儿教育中提高了教师应用的技能，结合多媒体教学应用技能，在教育教学上更加丰富多彩，也提高了孩子们的学习兴趣。

三、幼儿园教育教学信息技术运用发展特点

信息化技术活动能提高孩子们的学习兴趣，利用信息化教学巧妙地展开，能让孩子们直观、具体、生动、形象地认知。例如，在信息技术活动中，创设有趣的情境、动态的画面能大大提高孩子们的兴趣，孩子们能更加直观地看到、感知到要学习的知识，再加上自己已有的经验，因此学得更快，掌握得更牢固。

（一）丰富教学质量

对一线老师来说，要提高课堂中的教学质量，我们就要在活动中思考孩子们是否喜欢，也要针对这个年龄阶段的孩子做相对应的设计。幼儿三个年龄阶段的孩子都各有特色，对每个年龄阶段的孩子的年龄特征都要非常了解，要在一节集体活动课上让孩子们掌握知识，就要根据相应的年龄特点展开教育教学活动。那么如何在一个集体活动中激发起孩子们的学习兴趣呢？有了多媒体信息技术的支持就能提升孩子的学习兴趣。在一日生活中，我们都知道孩子自身的特点是爱玩，对新鲜事物非常感兴趣，在生活中也乐于探索。基于以上特点，我们把现代信息技术融入学前教学中。例如，在一次数学活动《数字捉迷藏》中，为了激发孩子的学习兴趣，调动孩子们的积极性，让孩子们能更好地理解和掌握数量的相对性与书写，教师不但为孩子提供了优美、舒适的环境，利用各种教具、学具吸引幼儿，还采用了多媒体技术强大的教学资源：多媒体一体机、绘本故事等与幼儿的数学相融合。多媒体技术的运用，可以丰富课堂内容，调动孩子的学习主动性，使孩子将知识在虚拟情境中真正活学活用、立学立用。与著名教育家陈鹤琴先生的"活教育"理论相结合，充分发挥出教育的实效性功能和现代教育技术的优势，弥补传统教学手段的不足，把枯燥的教

学内容通过多媒体的形式展现出来，达到了事半功倍的教学效果。

（二）推动家长与幼儿园及时沟通

《幼儿园教育指导纲要》明确指出，家庭是幼儿园重要的合作伙伴。在幼儿阶段，我们都非常重视与家长沟通，特别是对小班刚入园的孩子的家长，我们更是坚持每天都跟家长反映孩子在园的情况，但对老师来说这也是一个非常大的工作量。因此我们通过应用计算机信息技术，在孩子刚入园的时候，集齐孩子的档案资料做成电子文档，班级老师也会跟家长们先建立一个班级微信群，便于班级老师及时有效地跟家长沟通联系，同时老师也可以分享一些育儿知识给家长们，实现幼儿教育资源的共享。我们还利用微课掌上通App，建立班级群，每天上传孩子在园的一日活动情况，家长在手机上随时随地可以了解到孩子在园的情况，减少了老师与家长沟通的时间。总之，把现代信息技术应用到幼儿教育中，对幼儿成长和家园共育具有重要作用。

（三）有利于幼儿的安全管理

对幼儿年龄阶段的孩子们来说，安全意识比较薄弱，特别是在孩子们玩得尽兴的时候更会忽略安全的重要性，他们的社会意识也相对缺乏，他们觉得社会如同自己一样单纯，没有防范意识，因此，孩子面对社会上各种不安定因素的威胁毫无防范。所以利用现代信息技术手段提升园所安全指数，对孩子的安全管理具有重要的作用。现代计算机信息智能技术能有效地保障幼儿的安全。在幼儿园里，安装摄像头既能时时监控孩子在幼儿园的各项活动，孩子发生意外情况也能及时发现、及时处理，也能保障老师的安全。

四、成效与展望

在疫情初期，从事一线教育的老师们切实认识到教育教学观念更新的重要性，幼儿园也寻找各种资源来提升老师们的能力，通过加强老师们的专业知识，组织老师们统一参加培训等方式学习专业的信息技术知识，提高了老师们的计算机操作水平和多媒体教学应用技能。另外，老师们通过网络学习、专题进修等形式不断增强自身的职业技能。了解到信息技术的运用能更加有效地开展教育教学工作，了解各种软件App的使用等。园内还有一名老师制作的微课故事在东莞电视台豆丁网播出，这对老师来说也是一种肯定。后期正常回归到校园的时候，老师们利用信息技术在班级的集体教学活动中更加生动有趣地开展活动，孩子们的学习兴趣大大地提高，也能相对较轻松地掌握知识点。因此，我也希望老师们能继续学习更多的信息技术技能，根据孩子们的年龄阶段和发展目标，将其巧妙地运用到教育教学中，提高孩子们的学习能力等。

最后，我坚信在信息技术的支持下，幼儿园教育会越来越丰富多彩，孩子们的学习兴趣也会越来越高，从而更加高效地达到教育目标。

多媒体技术在幼儿语言教学中的应用探究

东莞市樟木头镇第一幼儿园　　吕晓凤

将多媒体技术应用于幼儿语言教学实践中，是将现代化信息技术与幼儿教育的一种有机联结，是幼儿教师在教学实践活动中的一种创新应用。幼儿教师在开展语言教学时，应当将工作的重中之重放在如何培养幼儿的学习兴趣，使幼儿能在兴趣的引导下自主地学习并掌握更多的语言知识和技能，从而真正提升幼儿的综合素养。大量的实践表明，多媒体技术具有多重优点，突破了传统意义上时间和空间的制约，将枯燥、抽象的绘本形象、生动地展示在幼儿的面前，使幼儿了解并掌握知识。因此，幼儿教师应当给予多媒体技术以充分的重视，借助这一教学工具，推动幼儿的良好发展。

一、多媒体技术在幼儿语言教学中的应用优势

在幼儿学习阶段，语言教学实践必须具有一定的趣味性和吸引力，而幼儿教师为了达到这一目标大多会在教学实践活动中使用多元化的教学方法来提高教学活动的趣味性和生动性。近些年来，我国现代电子信息技术的发展速度飞快，多媒体技术在各个学段的教学实践中都得到了大范围的推广和使用，使教学效率大大提升。多媒体技术在教学活动中的使用不仅为教师制作课件节省了大量时间，也为学校尤其是幼儿园节省了时间和经济成本，推动了幼儿教育的良好发展。幼儿教师在活动中使用具有趣味性且生动形象的多媒体课件时，不仅可以增加幼儿的视觉刺激，使其接收到更多的信息，使整个教学活动更加有

效，还能在一定程度上发散幼儿的思维，拓宽眼界，使其在互联网教学资源以及新媒体技术的支持下学习到更多的知识。此外，多媒体技术的典型特点就是画面生动、形象，趣味性强，可以给幼儿极大的视觉享受，留下深刻的印象，从而促进幼儿形成良好的语言理解和表达能力。网络技术的发展不仅丰富了幼儿教师的生活内容，还满足了幼儿教师的学习需求，转变了许多教师传统的教育观念，促进了教学方法、教学内容以及组织形式的革新，推动整个教育和管理手段朝着更加现代化的方向发展，提高了教师队伍的整体素质。

二、多媒体技术在幼儿语言教学中的应用

（一）创建教学情境，激发表达欲望

在过去传统的幼儿语言教学活动中，由于缺乏先进的教学设备，幼儿教师只能单纯依靠乏味单调的语言开展教学，主要形式大多为组织幼儿朗读诗歌、儿歌，为幼儿讲述绘本故事，这样不仅会削弱幼儿对语言学习的兴趣和热情，更是对其长期语言综合能力的发展产生了非常消极的影响。近些年来多媒体技术在我国广泛普及和应用，推动了各行各业的发展，取得了非常可观的效果。因此，如果仅仅依靠幼儿教师枯燥乏味的讲解，幼儿很难在语言教学活动中集中注意力，但是将多媒体技术应用到教学中，就能充分发挥其声像结合的特点，将故事和儿歌中的动感画面有效地再现，直观呈现出的画面也会更加形象和生动，给幼儿创造出一个颇具趣味性和吸引力的教学情境，从而激发幼儿语言表达的热情，同时在潜移默化中引导幼儿开口说话，学会运用并组织语言。

例如，在教学活动《小雪花》中，广东的孩子由于地域原因从来没有看到过雪花，因此他们对雪花的感知能力就会减弱，并且很难真正感知到动物、植物与雪花的关系。这种情况下，幼儿教师可以使用幻灯片或Flash动画制作出雪花在空中飞舞的情境，带着幼儿在雪花的世界中畅游。在此情境中，幼儿教师可以给小麦苗盖上厚厚的白色被子，也可以让小乌龟悄悄地冬眠。然后，教师还可以为动画配上一首小雪花的儿歌，激发幼儿的学习兴趣，使其能情不自禁地模仿，将幼儿的无意注意变为有意注意。

（二）全面创建想象空间，提升语言创造能力

尽管幼儿的思维尚处于未完全发育的状态，但是他们有着非常丰富的想

象力。因此，幼儿教师在语言教学活动中应当注意，不能制约其思维的发散，并且要不断去激发幼儿的思维。在这个阶段，幼儿教师可以多多应用多媒体技术，多元化地加工教学材料，向幼儿呈现出更加满足实际需求的教学内容，给幼儿打造出一个丰富和生动的学习情境，创造一个广阔的想象空间。在这个空间里，教师可以引导幼儿发挥其想象力全面思考和想象，激发幼儿的思维创造能力，进而更好地提高语言创造能力。

例如，在学习大班语言活动《风儿与云彩》时，幼儿教师可以充分运用多媒体技术为幼儿呈现出内容中的画面，即蓝蓝的天空上飘荡着几朵白云。一方面，幼儿教师可以为白云增添一些较为有趣的表情，并且让云彩随风飘动。另一方面，幼儿教师还可以让幼儿根据在视频中听到的风声和看到的云彩展开无尽的想象，一段时间后，鼓励幼儿之间进行交流，积极主动发言，讲述自己在大脑中想象出来的画面和场景，此时幼儿会根据教师提出的问题回答出多元化的答案，而教师可以根据幼儿的回答用白板笔在白板上描绘出各种各样的云彩，以此来增强幼儿的自信心和学习兴趣。在这个过程中，幼儿教师应当注意，由于每名幼儿的想象力和语言表达能力存在差异，教师应当做到客观对待，鼓励幼儿在活动中积极发言。通过借助多媒体技术应用此种教学方法，能在一定程度上拓宽幼儿的想象空间，充分发挥自身的思维，充分想象和表达，这样不仅可以增强幼儿的思维发散和想象能力，还能提升他们的语言表达能力。

（三）通过直观动画，促进幼儿理解记忆

学龄前的幼儿多受直观感性思维主导，因此，幼儿教师在开展语言教学时，应选择具体的事物形象作为依托。在实际的教学活动中，教师使用多媒体软件为幼儿呈现生动的画面，能充分调动幼儿的学习兴趣，激发学习的主动性和热情，促进其进一步理解语言内在的含义。但是在从前已经开展的幼儿语言教学活动中，使用语言和图片等简单形式组织幼儿学习，虽然能达到一定的学习效果，但是由于教学资源有限，形式和内容都非常单一，早已无法真正满足教学中的实际需求。而多媒体技术具备动画、视频以及声音等多种功能，能给予幼儿多重刺激，因此，幼儿教师可以运用多媒体技术，在短时间内快速集中幼儿的注意力，从而使幼儿能在大脑中对所学习的知识形成深刻的记忆。

例如，在学习《十二生肖》这首儿童歌曲时，教师可以应用多媒体技术，

把抽象的文字转变为美丽的画面，把动物的外貌和特点与儿歌中所表达的内容逐一对应。由于幼儿在生活中能见到的动物种类非常有限，多媒体技术能为幼儿提供一个非常直观的平台观看，从而快速集中幼儿的注意力，调动学习的积极性。与此同时，教师还可以在活动中为幼儿播放有关十二生肖的动画视频，并配备与之相应的背景音乐，对幼儿进行情感的渲染，打造一个良好的学习环境，在使幼儿的注意力集中的同时，还能在情景交融的环境中充分理解和掌握语言所传递出的情感基调，这样幼儿便能在潜移默化中学会儿歌。因此，通过应用多媒体技术，教师能为幼儿构建出一幅幅学习画面，使幼儿以高涨的学习兴趣参加各种语言知识的学习，进而提升自身的综合语言素养，使幼儿语言教学高质、高效地开展。

综上所述，在幼儿语言教学中应用多媒体技术，能将原本乏味、枯燥的语言内容变得丰富多彩，还能培养幼儿的想象能力和表达能力。然而，幼儿语言教学的成效很大程度上依赖于教师的悉心指导，这不仅需要教师自身积极地提高个人的教学水准，还需要应用先进的多媒体教学工具为幼儿创建教学情境，激发幼儿的自主表达愿望；构建想象空间，提升幼儿的语言创造力；通过直观的画面，促进幼儿更好地理解和记忆，从而为幼儿呈现出更加生动和形象的语言世界，为幼儿未来的学习和成长打下坚实的基础。

信息技术在幼儿园教学资源开发中的应用

东莞市黄江镇中心幼儿园　陈燕年

目前，教育信息化受到越来越多的教育者的关注，在互联网时代下的信息化教学、数字化教学资源、多媒体技术等"硬核"的信息技术知识，给教育教学带来了更多的可能性。在开发幼儿园教学资源的过程中，我们发现针对幼儿园教学的数字化资源比较杂乱，不容易筛选，很多即便检索到数字化资源参考，也没办法整合运用，再加上很多幼儿园老师对信息技术应用还不太熟练，不善于通过各种信息平台搜索资源，也不善于运用各种软件功能进行编辑制作。基于这些因素，我们尝试先从简单收集入手，再到合理运用，然后学习整合，最后再尝试创新。

一、资源的收集

结合幼儿园信息技术2.0的关注点和能力点需求，对资源的检索和获取，是老师们需要掌握的能力之一。为了促进教师对教育信息资源收集的具体操作方法和应用能力的提升，我们采用培训引领的方式，先是邀请在信息技术方面比较擅长的教师分享自己在收集资源方面的经验，引导教师从百度搜索相关资源，并实操演示如何进行文字下载、视频下载、音频下载、动画下载、图片下载等的操作方法。结合实例，有效地帮助教师解决在获取和处理网络资源时所碰到的相关问题，让教师有一个更直观的学习，从而提高教师便捷的搜索和获得网络上最优质资源的能力。

例如，疫情期间，为了收集相关的网课资源，老师们就借助信息技术手段，进行信息收集的工作，分级部收集了许多微课素材储存到幼儿园的资源库，给老师们制作微课提供了很多学习和借鉴的资料。同时，也为老师们后期制作疫情宅家线上学习的微课视频提供了参考素材。

二、资源的运用

在信息化高速发展的社会背景下，将信息技术引入幼儿园，与幼儿园的各项教育活动相结合，建构信息化的幼儿教育环境，不仅仅是对传统幼儿教育模式的优化，还是新时期幼儿教育的必然发展趋势，其能使幼儿教育更加丰富、有趣、多元，也能促进幼儿的身心全面成长。在教师拥有了资源收集的能力后，我们开始探索如何学会合理运用资源。

在疫情期间，借助信息资源的支撑，我们收集了许多不同领域的视频资源，并结合小、中、大班不同年龄段幼儿的特点，进行剪辑和录制，以微课资源为切入点，改变了多数幼儿园采用育儿知识文章分享、疫情须知、打卡挑战等家长抵触、幼儿难以互动的方式，向公众号平台推送了许多微课，让幼儿停课不停学，在家也能听到老师的课，并和老师一起学各种知识，一起运动。我园以制作微课开展停课不停学线上居家学习内容，通过公众号、班级群等平台推送《不负"宅"时光·"疫"下共成长》系列亲子居家学习活动。

例如，将亲子律动、亲子体能游戏、亲子科学实验游戏、亲子数学挑战活动等一系列互动性强、游戏趣味性高的教学内容融入微课中，幼儿在家与家长在玩中学、学中玩的同时加强亲子感情；将每周一歌/舞的表演活动、绘本故事阅读活动、你画我猜美术游戏等一系列领域发展目标为教学内容融入微课里，让幼儿在家也能得到相应的能力发展和培养学习；制作安全知识小课堂、疫情小贴士、卫生健康小课堂、生活小技能等一系列与孩子教育、生活场景相贴合的教育微视频，而此类视频的受众不仅是幼儿、家长，亦能在与孩子学习的过程中得到相应的育儿知识及经验分享。

三、资源的整合

网络数字化资源的收集和运用，让教师在此过程中加强了信息技术技能的掌握水平和多媒体技术的运用能力，拓宽了信息技术的应用视野，培养了信息技术的素养发展。熟能生巧，在信息技术这一领域是公认的道理，如何智慧地运用信息技术在线上资源开发经验的帮助下，进行资源的整合也是至关重要的。

传统的课堂教学因其固有的弱点而经常遭到批评。随着多媒体信息技术在教学过程中的普遍应用，我们越来越注重信息技术与学科课程的整合，逐步实现教学内容的呈现方式、学生的学习方式、教师的教学方式和师生互动方式的变革，充分发挥信息技术的优势，为学生的学习和发展提供丰富多彩的教育环境和多种学习体验。

例如，绘本故事《小金鱼逃走了》的课件资源就是以一段教师制作的多媒体视频展示小金鱼从鱼缸里跳出来了，吸引幼儿的兴趣，随后跟着幻灯片的动画观察小金鱼逃走的地方及小金鱼的特征，为后续内容做铺垫。当小金鱼逃到教师拍摄的自己班级的课室照片时，瞬间让幼儿炸开了锅，这时，又突然响起小金鱼的语音：小朋友们，我就藏在你们的教室里哦。再一次激起了幼儿浓厚的兴趣，开始一起在班级里寻找小金鱼的影子。这种资源整合的教学方式不仅趣味性十足，而且教学目标和内容通过多元的感官体验，让幼儿乐在其中。

四、资源的创新

网络资源虽然很丰富，但是结合实际工作，我们在资源收集、资源运用和资源整合的基础上，也要学会创新教育教学资源。幼儿教育越来越提倡教学的全面性，不论是语言知识、社会科学还是艺术、身心健康等方面都应该兼顾。但是众多的教学内容各具特点，要制定合理的教学计划和教学目标，在选择信息技术手段时，就要注意其特点和局限性。在信息技术的应用过程中，要考虑到幼儿的接受能力和理解能力，由于处于知识的启蒙阶段，要利用信息技术将知识呈现得更为直观有趣，让学生多开阔眼界认识世界。在教学媒介选择时，就更需要我们注意教学形式的多样化和创新性。

课堂教学中，我们经常会融入讲故事、做游戏、听音乐、看视频等内容，但这些资源不是我们想要就能全部在网络资源中找到的，因此，我们有的时候需要在原有资源的基础上进行创新，设计出更符合幼儿年龄特点，更易于引导幼儿学习的教学资源，从而为幼儿营造良好的课堂氛围，使幼儿的学习积极性和多重感官被充分调动起来。

例如，在设计绘本《章鱼先生卖雨伞》这节活动时，我们只找到绘本图片、音频和视频，但是没办法让幼儿有互动。为了体现绘本学习的互动性，从而引起幼儿学习兴趣，激发幼儿学习动机，帮助其建立学习信心，获得学习成就感，我运用PPT中的P图功能，将故事中的部分小动物抠图出来制作成动态效果，并添加动物行走的路径以及音效。在章鱼先生开始卖雨伞的时候也添加了"雷雨"的音效，让幼儿身临其境，感受到故事中天气的变化，增加学习内容的新颖性，培养和激发学生的学习兴趣，从而提高教学质量。

在第二个部分，幼儿猜测章鱼先生用什么办法把雨伞变成黑色的环节中，为了让教学内容变得形象直观，易于让幼儿接受，我在PPT中插入了关于章鱼喷墨汁的网络视频，使课堂气氛活跃，加深巩固教学内容，让幼儿感受到学习的喜悦，寓学于乐。在我的PPT每一页里都加入了动画、音效等功能，因此在教学活动过程中能起到画龙点睛的作用。

为了方便操作PPT课件，课堂上我还使用了"遥控激光笔"工具，通过简单地按动激光笔上、下翻页按钮，以无线方式直接远程遥控计算机和多媒体投影设备，实现PPT的自由翻页和随意演示。使用"遥控激光笔"不仅可以把教师从计算机旁边彻底解放出来，不必一直守在讲台前操作计算机，同时也省去了走回讲台更换页面的辛苦，真正体现无线点击，获得无限精彩，实现"走到哪里，讲到哪里，讲到哪里，指到哪里"，不仅增强了师生之间的互动交流，也大大提高了课堂效率。

信息技术给我们带来了很多便捷，只要使用得当就能更好地服务于我们的实际教育教学工作，切切实实提高教育教学效率和质量。在实际操作运用的过程中，我们还将继续探索，紧跟时代步伐，与时俱进，熟练掌握信息技术的多重运用功能，利用好信息技术实现专业素养的快速提升，提高教育教学的驾驭能力。

信息技术在幼儿园一日活动中的深度融合

东莞市南城第二幼儿园　纪俊琴

信息技术是一种可以将文本、声音、图像、视频等多种媒体性的形式进行综合运用而开展的新型教学手段。幼儿园一日活动是指幼儿从入园到离园的一天时间里，在幼儿园室内外各个空间里所发生的全部经历。"全国中小学（幼儿园）教师信息技术应用能力提升工程2.0"，是教育部推进的一项重大新时代教育建设工程。建立一日活动及课程的核心教育理念，推进新技术与幼儿园一日生活的深度融合，以信息技术引领学前教育高质量发展具有十分重要的意义。目前信息技术已经成为幼儿园一日生活中开展教育重要的技术手段，但是深度融合还不够。例如，多媒体课件的设计水平单一、教师缺乏信息技术专业性与多样性指导、在视频与音频等技术上处理的水平有限、教师利用大数据的统计分析能力较为薄弱等。基于以上观点，本文主要围绕信息技术在幼儿园一日活动中深度融合的意义、原则、实施三方面展开阐述。

一、信息技术在幼儿园一日活动中深度融合的意义

（一）从政策的角度

教育部发布了《关于实施全国中小学教师信息技术应用能力提升工程2.0的意见》（以下简称《意见》）。《意见》中指出："信息技术应用能力是新时代高素质教师的核心素养"，"全方位升级支持服务体系，保障融合创新发展"。中共中央办公厅、国务院办公厅印发《关于加快推进媒体深度融合发展

的意见》，提出"建立适应全媒体生产传播的一体化组织架构，构建新型采编流程，形成集约高效的内容生产体系和传播链条"。《纲要（试行）》指出："要在幼儿一日生活中有效地运用现代化教育手段。""幼儿园教育是基础教育的重要组成部分，是我国学校教育和终身教育的奠基阶段。"以上政策与教育部文件精神，为幼教工作者利用一日生活的教育契机，运用信息技术开展活动提供了理论支持。信息技术在幼儿园一日活动中的深度融合，是教育改革的重要手段，也是推进教育高质量发展的重要因素。

（二）从教育质量的角度

信息技术与幼儿园一日生活的深度融合，将助力教学质量的提升。首先，信息技术的深度融合能改变教师的思想理念，提升儿童观、教育观。近几年来，随着幼儿教师信息技术应用能力提升工程2.0的践行，教师的教学手段的创新能力、多媒体课件的设计能力、案例的设计水平得到飞跃提升。其次，信息技术具有多样化、直观化、情境化等特点，能满足幼儿可视化学习，将抽象的概念转换为直观，变枯燥为生动，有效地提升幼儿的学习兴趣，获得知识与技能。最后，信息技术对幼儿园开展一日活动中的各个环节的教育，能有效地提升保教质量。比如，幼儿园录制"如何防溺水"视频进行安全教育宣讲、在幼儿园微信公众号与视频号制作与发布幼儿园食谱与活动等，提升家园共育质量。

二、信息技术在幼儿园一日活动中应用的原则

（一）以幼儿为本，游戏性原则

《规程》中提到："幼儿园应以游戏为基本活动。"3—6岁的幼儿以形象思维为主，因此需要通过游戏化的教学，帮助幼儿提高兴趣。比如，在小班音乐游戏《点豆豆》教学中，可以利用Flash多媒体设计图、文、音、画，出现不同声音的甜豆豆、辣豆豆、酸豆豆图像做介绍，接着使用幼教白板触控技术玩"找豆豆"游戏，帮助歌词记忆，使幼儿进入角色，达到身临其境的效果。

（二）以教学为基础，直观性原则

《指南》指出："幼儿的学习是以直接经验为基础，在游戏和日常生活中

进行。"信息技术具有直观性，作为教育手段，教师以教学为基础，充分运用音频、动画、视频等直接展示给幼儿，符合幼儿的年龄特点。比如，在开展健康活动"我爱洗澡"时，首先，教师出示"猪小弟"的动画，直观演示猪小弟不爱洗澡浑身脏兮兮的画面，引发幼儿讨论，导入活动；其次，请幼儿触控一体机触摸屏幕中的猪小弟，马上出现猪小弟洗澡的动画与声音，利用直观演示猪小弟讲卫生；最后，通过动画直观地讲解讲卫生的小常识，用形象的手段帮助幼儿获得知识。

（三）以目标为导向，灵活性原则

信息技术具有灵活性，在一日生活中的融合是为了实现教育目标，也是为了提高教育质量。为了完成情感、知识、技能目标，教师巧用智能工具，比如二维码、iPad、喜马拉雅App、投屏直播、剪映App、美图秀秀等多技术融合，为幼儿创设生动、形象、视听的环境，促进幼儿积极思考、主动学习知识、运用知识、解决问题的能力。比如，幼儿午睡前，喜马拉雅App播放有声故事帮助幼儿在温馨的气氛中进入睡眠；幼儿玩区域活动时，利用iPad观看某个材料的演示操作或观看视频制作点心等。

（四）以生活为契机，发展性原则

著名教育家陶行知提出："生活即教育，一日生活皆课程。"一日生活充满了教育契机，将信息技术进行深度融合，要关注幼儿的"最近发展区"，遵循幼儿的发展规律及年龄特点，选择或设计多媒体辅助软件。比如，Flash和PowerPoint结合制作出图文并茂的多媒体课件，创造性地改革与融合。同时，可以采用希沃信鸽评课表，全面采集幼儿学习过程，关注幼儿的发展性评价；采用钉钉平台、QQ群建立信息技术资料库。

三、信息技术在幼儿园一日生活中深度融合的实施

《指引（试行）》中指出："幼儿园一日活动以游戏为基本活动，寓教育于各项活动中，分为生活活动、体育活动、自主游戏活动、学习活动四种类型。"一日活动即幼儿在园的全部生活。将信息技术与每一个环节深度融合，能有效地促进学前教育高质量发展。

（一）信息技术在学习活动的深度融合

输出影像与声音是运用信息技术的一大优势，可以优化教学氛围。美国学者米哈里·齐克森米哈里（Mihaly Csikszentmihalyi）曾提出过著名的沉浸理论（Flow Theory）。基于幼儿是通过直接感知、实际操作和亲身体验获取经验的，信息技术与学习活动的深度融合要关注两点：一是看能否帮助幼儿把新学的内容与已有经验建立联系，形成知识系统与网络；二是有效应用信息技术手段去引导幼儿发现和解决生活中的实际问题。比如，阴雨天过后，自然角里多了几只蜗牛，蜗牛的出现引起了幼儿极大的兴趣和关注度。教师顺着孩子们的兴趣与探究欲望，以此为主题，利用图片、科普视频、小度人工智能音响等，预设了多个幼儿感兴趣的学习活动，如"蜗牛的家在哪儿""牵着蜗牛去散步""到处旅行的蜗牛"等，接着幼儿在教师具有目的性、启发性的引导中，与家长利用问卷星做调查问卷，再实地观察与利用网络收集材料，最后将收集到的图片、影像、亲子记录生成二维码，到教室与大家进行分享。这样，学习就像玩游戏一样轻松、愉快。

（二）信息技术在自主游戏活动的深度融合

所谓自主游戏活动，实际上就是幼儿结合自身的兴趣与需求在游戏情境中自由交流、选择以及活动的过程。陈鹤琴先生的"活教育"理论体系：大自然、大社会都是活教材。将信息技术手段灵活地运用到自主游戏中，能更好地实现自由、自主、创造、愉悦的游戏精神。比如，围绕幼儿是环境的主人这一原则，开展如何优化户外自主游戏的项目式学习，幼儿通过智能手机、相机拍摄多个不同角度的幼儿园环境，建立幼儿园户外环境档案。教师回放幼儿拍摄的画面，引发幼儿讨论：户外可以开设什么游戏区域？布置到哪里？需要什么材料？将幼儿的想法画成思维导图，与幼儿进行小结。经过拍摄—画面回顾—小结—实施，幼儿园开设了木工区（木块、锯子、木板等）、涂鸦区（地面、墙面、树枝）、沙水区（戏水池、沙池、沙箱）、石头创意区（石头、颜料）等，通过最大限度地利用自然资源，创设了自然、自主、适宜的探究环境。幼儿在自主游戏时，教师使用录音笔、手机、iPad等工具观察记录幼儿活动并根据记录的画面进行活动回顾，如学了什么、遇到什么困难、下次想怎么做等，再通过微信公众号、视频号、美篇、二维码等多媒体手段展示项目成果，追随幼儿的脚步，帮助幼儿深度学习。

（三）信息技术在体育活动的深度融合

主要的体育活动一般都发生在运动场地上，包括自然因素、器械以及其他因素条件下的活动。教师设计体育活动时，将信息技术手段进行深度融合，既要考虑到学生的特殊心理，充分调动孩子的积极性与运动潜能，同时，要确保安全教育的渗透效果。比如，《指南》要求："了解常见的安全标志，能遵守安全规则。"幼儿园工作要将保护幼儿安全健康成长摆在首要位置。教师除了利用App、图片、安全规则动画等手段外，还运用智能机器人，让幼儿真实体验红灯停、绿灯行的交通规则；利用互动机器人当"警察"，指挥交通等。在整个过程中，教师作为游戏活动的支持者、合作者、引导者，在强调安全第一的前提下，通过创设体育游戏情境，鼓励幼儿玩中学、学中玩，促进了幼儿的社会性交往能力的发展，激发了幼儿的运动潜能。

（四）信息技术在生活活动的深度融合

从幼儿入园、进餐、饮水、盥洗、如厕、睡眠、离园等环节，各个过渡环节都蕴含着实现《指南》各领域目标的机会。各个环节的设计与组织都应该遵循幼儿身心发展的特点和规律，因此，将图文、动画、音响、视听、色彩等信息技术手段深度融合到各个环节，从听觉、视觉、触觉促进幼儿感官发展，使每一个活动细节都能起到教育的作用，让幼儿在生活中获得发展。比如，将筛选出来的各个过渡环节的音乐储存到一体机、智能手机、平板电脑等设备，当听到《幸福拍手歌》时要保持安静；当听到《玩具进行曲》时就知道要收玩具等，听到什么音乐就知道要做什么。

教育家陈鹤琴先生也曾经倡导："不能把幼稚园生活和幼儿实际的生活截然分作两途。"这就告诉我们，幼儿园教育与幼儿的生活不是两回事，要融合在一起。信息技术是学前教育改革的一项重要内容，将信息技术深度融合到一日生活中，充分发挥现代教育技术的优势，能弥补传统教学手段的不足，以促进学前教育现代化，提升保教质量。

运用现代信息化技术开展家园共育的有效策略

东莞市凤岗镇第一幼儿园　汪燕

幼儿园与家庭对幼儿都有启蒙与引导的作用，是幼儿成长中不可或缺的两个部分，是幼儿共同的施教者。从本质上看，家长与教师两者之间就是一种合作教育的关系。家园工作也是幼儿园教育教学工作的重要组成部分，它不仅提高了教师的教育教学水平，还促进了幼儿的健康发展，促进了幼儿园教育教学质量的提高。因此，作为教师更应该重视家长的作用，积极主动地与家长建立良好的关系，最终达成让幼儿全面发展的目标。现代信息技术的发展和普及，使幼儿园与家长之间合作与沟通的渠道不再局限于以往的传统模式，网络环境下的家园工作成为另一种重要形式。构建"师—幼—家"同步教育的各项平台，以一种全新快捷的方式，促进幼儿园家园工作的信息化，为交流架起便捷的桥梁，实现更好的家园双向互动。

一、传统模式家园共育中存在的困惑

（1）家长是孩子的第一任老师，幼儿教师想要协调好家园关系，搭建良好的家园合作环境尤为重要。在幼儿园，家园合作共育方式已经有了固有模式，相较于以往通过类似于家长QQ群、邮箱、微博等社交平台进行家园合作的方式已经满足不了现今社会信息化发展的需求。

（2）以往的家园共育活动开展中，幼儿园会创设一些半日开放活动、家园联系手册、幼儿成长档案等资源，这些资源的制作与开展费力、费时，还会出现很多家长不愿配合导致最后活动效果不佳的情况。

（3）幼儿教师教育观念落后，信息技术能力还有待提高，信息素养不高，缺乏有效培训；学前教育信息化资源和技术的匮乏是阻碍教师开展家园共育的因素之一，即使幼儿园配备高新的现代教育技术设备，也无法在实际的工作中发挥其作用。

二、现代信息化技术运用于家园共育的重要性

（1）家长参与方式更高效、便利。来自各个行业的家长，也是教育中不可或缺的资源。幼儿园可依据园所教学实际需要，邀请家长进行知识分享。通过网络视频直播的方式，可以解决时间、空间不便的客观因素，也能让幼儿更直观地感知相关知识，丰富幼儿对知识和生活独特的体验感受，促使家长获得教育的成就感，更新教育理念和教育实践方法。

（2）促进亲子陪伴质量的提高。教育家陈鹤琴曾说过："对孩子的教育工作人员不是单一的工作，不是仅靠学校就能完成工作，当然也不可能仅靠家庭就能完成，两者必须互相配合，这样才能更好地让孩子健康成长。"幼儿每天大部分的时间是在家庭中度过的，家长陪伴幼儿的质量参差不一，育儿经验和知识有限。运用相关亲子平台，弥补家长的这一缺陷，建立家长和幼儿园之间平等、互相学习的关系，促进家长陪伴的机会。例如，平台中提供教育专家专业育儿讲座的直播，亲子共同完成寓教于乐的教育游戏等，这些都为家长了解幼儿、解决幼儿出现的问题提供了有效的途径。

（3）彰显特殊情况下的教育优势。特别是在疫情期间，沟通成为老师与家长的一项非常重要的工作。长期居家生活，家庭教育产生摩擦，需要老师的正面指导，信息技术的线上沟通显得尤为重要。教育信息化为便捷高效的家园沟通架起桥梁，在幼儿无法正常回园生活学习的情况下，通过信息技术可传达幼儿园的教育理念，有效地让家长参与到幼儿的教育中来。

三、运用信息技术开展家园共育的策略

（一）有效利用信息化技术开展互动沟通

（1）传递内容丰富、受众面较广、制作方便简单、信息反馈及时是现代化信息技术的传播特点。现代社会的信息获取渠道增多，各类网络平台为我们提供了更快捷、内容更丰富的信息传递方式，成为我们生活中的一部分，也为教师和家长开展家园沟通搭建了信息化交流平台。例如，将幼儿的一日活动实施录制做成电子vlog供家长观看，或通过直播平台进行现场直播。

（2）根据幼儿年龄特点，了解其在家的生活情况，利用线上工具开展家

园沟通。例如，疫情期间，老师利用各类小程序接龙、问卷等收集家长和幼儿信息；线上教学专门制订幼儿亲子运动游戏计划，录制或上网收集符合幼儿年龄与身心发展的视频，为幼儿创设亲子运动游戏活动。专业的指导与信息化资源的有效融合使幼儿的家园互动更加有趣。通过"钉钉"软件的各项智能化功能，根据班级迅速匹配幼儿家长到联系人中，帮助老师在寻找家长时更省时高效。

（3）充分利用现代化信息技术的特点，利用班级微信群为载体，运用教师的教育专业知识，及时和家长进行沟通，做好家园合作教育，通过网络平台"腾讯会议""钉钉"等软件开展家庭教育讲座直播，让家长掌握教育幼儿的基本引导技能，使家长明确科学的教育方法对幼儿成长的益处，明确教育工作的专业性和不可替代性，意识到家园配合教育一致的重要性。

（二）搭建家园共享的信息平台

（1）许多家长因工作繁忙与教师之间的沟通较少，为了让他们能及时地了解幼儿的发展状况，利用好微信公众号信息技术平台开展亲子互动，比如每周定期发布五大领域的教学内容、亲子游戏、家庭教育知识等，引导家长带领幼儿进行亲子互动。教师把幼儿活动相关简讯传到平台进行分享，家长也能及时了解，与教师进行有效的反馈和建议。

（2）有的班级利用网络班级群，在群内上传各类游戏教学内容、育儿心得等，这些都是家园互动讨论、沟通的良好方式。有的班级群展示幼儿在园参与活动的照片，向家长介绍幼儿在园情况。有的班级通过指导家长参与制作幼儿微课，分享到班级群，过程中让家长了解信息技术与教育方法，同时进行平等交流，为幼儿的健康成长群策群力。有的班级老师或家长在班级群内推荐好的教育文章，做到家园教育资源共享等。现代信息化新模式下，真诚地与家长进行交流，充分利用网络交流方式，提高家长参与家园共育的积极性。

（3）园所为各班设置班级专属的电子班牌，智能输入班级活动计划和情况、幼儿相关信息，并连接每个孩子对应的家长手机，使家长能随时随地了解幼儿在园情况，实时知晓幼儿到园考勤情况、接送情况等细致信息，进而促进家园双方信任以及构建良好互动平台。

（三）让家长更便捷地参与各项活动

让家长充分参与到幼儿教育中来，感受家园共育的重要性。充分利用常规的网络平台，学习并用好视频剪辑，比如专业软件PR、AE，通用软件爱剪辑、会声会影，手机简易软件抖音、巧影、剪映等，把拍摄的幼儿在园的各项活动视频进行加工创作上传网络，供家园分享、点赞、留言，让不能到场的家长感受幼儿园活动的氛围。比如，为幼儿制作电子成长档案，使家长也能参与到幼儿的教育活动中，打破时间、空间的限制；通过对活动开展的了解也能提出便于幼儿园管理的建议和措施。现代化技术方式不受时间、空间的限制，促进家长对教育工作的认识，使其能更好地贯彻家园共育的要求，提高家长的参与率和配合度。

（四）学习运用现代化信息技术技能

教师需掌握的基本操作技能应内化为自己综合运用信息技术解决问题的能力。信息技术能力的提升能在一定程度上促进家园关系的提升，使教育教学工作更顺利地开展，让家长看到幼儿全方位的成长。同时，结合教育的专业性，利用信息技术与家长进行富有创造性的沟通和交流，让家长获得更形象、便于操作的教育技能和实践方法，就能有的放矢地和家长交流，家长也就能对幼儿进行正确的教育引导。在特殊情况下，只有学习运用现代信息技术，掌握自己面对的信息设备的基本操作技术，利用信息环境去获取、选择、评价所需的信息，才能解决空间和时间的限制，拉近家园沟通的距离。

将现代信息化技术合理运用到家园共育工作中，对新时代幼儿教师是一项新的学习方式，更是一种新的学习挑战，使教师的工作效率和家长的沟通意识得到提升。在家园共育工作实施的过程中，教师应不断总结经验，探索更加行之有效的方式，努力让家园共育工作更为顺畅，最终实现让幼儿健康、全面、和谐发展的目的。

信息技术与幼儿德育教育融合的新视角

韶关市乳源瑶族自治县大布镇中心幼儿园　吴金洲

一、信息技术与德育融合不再受时间、空间的局限

根据《幼儿园保育评估指南》中的具体方法，"科学合理地制订教育计划、组织实施各项活动"，"能抓住活动中幼儿感兴趣或有意义的问题和情境"。2022年在北京举行的北京奥运会，这是作为中国人的骄傲，这是国家的大事，是全球人民的盛事。在那段时间孩子们入园后总会讨论自己喜欢的运动项目，有的说喜欢冰墩墩，有的喜欢雪容融，于是我们与孩子一起探究，一起走进冬奥会，体验冬奥会的美好！2022年北京冬奥会的核心特色是科技、智慧、绿色、节俭，我们根据本班幼儿的年龄特点，结合幼儿的兴趣点，在班级开展了"共迎冬奥会，实现强国梦"主题活动。

（一）信息技术使德育教育与时俱进

我们通过网络下载冬奥会的比赛现场视频，让孩子从视觉、听觉上获取更多的信息，通过网络视频给孩子们介绍奥运火炬的来历，北京冬奥会的会徽、吉祥物、赛事，通过手工、绘画、观看赛事等丰富多彩的活动，让孩子们感受冬奥的每一个精彩瞬间。孩子们用小巧的手将超轻黏土捏成一个个可爱呆萌的冰墩墩、雪容融，用稚嫩的歌声唱着"墩墩和容融"，用手中的画笔涂上容融的新衣。在活动中，孩子们有太多"稀奇古怪"的问题："冰墩墩为什么长得像熊猫？""雪容融为什么要戴黄色的围巾？"许多孩子看了冬奥会的冰壶、滑雪比赛后，利用碳化积木模仿冰壶运动，在智能梯上上演"高山滑雪"。通过信息技术与冬奥会主题的融合，让孩子们的教育不再受时间、空间的局限，让孩子们更直观地知道了北京是世界上唯一一座既承办过夏季奥运会，又举办过冬季奥运会的"双奥"城市，增加了他们对冰雪运动的热爱，渴望像运动选手那样大显身手陶冶了孩子们的情操，增强了他们对家乡和祖国的热爱之情。

（二）信息技术促进幼儿情感表达

苏联教育家苏霍姆林斯基曾说："良好的情感是在童年时期形成的。"爱

需要大声说出来，让幼儿懂得如何爱自己的父母、长辈，这将对其情感表达和社会生活产生较为深远的影响。由于很多孩子都是留守儿童，又受到疫情的影响，在三八妇女节，我们开展了《爱在行动》主题教育，通过手工制作让孩子学会表达对妇女的尊重与热爱，同时用手机录下孩子的表演视频、最想对妈妈或者奶奶说的话，通过微信分享给每一位家长，让孩子在教师的引导下表达一份小小的爱，让家长们感受孩子爱的表达。同时教师通过在班级微信群中布置小任务，家长们纷纷把孩子在家帮助做家务、捶背、洗脚的视频发在了班级微信群，这种群体效应发挥了最好的作用，也让幼儿、家长们在有爱的环境中成长。信息技术使孩子的情感表达更加多样、有趣，不受时间、空间的限制。

二、信息技术使德育教育内容丰富起来

《幼儿园保育评估指南》考察要点指出：注重幼儿良好品德和行为习惯养成，潜移默化地贯穿一日生活和各项活动中。信息技术使德育资源、德育教育内容更加多样化，德育教育方法更加多元化，真正实现德育教育思想、德育教学观念及德育教育模式的根本变革。随着信息技术的普遍化，更应注重幼儿良好行为习惯和品德教育的养成，将其潜移默化地贯穿一日学习、生活活动中。

（一）德育内容源于网络

每位教师都自备一部智能手机，每个班级都会配置一体机，这使教师开展德育活动更加方便。幼儿园的德育任务主要是培养孩子良好的生活能力、良好的生活习惯，这对孩子一生受用。如何让幼儿自愿、自主地学习呢？我们利用抖音与希沃白板的投屏融于教学，让幼儿学习基本的方法与技能，幼儿从画面中感知事物，探索奥秘，产生身临其境的感受。例如，在学习穿衣服时先观看视频，再学习口诀，边说口诀边练习。我们相信孩子、鼓励孩子大胆尝试，信息技术让幼儿在宽松愉悦的游戏环境中体验学习生活的技能和本领。在午睡时教师会利用手机在孩子进入睡室时播放德育故事《做个诚实的孩子》《有礼貌的小熊熊》《嘘！小声点》《悯农》等，孩子通过听觉与视觉感受故事的内容，体会故事所表达的道理，为孩子创造了安静宽松的午睡环境。幼儿园的生活是不断重复的，幼儿掌握生活技能需要不断地探索和重复练习，重复的过程

需要教师用正确且适合幼儿年龄特点的方式不断地引导。

（二）德育内容源于幼儿生活

每个孩子都有一颗爱的种子，在雷锋周的活动中为了弘扬雷锋助人为乐的精神，我们收集平时孩子乐于帮助别人的照片与视频，并通过多媒体与幼儿分享，帮助幼儿树立良好的榜样，建立良好的班风，让幼儿懂得帮助别人也是一件快乐的事情，增强幼儿的信心。

信息技术使德育的内容更加丰富，不再局限于书本，不再局限于教师的说教，改变了德育教学的方法和德育教育的模式。

三、信息技术使文化传承更有效

瑶族优秀传统文化内涵深厚，蕴含着丰富的德育教育资源，是新时代开展幼儿教育的瑰宝。《幼儿园保育评估指南》中指出，全面贯彻党的教育方针，落实立德树人根本任务，将培育和践行社会主义核心价值观融入保育教育的全过程。

在大班主题《绚丽多彩的瑶族扎染》活动中，在活动前，教师利用网络平台查询了解瑶族扎染文化，并选择适合的图片制作PPT，再把PPT剪辑到优芽互动软件中制作微课，再利用微课进行情境教学。导入活动时，教师利用优芽互动电影制作出生动、有趣的微课情境，带领幼儿参观了瑶族扎染馆，让幼儿了解瑶族扎染的独特魅力，激发幼儿学习的兴趣，丰富幼儿想象力。探索活动时，教师利用优芽互动电影与多媒体的整合，让幼儿通过多重感官刺激学习扎染的方法与技巧，激发幼儿的创作欲望。将绘画创作的主动权还给幼儿，鼓励幼儿创作扎染，在活动中体验扎染艺术的魅力。在小组操作的过程中，通过希沃助手、手机投屏让幼儿相互交流分享，增强幼儿自主学习、合作学习、乐于探究交流与分享的良好氛围。最后通过手机拍摄，利用微信助手让幼儿介绍自己的作品，相互欣赏。

运用多媒体创造教学情境，激发幼儿学习的兴趣和好奇心。当看到幼儿主动投入学习状态时，活动就已经达到了目的。信息技术在课堂中能表现幼儿所见、所想的事物，使教学变得具体、生动、形象，便于幼儿自主学习、乐于探究、发展个性。信息技术与德育教学融合对促进幼儿热爱家乡，传承优秀传统文化更有效。

四、信息技术促进幼儿常规建立的效果

陶行知指出："教育源于生活，教育回归生活。"帮助幼儿建立良好的行为习惯，遵守规则，是教师义不容辞的责任和义务。在信息技术时代，我们要巧妙地运用信息技术帮助幼儿建立良好的常规，让幼儿自觉遵守规则，养成良好的行为习惯。

开学一个月了，孩子的常规总让教师感到头疼，每天早上入园后孩子总是把书包一丢就去玩了，刚帮忙整理好一下子又乱了，不管苦口婆心提醒多少次结果都是徒劳，吃饭时桌面、地板上全都是饭粒。于是我想与其我一直说，不如让孩子们自行去发现、讨论，于是我用手机把孩子不好的习惯和好的习惯拍了下来，在晨谈时利用投屏把图片、视频放在计算机上组织孩子一起探讨，问孩子们发现了什么。通过做得好的图片与做得不好的图片的对比，幼儿们都踊跃地发表自己的见解，并承诺会自觉地遵守纪律和规则。第二天孩子们差不多都能自觉地做好了。

有时教师说一百遍，不如让幼儿亲身去发现一遍，信息技术在促进幼儿常规建立方面更有效。

信息技术与幼儿园教育融合的策略分析

东莞市石碣镇中心幼儿园　叶丽怡

随着我国新课程改革的不断深入推进，提升幼儿综合素质成为幼儿园教学的最终目标。梁启超先生曾说过"少年强，则国强"，幼儿是祖国的未来，幼儿园阶段是幼儿性格、思想、习惯、思维方式形成的最重要阶段。从幼儿园开始让幼儿全面发展，可以为其未来的发展打下坚实的基础，故幼儿园教育更应该受到重视。近年来，我国信息技术发展突飞猛进，习近平总书记提出了"提高全民全社会数字素养和技能，夯实我国数字经济发展社会基础"等重要指示精神，如果幼儿园老师能将信息技术有效地融入幼儿园教学活动中，相比

于传统幼儿园教学方式，会很大程度上提高教学质量，逐步提升幼儿的学习兴趣与效率，有利于其综合素质的提升。

一、传统幼儿园教学的弊端

传统幼儿园教学存在很多弊端，这些弊端十分不利于幼儿未来的成长与发展，其中最大的一个弊端就是忽略了幼儿的差异性。幼儿园阶段是幼儿成长的特殊阶段，因此，幼儿园老师在进行教学活动时应该考虑到幼儿个性的差异、学习情况的差异，这样才有助于提高幼儿的学习兴趣，为其以后打下良好的学习基础，而在传统的教学方式中这是难以实现的。同时，传统幼儿园教学内容呆板无趣，没有直观性，更谈不上生动形象，难以激起幼儿对学习的兴趣和热情。例如，在进行小班音乐活动《小燕子》的教学过程中，有一句歌词"小燕子穿花衣，年年春天来这里，我问燕子你为啥来，燕子说这里的春天最美丽"；在《小小脚印真有趣》的教学过程中，有一句歌词"小鸡的脚是尖尖的，走来又走去，竹叶撒满地，竹叶撒满地"，幼儿不能直观地感受到这样的画面，简单的歌词教学很难促进其进行想象和思考。

二、信息技术与幼儿园教育融合的内涵

信息技术具有很强的综合性、直观性、逻辑性、形象性等特点，想要将信息技术融合于幼儿园教育，应充分地展现其特点与优势，需要将信息技术与幼儿园教育进行有机结合，进而有效地融合。这种融合不是简单生硬地将信息技术作为一种教学手段运用于幼儿园教育中，也不是盲目地将信息技术与幼儿园教育结合，本文所提及的将信息技术与幼儿园教育融合主要目的是想结合学习内容，通过科学合理的方式将二者融合，形成面向现代化和未来的幼儿园教育。接受幼儿园教育阶段的幼儿都处在性格养成、学习生活习惯养成、思维方式形成的时期，同时在这个阶段的幼儿想象力丰富、个性鲜明、自我管理与独立思考能力都较弱。在这样的特殊时期，将信息技术与幼儿园教育融合有利于弥补传统教学方式的不足，更能帮助老师们有效地顾及每一个幼儿的实际学习情况，从而鼓励幼儿提高学习的积极性，逐步促进其综合素质的提升。

三、信息技术与幼儿园教育融合的策略

（一）根据实际教学内容融入信息技术

郭力平教授曾在《我国学前教育信息化的未来展望》中强调，幼儿在日常生活中已经接触到了各种信息技术设备，如网络电视、有线电视、数字电视、移动电话、计算机、互联网、智能玩具、点读机、数码相机、摄像机、电子书等。为幼儿提供的信息化学习内容和资源也日益丰富，如各种面向儿童的动画片、教育软件等。以幼儿为主要受众的学前教育主题网站、微信公众号和小程序也与日俱增。总之，近年来幼儿接触信息技术总的趋势是：幼儿接触信息技术的起始年龄提前了，每天所花的时间也较之前显著增加了。因此，在学前教育教学中运用信息技术是学前教育发展进步的一项重要举措，代表了当前学前教育发展的趋势和方向。

信息技术在幼儿教育中的应用可以追溯到20世纪90年代以前，当时幻灯片、投影等视听教育媒体的引入使幼儿园的教学活动过程变得生动、具体且富有趣味性。信息技术与幼儿园教育融合并不是简单地把信息技术作为一种教学手段运用于幼儿园教育中，而是根据实际教学内容选择信息技术融入幼儿园教育中，这样做可以提高教学活动的质量和有效性。还是利用上面的案例，在进行小班音乐活动《小小脚印真有趣》的教学过程中，如果将歌词中的"小鸡的脚""小狗的脚"以图片、视频的形式呈现给幼儿，就可以让其更加直观地理解歌词的内容，还可以拓宽幼儿的学习思路，将动物的脚做成连线游戏，让幼儿在教学活动中根据图片上的脚印判断是哪种动物的，如果连线正确，还会发出鼓掌的声音，这样的趣味游戏不仅可以有效地调动幼儿的耳、嘴、眼、手等感官积极参与，还可以引导幼儿动用大脑去思考，不断发挥其想象力，激发其对学习的兴趣和热情，延长有效学习的时长。

（二）丰富幼儿园学习生活和文化生活

接受幼儿园教育的幼儿正处于人生中的重要学习阶段，因此丰富其学习生活和文化生活也是幼儿园教育中具有积极意义的一项内容。将信息技术合理有效地融入幼儿园教育中，能使幼儿园学习生活和文化生活更加丰富多彩。教师们可以利用课余时间，带幼儿多进行益智类小游戏，如上文的连线游戏；还可

以带幼儿观看一些适合幼儿观看的视频，在观看放松的同时还可以学习汉字、成语、算数等，为幼儿的学习生活添姿增彩。特别是教学活动中情境的创设对幼儿的学习有着吸引和带动的作用。教师在教学活动过程中，如能适时利用好信息技术调用网络资源库中的图片、声音、视频、动画、课件等多媒体资源，有利于刺激幼儿对具体物象知识的认知，增强客观知识和想象的可读性和可辨别性。另外，将许多辅助教学活动的信息技术工具融合到幼儿园教育中可增强活动的互动性和幼儿获得知识的有效性。

幼儿园老师还可以组织幼儿创立广播站、舞蹈协会、音乐协会等，举办选拔广播站广播员比赛、舞蹈比赛、唱歌比赛等，这样不但可以丰富幼儿在幼儿园的文化生活，还可以通过这些活动锻炼幼儿自身的能力，有助于促进其全面发展，有利于其综合素质的提升。

（三）运用信息技术让家长走进幼儿园

家庭教育是学校教育的基础，对幼儿的成长与发展具有很大的影响。也就是说，家庭教育与幼儿园教育对幼儿来说缺一不可，并且家园合作的教育更有助于整合教育资源。运用信息技术让家长走进幼儿园，可以使家校合作的实现更方便、更快捷、更有实效，可以很好地解决传统的家园合作因时间和空间上的不便导致的沟通不畅等问题。例如，在幼儿园举办广播站广播员选拔比赛时，家长如果不能亲自到现场，老师可以将比赛以直播或者视频的形式推送给家长，让家长了解幼儿的比赛情况，及时地给予孩子鼓励和夸奖，以此提高幼儿的信心和兴趣。运用信息技术让家园合作不再遥不可及，例如，疫情期间，幼儿园鼓励老师利用微信群、微课掌上通、钉钉群等网络平台及时与家长沟通幼儿在园的情况，家长也可以更了解自己的幼儿，知道他们在幼儿园里的表现，有助于幼儿身心的健康发展，对于其综合素质的提升也有很大的帮助。

综上所述，传统幼儿园教学存在很多问题，不利于幼儿未来的成长与发展，要弥补传统幼儿园教学的弊端，将信息技术有效融合到幼儿园教育中是当前极具意义的教学方式改革，对提高教学质量，激发幼儿的学习兴趣，提升其综合素质有着积极意义。本文基于信息技术与幼儿园教育融合的内涵，对将信息技术融合到幼儿园教育的策略进行探讨，以期能起到抛砖引玉的作用，带给同行一点启发，为幼儿营造一个良好的学习环境，让幼儿园教学活动过程更加丰富多彩，让幼儿的学习更具有趣味性。

微课在幼儿园体育教学中的应用研究

东莞市凤岗镇中心幼儿园　彭锦伟

幼儿园是幼儿接受教育的启蒙阶段，幼儿在幼儿园学习的过程中，对所有事物的认知都是比较迷糊的，而且这时也是培养幼儿学习兴趣以及对外界认知的一个关键时期。最近几年，微课已经被广泛应用在幼儿园的体育教学中，同时微课也带动了一些高端、智能科技在微课中的应用，因此，充分利用网络技术，并通过网络技术制作一些精简的短视频，也成了幼儿园日常体育教学中的一种比较常见的模式，而且这种体育教学模式能极大地带动幼儿学习的积极性，并且具有良好的体育教学效果。由此可见，体育微课教学模式，促进了幼儿园体育教学模式的发展。

一、微课的定义及特点

（一）微课的定义

微课是通过运用计算机网络技术，根据幼儿对社会的认知模式，将所讲述的内容通过短视频进行讲述的一种授课方式。短视频体育教学是微课的核心内容，同时微课中还包含了体育教学设计、问题设计以及问题答案等相关内容。总的来说，微课是一种运用计算机网络技术创造的与幼儿某项体育教学主体相关的课程。微课与传统的教育方式不同，但又能把传统的教育形象地展示给幼儿。

（二）微课的特点

目前幼儿园微课教育具有"短"与"精"的特点，"短"是指微课的时间通常比较短，"精"是指微课的内容比较精简。通常情况下，微课的上课时间为5—10分钟，很少会有超过10分钟的微课程。微课所设计的内容比较全面，并且通常网络技术讲解得也比较到位，很适合各个年龄段的幼儿去学习。微课与传统体育教学不同的是，其内容相对比较少，但是可以精准地把握住体育教学的重点，能让幼儿被体育教学中的重点所吸引，以达到充分吸收的效果。由此可知，微课程相对传统课程来说内容比较精简而表现形式又十分丰富，因此，也被称为"微课堂"。

二、微课在体育教学中的运用

（一）微课在幼儿园体育教学中的运用

在幼儿园里，体育教学活动大多是在室外开展的，在体育教学活动上，幼儿园老师主要带领幼儿做一些简单的活动或舞蹈类动作。在室外开展体育微课可以利用5—10分钟的时间，让幼儿明白一些简单的活动规则以及安全注意事项。通过微课能对这些注意事项进行充分描述，再加上老师对相关内容的讲解，这样更容易被幼儿吸收，同时也能节省很多时间。在幼儿的体育教学过程中，体育教学的目的主要是让幼儿学到新知识，让幼儿理解本次课堂内容，从而提升幼儿在课堂中的学习效率。通过体育微课教学，有利于幼儿对体育教学课程产生浓厚的学习兴趣，极大地提升幼儿课堂学习效率。

（二）微课在体育教学中的作用

微课与传统的教育风格不同，在微课的体育教学过程中，幼儿处于主导地位，而幼师则起辅助作用。通常情况下，当幼儿对问题难以理解时，幼师可以对难以理解的地方进行解答，而其他时间段，主要还是由幼儿对微课的内容进行吸收。这种体育教学模式，有助于培养幼儿的自主学习能力和自我思考能力。同时，通过在微课内添加一些优美的音乐和关于活动规则的图片，也可以让幼儿对体育知识充分了解，丰富幼儿的学习内容，为幼儿对体育活动的认知及以后的学习打下基础。

三、微课在幼儿园体育教学过程中存在的问题

目前随着互联网的逐渐普及，体育微课教学已经被很多幼儿园投入使用，由于在教学过中该模式作为一种比较新颖的教学模式，因此很多事项都还处于摸索中，并且存在的问题也比较多。为了使体育教学知识被幼儿充分吸收，必须发掘微课在体育教学过程中存在的问题。经调研发现，目前体育微课教学还存在如下两个问题。

（一）幼儿在体育微课学习中不用心

体育微课教学是让幼儿对体育活动先进行课前的自我学习、自我理解的一种教学模式。因此，体育微课教学是一种以幼儿为主体的体育教学模式，幼师在体育微课教学中主要起辅助作用。因此，体育微课教学需要幼儿在学习过程中充分发挥自身的自主意识，如果幼儿不去主动学习，就起不到应有的作用。然而，在实际过程中，幼师为了不打扰幼儿，让幼儿能安静地看完课程，往往会造成不主动听课的幼儿达不到微课学习的目的。

（二）幼师在体育微课教学中教研较少

最近几年，体育微课教学已经被广泛应用，并且已经与多媒体体育教学充分融合，深受广大幼儿教师的喜爱。微课作为一种新型的体育教学模式，虽然已经走进了幼儿的日常体育教学中，但是由于微课没有被全面推广，造成很多幼儿教师对体育微课的重视程度不够。而且体育微课的制作需要一定的网络技术，在实际的操作中，鉴于很多幼师没有相关的网络技术功底，致使很多体育微课设计难以激起幼儿的学习兴趣，导致体育微课教学没能达到理想的效果。并且很多幼儿教师没有体育微课教学的相关经验，导致体育微课教学未能发挥出应有的体育教学效果。反而传统的体育教学更容易达到一定的体育教学效果，久而久之，体育微课就不再被幼儿教师所使用。

四、微课在幼儿园体育教学中运用的应对措施

幼儿是祖国的未来，幼儿的健康成长对我国以后的发展是相当重要的。因此，我们需要针对目前幼儿在体育微课教学过程中存在的问题去制定相应的措施，以期促进幼儿的健康成长。结合上文叙述问题，现制定以下措施。

（一）增加体育微课的趣味性

多数幼儿具有天真活泼、在课堂上难以长时间集中注意力的特点，而且幼儿对新事物的好奇心比较强，为此，幼儿教师可以利用幼儿的这个特点，将一些不容易被幼儿理解的体育知识和体育规则，以一种比较有趣的形式添加到体育微课中去，然后通过微课堂对该知识进行少许描述，这样就能有效激发幼儿的学习兴趣，并对相应的体育规则有更深的了解。同时，微课堂也有助于幼儿身临其境，让幼儿更容易地融入本次的体育教学中去，以有效地调动幼儿学习

的积极性。另外，幼儿教师应充分利用微课堂的特点，制作微课应坚持精而简的原则，让幼儿在短时间内有效地吸收本次的课前学习内容，便于体育课堂的教学工作的开展。

（二）提高幼师对微课的教学效果

在幼儿园体育教学过程中，虽然微课的优点有很多，但并非对所有的幼儿都有效，为了有效调动幼儿的学习热情，幼师要深入把控和研究体育微课的教学质量，要学会分析幼儿对体育微课的学习情况以及学习效果，设计出适合幼儿学习的体育微课学习方式。特别是对一些年纪比较小以及上课容易走神的幼儿更值得老师去关注他们的学习效果。同时幼师在设计体育微课时，要合理设置体育微课的时间，根据幼儿的注意力去设计，这样更有助于加深幼儿对知识的理解，也能让微课达到理想的体育教学效果。作为学校，要加强幼师在体育微课教学能力方面的培养，因为教师是教育活动的主导者，对教学质量起着重要作用。为此，学校要针对教师对微课的了解程度，组织开展集体培训、专题讲座、小组讨论、实践指导等形式的培训。在开展全员培训过程中，要充分发挥教师对体育微课教学的理解能力，注重经验分享和应用，让每一位教师都能构建一套适合自己进行微课教学的结构体系。

五、总结

综上所述，随着我国科技的不断进步，互联网技术不断加强，微课这种体育教学模式应运而生，在幼儿园的体育教学过程中，运用微课能有效激发学生学习兴趣，调动其学习积极性。因此，在未来的幼儿教育中，应积极转变传统的体育教学模式，将微课堂应用于幼儿的教育活动中，以激发幼儿的更多潜能。

思维导图在幼儿园园本教研中的运用策略研究

大朗镇第一幼儿园　韩自媚

2018年11月15日在《中共中央 国务院关于学前教育深化改革规范发展的若干意见》第二十八条中提到：要"完善学前教育教研体系，健全各级学前教育教研机构，充实教研队伍，加强园本教研，及时解决幼儿教师在教育实践过程中的困惑和问题"。这体现了我们国家对学前教育的重视，对学前教育教研活动的重视。[1]园本教研活动的开展既要切实解决幼儿园中的实践问题，更要引领幼儿教师的专业成长。园本教研活动的开展效果直接影响幼儿教师的专业发展和幼儿园教育教学的质量。只有有效的园本教研才能解决幼儿园实践中的真实问题，才能促进教师的专业成长。目前幼儿园的园本教研都较为形式主义，大多以一言堂的方式为主，教师的理论基础不够深厚，阐述观点时仅限于教师的思维，从而导致园本教研的结果片面化、局限化和经验化。同时教师阐述时普遍啰唆，观点缺少严谨性、科学性和逻辑性。基于以上幼儿园园本教研的实际情况，运用思维导图这一工具，以图文并茂的形式，借助图画、色彩、多维度、代码等手段来增强使用者的记忆能力，使中央图形成为他们的关注焦点。[2]

一、活用思维导图，聚焦共性问题，进行深入探讨

在教研过程中，教师们大多依据自己多年来的教学经验提出观点。教师们更在意的是表达自己的观点，但往往忽视了观点的依据，缺少严谨性和科学性。他们经常会说："以我多年的经验……""我在网上查到的……"亲身经历的教学经验固然宝贵，但仅限于教师的思维，园本教研的结果也会导

---

① 李仙玉."思维导图"让园本教研焕新颜［J］.山西教育（幼教），2019（4）：55-57.
② 吴丹丹.初探思维导图在幼儿园教学中的运用［J］.科学大众（科学教育），2017（12）：109.

致片面化、局限化和经验化。在忙碌、琐碎的一日生活中，如何用较优质的方式提升教师的专业理论水平？答案是：活用思维导图，储备专业知识，聚焦共性问题。下面以《优化幼儿园一日活动》的园本教研活动为例，阐述园本教研开展的实践案例。

（一）共读材料，思维导图聚焦理论

幼儿教师普遍存在阅读量少、聚焦重点观点能力弱、理论与实践融合较难的问题。教研主持人聚焦教师近阶段的一日活动开展情况，聚焦观点《广东省幼儿园一日生活指引（体育活动）》，如图6-4-1所示。

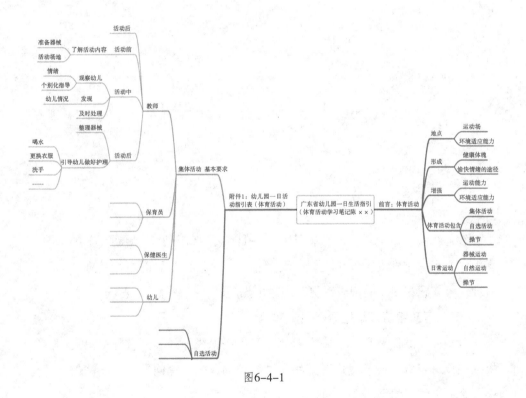

图6-4-1

教研主持人园本教研学习群发出《广东省幼儿园一日生活指引（体育活动）》，线上分享思维导图的类型及软件，要求教师用思维导图的方式记录读书笔记，并提出目前班级的困惑及需要解决的问题。

在教师提交的思维导图中，教师以图文的方式记录自己理解的理论，并延伸自己的做法。教研主持人在导图中能察觉到教师的思路，清晰教师习得的专业知识，了解教师存在的共性问题及各个班级的困惑，同时，能了解到各班级教师采取了哪些具体的措施。

（二）前期调研，思维导图聚焦困惑

园本教研前期，除了理论基底一致化，更要教师清楚自己班级的问题、级部的共性问题。教师通过思维导图的方式，提出中班一日流程中三个优势及班级具体实施方法，以及三个需要调整改善的环节及具体的困惑（见图6-4-2）。

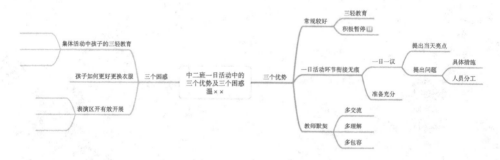

图6-4-2

教师在阅读、记录《广东省幼儿园一日生活指引（体育活动）》的学习过程中，有了一定的专业知识记录，对照指引、运用思维导图更能精准地回顾、梳理班级问题，图文的记录，更直观地聚焦问题，拓宽思维广度与深度。

（三）行政跟班，思维导图聚集实况

教师前期共读及积累，园本教研主持人用思维导图聚焦教师提出的困惑，根据困惑进行针对性的跟班，并用思维导图的方式聚焦问题，以图文的方式记录各个班级的具体做法。

园本教研主持人在跟班的过程中用思维导图的方式，总结提炼一些具体、有效的做法，直接通过分享思维导图，让教师进行自主学习，解决一些个别化问题。

二、善于多形式思维导图，进行针对性记录

郑晞提出有效的园本教研活动要具有变"指导式教研"为"对话式教研"的理念。借助思维导图多样的形状和形式，让教师可视化地回顾形式，看见教师教，看见儿童学。[①]较为常用的思维导图类型有：气泡图、流程图、双流图和树形图，需要教师发挥主体性作用，每一位教师在园本教研中起到记录者、研究者的作用，在前期的聚焦问题，教师可根据教研重点选择合适的思维导图类型进行记录。下面以一日活动流程为例，分享具体的实践形式。[②]

（一）气泡图，记录一日活动流程

气泡式思维导图能把一日活动中抽象的逻辑、结构等内容，用直观、形象、生动的画面呈现出每个环节，让教师直观、有逻辑性地清晰地了解一日流程的框架。

气泡式思维导图，图文的结合，按顺时针的顺序阅读，在教研活动的导入环节，让教师明确本次教研活动的主题，为接下来的研讨做好铺垫。

（二）双流程思维导图，聚焦环节问题，多维度剖析

教研主持人抛出一个主题的时候，用双流程思维导图的记录方式，同一个环节，教师多角度地看待问题，换位思考解决问题，研讨出具体可行的措施。以幼儿园一日活动中过渡环节——餐后自主管理为例：

双流程思维导图运用到园本教研的记录中，实现教与学的可视化，在讨论的过程中，能自觉形成清晰的流程脉络，围绕餐后活动的某一环节，主动回顾幼儿的行为记录，理解幼儿，回顾教师现场的行为表现，以便优化下一阶段的实施措施，帮助教师进行深度思考。

（三）树桩式思维导图，有效进行分类总结

树桩式思维导图（如图6-4-4所示）的记录能有效地支持园本教研主持人在教研活动中梳理、提炼教师们的观点，对总结提炼及下一阶段的工作规划有

---

① 吴丹丹. 初探思维导图在幼儿园教学中的运用［J］. 科学大众（科学教育），2017（12）：109.

② 彭如英. 思维导图在幼儿绘本阅读教学中的应用［J］. 幼儿教育研究，2020（1）：36-39.

更好的指引作用。

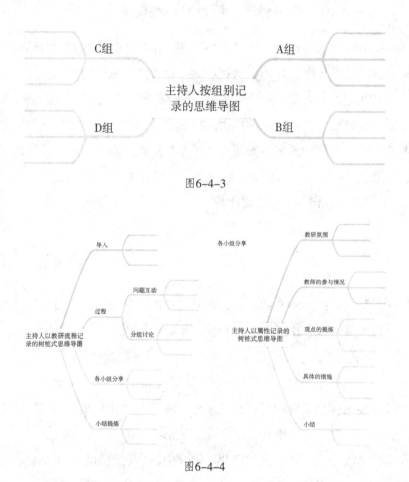

图6-4-3

图6-4-4

　　树桩式思维导图按照流程顺序、属性、组别类型等进行记录，根据一定顺序排列或按照某种属性予以分类记录，最终绘制成思维导图。这个过程让主持人的思维变得更有组织、更清晰，也更有条理。久而久之就养成了一种思维习惯。

　　思维导图与园本教研活动相结合，是一个思维碰撞的热烈过程，让氛围变得轻松和谐，思维导图明确一个主题，随着枝丫的延伸进行深入的研究和探讨，让园本教研活动做到"形散而神不散"。在记录的过程中，教师们要学会统筹全局，从整体到局部，思考每个板块的安排，从而潜移默化地养成一种放射性，形成从整体到局部的整体大局观的思考习惯。

三、巧用思维导图，加强自我反思

美国当代教育家、哲学家唐纳德·舍恩（Donald Schon）是美国"反思性教学"思想的重要倡导人，舍恩主张以"活动中的反思"为原理的"反思性实践"替代以技术理性为原理的"技术性实践"。有效的园本教研活动同样需要反思实践，在思维导图的工具支持下，及时地整理出教研活动的开展形式、记录现场活动、进行教研活动的总结，通过不断地反思实践能帮助教师个体和教研群体的反思能力得到提升。

（一）更好地厘清教研活动的流程

幼儿园园本教研活动分为：大教研、小教研、级组教研，教研组的成员有时会相同。那如何合理地安排教研时间，让教师高效地开展教研活动呢？借助思维导图，让教研安排可视化，如图6-4-5所示。

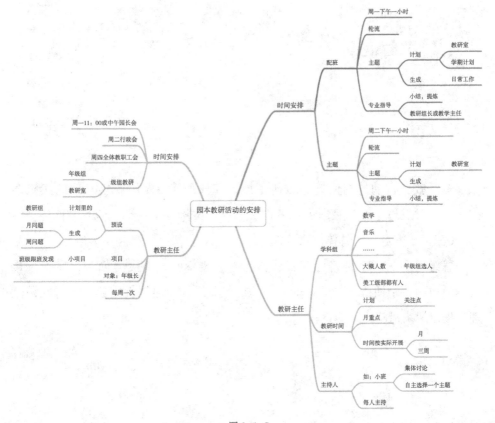

图6-4-5

教研活动流程的思维导图就如教研活动计划，使教师明确教研的方向，更合理地整合教师资源，高效地开展园本教研活动。

（二）更好地进行现场记录小结

在园本教研中，教师们基于共同的主题探讨解决问题的方法和策略，教研主持人在教研现场高效、及时地提炼观点与做法显得特别重要，这即是下一阶段教育行动的指南针。思维导图支持教研主持人做到高效、清晰地梳理（见图6-4-6）。

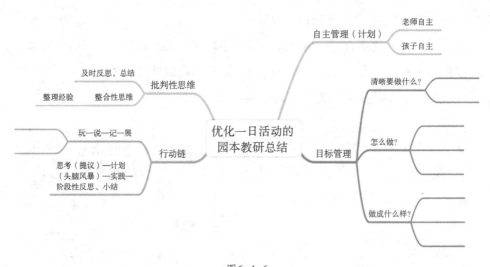

图6-4-6

有了教育行动的指南针，教研主持人和教师就要及时收集具体的实施案例，并及时反思小结，吸取有用的做法，作为案例分享，形成教育共同体。

（三）更好地引出具体解决措施

思维导图是一个神奇的工具，指引着思维不断地拓展与创新，在项目式园本教研中特别便捷，同时，能较好地激活思维，及时捕捉重点，进行问题梳理，提出解决措施。

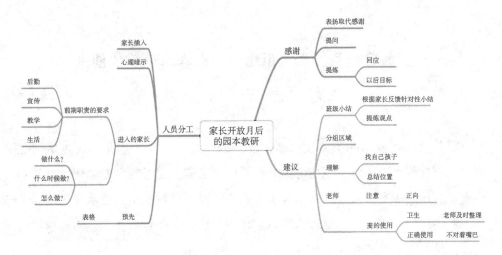

图6-4-7

图6-4-7是家长开放月后，开展的一次园本教研活动，在跟班的过程中，主持人摘录需要调整的板块及具体的方式方法，以思维导图的方式进行呈现，让教师较好地回顾现场，并能根据指引更好地进行下次开放活动的调整。

园本教研是行动与研究相结合，在行动中发现问题，由教研主体共同研究，并将研究成果应用于行动中。用思维导图这一工具，教师不断地接受新的理念、新的知识和新的技术，不断地提升自己、完善自己。

园本教研活动借助思维导图的完美融合，以高效、便捷、具体、清晰的方式，让园本教研活动的行动研究更为有效。思维导图扩散性、延续性的特点，让园本教研主题进行不断的探讨、研究，同时，也学会从事教研的方法，这是对教师专业思维和研究行为的一种训练，变得更有组织、更清晰，也更有条理，养成一种良好的思维习惯。思维导图不仅会在教研活动中引领教师不断地发散性思考和创新，在平常的工作中，教师可以应用同样的方法尽可能地优化、完善自己的教育教学，以多维的视觉看见幼儿。

幼儿教师信息技术应用培训混合学习环境的创设

东莞市塘厦镇教育管理中心　彭艳

随着信息化技术的重要性被越来越多的行业重视，在幼儿园通过培训提高教师信息技术应用水平也成为提高教师信息素养，促进教师专业化发展的一种重要途径。一直以来，我镇结合实际需求积极开展各类信息技术应用培训工作，并在课件制作、微课等方面取得了较大的成效，但也存在一些不容忽视的问题，其中培训方式就是其中比较突出的一个问题。

在以往传统的面授培训中往往存在学习资源较少、时空限制、受训参与人数较少的缺陷，而在线培训虽然可打破时空的限制、扩大培训的规模，但又缺少面对面的交流，尤其面临需要受训者动手实践的学习内容时，学习效果不尽如人意。如何才能充分发挥两种培训方式的优势，克服它们各自的不足，提高培训的效益？学者们提出了采用混合学习的形式来弥补在线学习与面授学习各自的短处。那么，幼儿园如何创设一个可以达成培训目标的混合式学习环境呢？

一、关于混合学习理念

混合学习通常表现为在线学习与面对面学习两种方式相结合，但实质上是包括不同教与学理论的混合以及不同教学模式的混合。德里斯科尔（Driscoll）对混合学习进行了较为全面的阐述，他指出，混合学习是任何形式的教学技术（如视频、CD-ROM、基于Web的培训和电影）与基于面对面培训方式的结合，是教学技术与实践工作任务的结合，以形成良好的学习氛围或工作效果。因此幼儿教师培训中的混合学习理念在强调培训者主导活动和受训者主体参与相混合的同时，还强调面对面培训与在线学习的混合（即线上线下相结合的方式混合）。

二、幼儿园创设信息技术运用混合学习环境的原则

（一）针对性原则

在幼儿园开展教师信息技术应用培训时，参加的有信息技术专业教师，也有普通幼儿园的教师；培训的项目（或课程）内容既有关于教学理论和方法方面的，也有注重实际操作技能方面的。因此，不同的培训对象、不同的培训内容对混合学习环境的要求有所不同。所以，在设计时，我们应从目标出发，根据培训目标的要求，分析受训者的情况，设计适宜的培训内容，并采用相应的培训策略。

（二）整合性原则

在创设一个有效的混合学习环境时，我们需要考虑的因素很多，必须运用思维导图罗列出来，因为有的因素是重叠的，所以要运用系统分析的方法，有目的地整合各种因素，使受训者的学习环境有利于实现培训目标，最优化呈现培训效果。

（三）开放性原则

混合学习环境偏向为一种开放式的学习环境，其包含开放的教学思想、学习资源、学习方式等，并且根据受训者在培训过程、与环境的互动过程中不断调整。从而改变受训者只能在有限的空间（教室）和有限的时间（课堂）里，借助单一的媒体进行操练式的学习。

三、创设幼儿教师信息技术应用培训混合学习环境的策略

构成学习环境的要素主要有"活动、情境、资源、工具、支架、学习共同体、评价"七大要素，各要素与受训者、培训者之间都具有密切的联系。在创设混合学习环境时，可主要采用如下策略。

（一）搭建适应多种教师培训活动开展的物理环境

培训活动学习环境中的物理环境主要是指教室物理空间、教学硬件资源的安置，以及支持线上学习的传输系统和平台环境。由于混合学习包括面授、在线教学两种活动，包括合作学习、个人自主学习和小组探究学习等多种方式，所以，物理环境的创设要能为多种类型培训活动的开展创造有利条件。

（二）提供优质化的培训师资队伍

教育信息技术的发展变化非常快，因此培训内容也需要加强专业性和综合性。为保证教师培训的质量，培训者必须有扎实的专业技术知识和教育理论素养，而且要承担面授和在线课程制作与辅导的大量工作，因此信息技术的培训工作需要混合的优质师资队伍，即多位一线经验教师的合作、一线专业教师与领域专家之间的合作、一线教师与技术人员之间的合作，来共同完成任务。

（三）尽量创设真实的活动情境

以往幼儿园的培训往往在教室或多功能厅里，是脱离了日常教育教学实际环境的，因此这类培训更为注意的是培训的内容、讲授的方式。培训者往往以讲授式的培训环境为主，而对受训者积极参与、亲身体验的学习环境设计不足。混合学习环境的教师培训是一项实践性、情境性强的活动，因此，在创设学习环境时，应重视任务情境的加入，注重与教学中实际问题的联系，为受训者提供真实交流的环境。

（四）选择合适的学习资源与媒体工具

混合学习主张把多种多样的非数字化和数字化资源、各种媒体工具进行混合，为达到优化教学的效果，一要根据培训目标，对资源的类型与内容进行选择；二要选择合适的媒体组合传递培训信息；三要根据受训者的认知特点与接受规律来合理安排面授和在线学习各种培训内容的顺序，使之成为一个有机的整体。

（五）组成学习共同体

学习共同体是由学习者及其助学者（包括教师、专家、辅导者等）共同构成的团体，他们彼此之间经常在学习过程中沟通交流，分享各种学习资源，共同完成一定的学习任务。而这里更多的是指受训者，受训者组成学习共同体之后，形成了相互影响、相互促进的人际关系，在培训中，学习者可以模仿和观察共同体成员的行为，从而得到差异化的发展。

在创设混合学习环境时，一方面我们重视在面授环境中建立学习小组，开展探究性学习和合作性学习；另一方面积极创设网络环境下虚拟学习共同体。利用微信群、QQ群等协作工具，使学习者突破时空限制进行交流与学习。在建立学习共同体时，首先要确定共同的学习目标和任务，形成相对一致的共同体意识及相互依赖的关系。其次，共同体成员在共同体内要进行适当的角色分配，使学习共同体中的每个人都能发挥自己的专长并能为他人提供适当帮助。在这个角色分配中，我们鼓励其通过对话协商、建设性的讨论、提问和质疑来达成共识。

（六）建立多元化的评价维度

混合学习的评价与传统评价存在一定的差异。由于培训中学习形式多样化，所以对受训者要进行过程跟踪，评价机制和标准也要随之改变，不能是单纯的书面考试，可考虑建立如理论考试、实践、技术等多元的评价机制和体系，以便对受训者进行全面的评价，从而判断是否达到培训目标。因为在这种混合培训模式下，培训效果的评价更加关注受训者对混合学习的接受程度、学习成效、学习满意度等。

幼儿教师信息技术应用培训混合学习环境的创设，是一项专业且复杂的工作，幼儿园可根据实际情况，以问题导向开展专题性培训工作。同时借助相关部门在培训政策、人力物力上的支持，争取专业人士的扶持、合作，把混合学习环境各要素的力量有机地协调起来，形成教师培训的合力。另外，重视培训中的资料收纳、反思，这样混合学习才能发挥出其应有的效益，进一步提升教师的专业水平和素养。

运用信息技术促进幼儿园高效教学的实践策略

普宁市第一幼儿园　许伟珊

随着社会的进步和时代的发展，我们生活的每个角落都有信息技术的踪迹。信息技术以其鲜明生动的视听画面和高效便捷的特点，不仅会给孩子们带来新鲜感，而且会最大限度地影响他们的成长。因此，幼儿教育的发展面临着前所未有的机遇和挑战。基于此，研究幼儿园信息技术高效教学存在积极价值。

一、现状

信息技术的发展给生活带来迅速改变，使人们的生活、学习和工作发生巨大变化。与此同时，信息环境中的幼儿也在发生变化。信息技术有着鲜明生动的外表，以其高效、便捷的特点，给孩子带来新鲜感。这对学龄前幼儿的教育和发展来说，既是前所未有的机遇，也是一种挑战。目前，信息技术教学已经在很多幼儿园普及，在视频、音乐、音效等的帮助下，孩子更加喜爱信息技术模式下的绘本课堂，音视频结合让他们的学习环境更加直观丰富。

二、幼儿身心发展特点

3—6岁的孩子不仅能注意到单词和事物的关系，在听和说的时候也能注意到词语之间的关系。他们逐渐理解语言的规则，能把听到的事物的音、义、像联系起来，进行深入思考，做出判断、归纳、推理并给予一定反馈。在此期间，幼儿词汇量增长迅速，他们可以用简单的句子表达自己的思想。孩子不仅逐渐掌握丰富的词汇，还学会使用各种连词和复杂的句子结构，逐渐理解生词的意思。因此，在获得一定知识和经验的基础上，也为抽象思维发展提供了一定的空间。3—6岁的孩子一般分三个阶段，实现从具体形象思维到抽象思维的转变。第一阶段，他们只能观看图片，但他们不能将每张图片联系起来。第二阶段，幼儿可以通过看图理解内容。第三阶段，幼儿读写行为和阅读行为开始分层。

三、幼儿园信息技术教学的目标和内容

信息技术绘本课程与孩子的思维发展和语言积累密切相关。通过信息技术阅读绘本，孩子的视野会变得更开阔，且更有能力、更愿意在文字中寻找有趣的东西来获取知识。幼儿园信息技术教育要给孩子提供读写准备，让他们形成一定的阅读习惯，从而更好地走进小学课堂。为了更好地培养孩子的阅读能力，需要更早地激发孩子的阅读兴趣。可以通过选择信息技术阅读材料、优化绘本教学过程来培养孩子的阅读爱好，让孩子从阅读中学习汉字。识字本身就是阅读的必备技能，而信息技术模式是为了提高孩子在阅读中的理解能力。

四、影响幼儿园信息技术有效教学的难点

（一）老师强调信息技术，忽视教学本身

信息技术的应用主要是为了优化学习和教育，以确保最大的效果和最少的时间，而不是取代学习和教育。所以信息技术是为教学服务的，换句话说，教师在教学过程中使用什么技术，是由他们所教的内容决定的。但回过头来看幼儿园的教学状况，信息技术主导着课堂教学活动，教师和孩子仿佛是技术的牵线木偶。在具体教育教学实践中，部分幼儿教师忽视幼儿在教学过程中的主体地位，呈现出只看技术不育人的课堂活动。在课堂活动观察中，发现部分教师不能有效利用信息设备来突出课堂教学难点。相反，为了让课堂的视听效果更好，大量的图片和视频资料被呈现出来，在一定程度上提升了孩子的热情，但瓦解了大部分孩子的注意力，幼儿们的关注点只在画面、动画片、音乐上，对知识、文章等教学活动没有兴趣。也有一些老师表面上是在用信息化多媒体教学，实际上还是在遵循填鸭式教学。白板屏幕上显示的文字与课本内容重复率高，简单知识不断重复。他们没有利用信息技术对课本知识进行有效的归纳、提炼、加工和总结。无形中，教师的教学受到信息技术的支配。通过课堂观察发现，当幼儿园幼儿上课，教师用白板一体机教学时，孩子完全无法跟着教师的教学进度走，而是一直在看教师的板书。

（二）幼儿园信息技术培训力度不够

事物的发展总是从量变开始的，质变的前提是量变达到一定程度，信息素养的质变是信息基础设施量变的必然结果。当信息化建设的投入量达到一个极限，教育只有向信息素养转型升级，才能向前发展。因此，幼儿园应坚决抓住信息时代带来的重大机遇，促进教师信息素养的全面提高，实现教育教学质量的跨越。通过调查，发现幼儿园对幼儿教师信息素养的培养不够重视。主要表现在教师信息化应用培训次数较少，培养幼儿教师信息素养的重点主要在幼儿园。然而，幼儿园很少或根本没有关于信息应用的校本培训，这直接导致幼儿教师信息素养的滞后。此外，幼儿园在开展信息化应用培训时没有充分了解幼师的实际需求，导致培训效果不佳。就教师而言，他们在制作课件上花了很多精力，但是有的孩子自主意识差，只是口头附和别人的回答，不加思考，导致

教师信息技术课程开展不佳。

（三）幼儿园管理者对信息化重视不够

幼儿园信息文化氛围的缺失，是影响教师信息素养提高的重要环境因素。目前幼儿园的信息化氛围并不浓厚，虽然教师获得了信息技术教学能力，但很少在日常教学中实践，只有参加信息化教学竞赛，才能设计出有针对性的信息化教学。具体原因如下：第一，教师的信息来源多为纸质书。因为纸质书更新周期长，长期低效流通不利于幼师扩大知识面。同时，幼师备课资源大多来自幼儿园提供的专门教学网站，为幼师提供很多优秀的教案。然而，大多数幼儿教师直接将网站上的优秀教案运用到自己的课堂上，没有结合实际情况，只是充当网站资源的搬运工。第二，通过观察，发现大部分幼儿教师使用PPT进行教学，属于信息化教学初级阶段，与教育信息化时代要求的智能化课程还有较大差距。此外，幼儿教师的教学PPT更新不及时，同一张PPT在不同班级重复使用，导致孩子无法及时接受先进的知识。长此以往，幼儿与外界脱节，不利于教师的专业发展和孩子的成长。第三，幼儿教师对信息文化知识和信息技能知识处于了解的层面，缺乏进一步探索，使其视野变窄，间接影响了孩子的视野。幼儿园信息文化氛围不浓，说明幼儿园管理者对信息化教学重视不够，缺乏信息意识，未能深刻理解教育信息化的理念，即整合、创新、引领，未能带领全校教师在信息技术培训后尝试将不同的信息工具应用到教学中。

五、提高幼儿园有效教学的建议

（一）将信息技术视为辅助教学手段

教育本身就是影响力，教师用信息的力量影响孩子，孩子也相应地影响教师。因此，幼儿教师要充分认识教育的本质，具体体现在幼儿教师要有扎实的教育理论基础，遵循教育规律，以幼儿为本。教育信息化时代的到来并没有改变教育的本质，而是在用信息技术辅助教学的基础上进一步推动了教育的发展。教师作为教育影响力的实施者，始终坚持教书育人的本质，用信息逻辑思维思考教学，创新教学设计。在教学过程中，教师要区分教学和信息技术，坚守辅助岗位。教师陪伴孩子成长，培养孩子的创造力、想象力和情感力量，这是信息技术永远无法替代的。同时，教学过程是教师教与幼儿学的有机结合。

信息技术改变传统的教学方式，通过视觉、听觉、感觉的延伸和内容的丰富进行深度教学。但要掌握信息技术的用法，一旦技术凌驾于教学之上，教学就成了技术秀，不仅起不到教书育人的作用，还会本末倒置。因此，幼儿教师应在信息化教学中明确教学与信息技术的主次关系，在创新教学设计的过程中秉持教学内容决定信息技术运用的信念，让信息技术在教书育人的同时发挥辅助作用。随着信息时代的到来，教育部门更加强调批判能力和创造能力的综合应用，这两种能力在信息创造活动中相辅相成。信息的批判能力是在批判和质疑的基础上创造出来的，从而实现对传统观念的破立，打破固有的思维习惯，建立新的观念，进一步完善和优化创造性思维的结果。在教学过程中，幼儿教师要懂得什么时候运用信息技术引入场景，让幼儿身临其境；懂得什么时候利用信息技术制造孩子的视听震撼，渲染课堂气氛，让孩子感受到；懂得什么时候结合孩子的实际情况，因材施教，让孩子扬长避短，激发学习动力。从而优化不同课程的课堂教学，提高教师的教学质量。

（二）开展技术与教学整合创新培训

目前大多数幼儿园对教师信息素养的校本培训很少或没有，无形中加剧了教师信息技术素养的差距，因此开展多样化的信息技术培训势在必行。信息技术培训的实施有利于进一步促进教师信息素养，加快幼儿教师紧跟教育信息化时代的步伐。传统培训多以技术为导向，脱离实际教学中应用信息化设备的具体情况，理论上探讨可行性并不能从根本上解决教师面临的信息化教学困境。因此，当前信息技术培训必须综合考虑教师的专业发展和实践教学中的现实需求，注重信息技术与教学的融合发展，鼓励教师在课堂情境中灵活拓展和延伸信息化学科教学。同时，建构主义学习理论要求教师利用信息技术构建学习情境，促进幼儿自主学习。因此，本研究将从认知定位、创新教学设计和理论与实践相结合的培训模式三个方面提出开展整合创新的教师信息素养培训。①树立信息化培训的理念。幼儿教师应利用信息技术促进和支持教师的专业和专业发展，促进教师主体意识的觉醒，正确认识信息技术与人的关系。教师在参与中要深刻体会到信息技术带来的便利，从而在无形中与以往的教学模式进行比较，启发幼儿教师不要把信息技术排斥在心里，把信息技术作为必备的教学技能，把信息变革作为教育理念中的一个根。这样的校本培训不仅是为了培训，也是作为促进专业学习和进步的一部分。②注重创新教学设计。很多幼师更注重信息技术的炫酷，而忽略教育本身。作为教育工作者，教师不能只追求信息技术让课堂表面光鲜亮丽，最根本的是要把教什么和怎么教结合起来。究其原因，归根结底是教师对创新教学设计不够重视。幼儿园应开展相关的创新教学设计培训，利用信息技术创造教学氛围。③理论与实践相结合。幼儿园以往信息技术培训的知识比较肤浅，有利于幼师吸收，但容易导致学用脱节。幼儿园开展信息技术培训前应对幼师进行摸底调查，了解他们处于什么样的信息化应用水平，然后询问不同教师的建议，以便更有针对性地开展培训。总结相关意见后，以问题为切入点开展信息应用培训，教师信息应用问题的便捷性是培训的重点。此外，在培训过程中，教师不仅要学习信息技术的理论知识，还要学习如何进行信息技术培训。

（三）加强幼儿园信息化软硬件设施建设

幼儿园完备的信息化硬件设备和软件设施建设是教师开展信息化教学的基础，完善的配套设施有利于教师信息化教学的顺利开展。教育行政部门要统筹规划，帮助幼儿园完善信息化教学的硬件设施，建设符合标准的多媒体教室、多功能智能教室、计算机房、语音室、电子阅览室等，硬件设施方面配备保证教师信息化教学正常开展的基本设备。此外，在幼儿园信息化教学软件设施建设方面，教育行政部门要帮助幼儿园完善数字化校园建设，推进优质资源共享，确保教学应用覆盖所有教师，学习应用覆盖所有适龄幼儿。帮助幼儿园加快数字化校园网络建设，建设信息化教学典型课例库，将信息化教学课例的优质课堂记录、教案设计和课件上传到校园网，建设和采集幼儿园优质信息资源，实现区域优质资源共享，促进教师信息素养共同提升，推动区域化实现数字化资源建设和共享。进一步优化教育数字资源的建设和应用，可以让幼儿教师足不出户共享优质的教育资源，实现与网络空间的专家名师交流。教育主管部门需要统筹已建成平台的管理和维护，实现已建成平台的信息资源共享。利用信息技术审核资源，识别资源优劣势，利用大数据识别和精准推送用户。幼儿教师在使用信息技术平台的过程中，可以更方便、更准确地获取更多优质的教育资源。

（四）满足孩子的兴趣，吸引他们的注意力

一是利用信息技术筛选教学材料，优化教学内容。例如，在幼儿园绘本阅读材料中，绘本图片太小。如果把绘本直接呈现给孩子进行教学，很难引起他们的注意。有的绘本故事太长，字数多，孩子并没有完全理解。针对这些问题，教师可以利用信息技术优化适合幼儿年龄特点的绘本材料。幼儿具有与成人不同的心理特点，如何开展绘本教学要考虑到这些特点，更好地加工绘本素材。教师可以搜索、阅读和下载多种绘本资料。通过在信息技术环境下使用各种信息技术工具，然后选择适合不同年龄段幼儿阅读的绘本。同时，教师可以利用信息技术工具控制难度、呈现方式、呈现顺序、呈现时机等，实现声音和画面的同步呈现，从而绘本阅读的素材更受孩子的欢迎，可以让孩子全面清晰地理解绘本故事的内涵。在进行信息技术绘本阅读教学之前，教师首先要考虑幼儿的身心发展特点和年龄特点，为幼儿选择合适的阅读材料，材料的选择要尽可能贴近幼儿的生活经验和环境。另外，阅读材料的呈现要更加直观。借助信息技术，可以给孩子们呈现直观、生动的阅读材料，极大地激发他们的兴趣。

二是利用信息技术制造疑点，激发阅读兴趣。在信息技术环境下，教师可以创设故事情境，通过鲜明生动的形象、动静结合的画面、悠扬的音乐，引导幼儿带着问题进行阅读和思考，有利于促进幼儿阅读能力的发展。教师在导入过程中尽量使用动画视频，可以充分引起孩子兴趣，激发他们积极表达，让孩子更主动地学习和认知，使他们学习的积极性更高。

信息技术在幼儿园中的运用

普宁市流沙西街道中心幼儿园　蔡晓玲

21世纪，科技飞速发展，计算机逐渐普及，"键盘""鼠标""信息技术""软件""音频""视频"等新名词走进人们的生活，信息技术这个新领域也给教育教学的方式方法带来了极大的冲击。教师是系统传授孩子们知识技能技巧的专业人士，教育教学方法必须与时俱进，才能帮助孩子们更好地学习、发展与成长。所以，教师必须掌握信息技术的基本技能，并不断学习进

步，才能更好地开展教育教学活动。

信息技术是指在计算机和通信技术支持下用以获取、加工、存储、变换、显示和传输文字、数值、图像以及声音信息，包括提供设备和提供信息服务两大方面的方法与设备的总称。它主要是应用计算机科学和通信技术来设计、开发、安装和实施信息系统及应用软件。信息技术是研究如何获取信息、处理信息、传输信息和使用信息的技术，包括信息传递过程中的各个方面，即信息的产生、收集、交换、存储、传输、显示、识别、提取、控制、加工和利用。在幼儿园中恰当地运用信息技术，有助于教育教学活动更好地开展，有助于家园良好沟通，有助于展示园所文化、提升园所形象。

一、信息技术在幼儿园教育教学中的运用

幼儿年龄小，思维特点是具体形象思维占主导。因此，幼儿的学习主要是通过对实物、模型及其形象性语言的直接感知以及对学习材料的直接操作来完成的。信息技术的应用，使教具学具的使用、活动内容的展示都更为直观易懂，能充分吸引幼儿主动参与到活动中来，激发幼儿活动兴趣，获得直观的经验，符合幼儿学习特点。

（一）信息技术在幼儿五大领域学习活动中的运用

信息技术的使用，最常见的就是制作PPT，把图片、视频、音频巧妙地整合在一起，引导幼儿理解活动内容，进而进行活动操作。随着信息技术硬件设备不断更新、信息技术应用软件不断升级，教师在开展活动中，能更好地利用各种资源帮助孩子获得知识经验的学习和发展。例如，在社会活动"动物与环境"中，教师无法提供所有动物的实物，也无法带所有的孩子到环境污染严重的地方观察，有了信息技术的支持，教师可以通过互联网收集动物受环境污染影响的图片和视频，让孩子直观地感受到环境污染给动物带来的巨大伤害，激发孩子保护动物的想法；然后再通过视频了解如何降低环境污染的方法，这比用平面图片和教师说教式的讲解要直观得多，更能达到活动目的，培养孩子的环保意识和行为。如果设备支持，教师还可以鼓励孩子和家长一起观察身边的环境变化对动物的影响，拍照或自己画图记录，并带到幼儿园进行投屏，这样孩子们学习起来会更有主动性，更能获得发展。

又如，在科学活动"认识蚯蚓"中，教师通过视频让孩子直观感受蚯蚓的生活环境、生活习性，大大弥补了教具不足的遗憾。美工活动中的欣赏课，更是需要信息技术的支持，孩子们可以通过图片的欣赏，感受不同作品的美感，教师也可以通过投屏把孩子的作品分享给同伴。孩子们平时在区域活动、生活活动、游戏活动中的活动情况，有条件的话都可以通过照片、视频的形式记录，然后给孩子们观看，让孩子们讲讲当时自己在做什么、感受怎么样，这对孩子都是很好的体验和发展。

（二）信息技术在教师备课中的运用

信息技术硬件及软件的普及，让教师可以通过电子文档保留教案及平时对幼儿的观察记录、听课评课等资料，而且电子文档随时可修改保存。教师可以根据幼儿活动的实际情况对教案、计划进行修改提炼，这比写在纸上的教案要方便、清晰许多。信息技术使这些资料可以保存在U盘、手机中，携带十分方便，随时可以使用。一些教师不清楚、不了解的知识内容可以通过互联网进行学习，收集教学所需的各种资源，资源共享也十分方便快捷。例如，PPT、微课的制作可以共享。通过微信、钉钉等软件教师可以异地交流，对共享资源进行讨论、提出意见、修改出对幼儿最好的方案方法。

（三）信息技术在幼儿成长记录中的运用

信息技术中视频、音频、图片的使用和保存使幼儿平时的活动情况得以及时记录，方便教师在空闲时间仔细地观察幼儿，进行对比，及时发现每位幼儿哪些方面是强项，哪些方面是弱项，较全面地了解幼儿的特点，对幼儿的成长更有利。教师通过视频、图片的记录进行观察，静下心来思考，能更全面客观、实事求是地评价每一位幼儿。这样能使教师们有针对性地制定教育策略，及时调整教育方案，使每一位幼儿都能获得和谐、充分的发展。这些资料如果能妥善保存，也是幼儿成长中的珍贵记忆。而且，电子文档、视频的使用，使教师有时间去思考和观察，关注幼儿点点滴滴的细微变化，不断反思自己的教育策略，提高教师的业务能力。

二、信息技术在家园沟通中的运用

（一）帮助家长了解幼儿在园实际情况，进行更好的同步教育

良好的家园沟通更有利于幼儿的成长。信息技术在幼儿一日活动中的使用，将收集到的幼儿活动情况经过整理反馈给家长，能让家长真实地了解幼儿的在园情况，并通过与其他幼儿的对比更清楚地了解自己幼儿的发展情况，能更有针对性地对幼儿进行引导。同时家长也能通过信息技术手段将幼儿在家的情况如实反馈给教师，老师可以有目的、有选择地向全班幼儿展示，达到激发幼儿自豪感、激励幼儿成长的目的。

（二）对家长进行育儿知识的推送

家长中不乏幼儿教育的有识之士，但是也有相当一部分的家长对幼儿教育不了解，认为幼儿园就应该教各种知识、不应该整天玩。家长这种不妥的观点需要纠正，这就需要我们教师进行引导。通过信息技术的发展，教师可以在微信群推送各种育儿知识与视频，而且可以用事实说话，让家长看到幼儿在玩中获得的发展，知道"游戏"的重要性。这样，家长就能主动配合老师对幼儿进行教育，也慢慢学习如何正确地引导幼儿。通过信息技术的支持，不仅使幼儿更好地得到引导、获得发展，也使家长和教师之间的关系更为密切，更能相互理解、相互合作、良好互动。在互动过程中，教师的家长工作能力得到了提高。不过在与家长的交流过程中，我们要注意保护家长和幼儿的资料和隐私。

（三）信息技术有助于展示园所文化、园所建设

信息技术的发展使幼儿园能通过微信公众号等手段运用微视频、文章介绍等形式向大众宣传幼儿园的教育理念；展示幼儿园的生活环境、一日活动，帮助家长了解幼儿园的园所文化和园所建设，有助于幼儿园的发展。

虽然信息技术在教育教学活动、教师备课、家园交流等方面有着不可忽视的优势，给我们带来了快捷与方便，但是，过多地使用电子产品会对幼儿造成视力、脊椎等方面的伤害，而且这些伤害一旦造成就是不可逆的。其实，一些优秀的传统教育教学手段仍然有存在的必要，教师不可过多依赖信息技术。所以，教师们要辩证地使用信息技术，特别是电子产品，注意对幼儿视力和脊椎的保护，采用多种教育教学方法相结合的方式，只要适合孩子的，就是最好的。

参考文献

［1］汪基德，朱书慧.幼儿教师信息技术素养与提升路径［M］.北京：科学出版社，2020.

［2］陈会忠.第三次工业革命对中国教育的影响——专访全国人大代表、中国陶行知研究会副会长周洪宇教授［J］.生活教育，2013（4）：46-49.

［3］冯晓.计算机与幼儿教育［M］.北京：人民教育出版社，2010.

［4］郭力平，赖佳欣.我国学前教育信息化的思考与展望［J］.幼儿教育（教育科学版），2011（12）：1-4.

［5］何磊，骆丹旦.利用信息技术促进家园共育的实践研究［J］.中国教育信息化，2010（4）：41-43.

［6］黄爽，周立莉.如何支持幼儿的适宜性发展——适宜性实践中的游戏、教师和评价［J］.福建教育：学前教育，2013（6）：48-51.

［7］刘洋."互联网+教育"新常态下学前教育教师信息技术素养调查与提升策略研究［J］.中国电化教育，2018（7）：90-96.

［8］刘尧.信息技术在幼儿园教学中的运用探讨［J］.信息与电脑（理论版），2020，32（12）：216-218.

［9］常媛.信息技术与幼儿园音乐课程整合模式研究［D］.延安：延安大学，2020.

［10］陈丽坚.幼儿园信息化教学活动设计研究［J］.教育观察，2020，9（16）：45-47，142.

［11］陈群林.幼儿教师信息技术应用能力现状调查与分析［J］.教育观察，2019，8（22）：108-111.

［12］李付云.信息技术与幼儿园音乐教学深度融合的实践研究［D］.哈尔

滨：哈尔滨师范大学，2019.

［13］刘凯，黄胜.幼儿园课程与信息技术整合研究［J］.黑龙江教育学院学报，2018，37（5）：71-74.

［14］徐怡婷，曾彬.省级示范幼儿园集体教学活动信息技术应用调查研究［J］.陕西学前师范学院学报，2022，38（6）：47-57.

［15］张纯然.后疫情时代农村幼儿教师信息素养现状：以河北省C市为例［J］.办公自动化，2022，27（6）：56-58.

［16］梅林晨.面向教育质量提升的幼儿园信息技术辅助教学应用研究［J］.陕西学前师范学院学报，2021，37（10）：76-83.

［17］向菁.信息技术在幼儿园语言教学活动中应用的研究［D］.长春：吉林外国语大学，2021.

［18］程樱.多媒体技术在幼儿语言教学中的有效应用［J］.智力，2023（1）：179-182.

［19］牛红霞.多媒体技术在幼儿语言教学中的应用［J］.漫画月刊，2022（11）：22-23.

［20］高巍巍.谈多媒体教学在幼儿语言教学中的作用［J］.中国校外教育，2020（7）：122-123.

［21］徐佳敏.浅谈多媒体技术对幼儿语言教学的优势［J］.知识窗（教师版），2020（2）：9.

［22］刘丽颖.多媒体技术在幼儿语言教学活动中的应用［J］.当代家庭教育，2019（29）：45.

［23］林舒虹.多媒体技术在幼儿语言教学活动中的作用分析［J］.教育信息化论坛，2018，2（7）：64.

［24］杨术亮.信息技术在幼儿园教学中运用的误区及对策［J］.小学周刊，2019（30）：178.

［25］左尔鸣，应吉凤.微课在幼儿园美术活动中的运用［J］.家教世界，2019（4）：18-19.

［26］刘璐.浅谈微课在幼儿园美术活动中的运用［J］.新教育时代电子杂志（教师版），2019（1）：1.

［27］张文文.浅谈微课教学在幼儿园美术教学中的应用［J］.南国博览，

2019，98（9）：267.

［28］耿闻建.幼儿园后勤管理中信息技术应用探究［J］.中国现代教育装备，2015（22）.

［29］张岩."互联网+教育"理念及模式探析［J］.中国高教研究，2016（2）.

［30］唐静萍.浅谈幼儿园后勤信息化管理［J］.中小学电教，2017（4）.

［31］袁莉.互联网+背景下的幼儿园管理模式研究［J］.现代交际，2017（8）.

［32］韩燕.现代信息技术在幼儿园教育教学中的运用［J］.山西教育（幼教），2023（2）：30-32.

［33］孙雯.信息技术在幼儿园教学活动中的有效应用［J］.中小学电教，2023（Z1）：65-67.

［34］刘昊，邹玲娣.整园推进幼儿教师信息化应用能力提升的实践研究［J］.教师，2023（3）：84-86.

［35］邓飞，杨宗凯，魏东生.电子白板在实时教学系统中的应用［J］.计算机技术与发展，2006（12）.

［36］刘艳，彭强，刘林.移动场景下教学工具与软件的创新应用［M］.武汉：华中师范大学出版社，2019.

［37］唐丽琼.微课在体育教学中的应用及案例分析［J］.高考，2021（23）：163-164.

［38］季敏利.关于微课在体育教学中应用的评述［J］.运动精品，2021，40（5）：38-39.

［39］陈学丽.体育微课应用模式的创新与实践：基于家校合作的研究视角［J］.体育视野，2021（2）：54-55.

［40］马永刚.浅谈微课在体育教学中的意义［C］//2020年中小学素质教育创新研究大会论文集，2020：35.

［41］刘丽.核心素养下微课在体育教学中的运用［J］.基础教育参考，2020（6）：70-71.

［42］李少梅.微课在学前教育中的运用与思考［D］.西安：陕西师范大学，2014.

［43］丁玉.基于幼儿园主题系列微课程开发的教师职前专业成长途径探析［J］.中国教育信息化，2019（14）：68-72.